Margot Mühlfellner

Die Akte Graz

*Der erste Fall für
Kommissarin Kranz*

Kriminalroman

Kampa

Für den Blick hinter die Verlagskulissen:
www.kampaverlag.ch/newsletter

Alle Rechte vorbehalten
Copyright © 2024 by Kampa Verlag AG, Zürich
www.kampaverlag.ch
Umschlaggestaltung: Lara Flues, Kampa Verlag
Umschlagmotiv: Daniel J. Schwarz / Unsplash
Satz: Tristan Walkhoefer, Leipzig
Gesetzt aus der Stempel Garamond LT / 240125
Druck und Bindung: Friedrich Pustet, Regensburg
Auch als E-Book erhältlich
ISBN 978 3 311 12092 6

Es war eine geführte Touristengruppe aus Japan, die ununterbrochen fotografierte, während der Guide mit dem Rücken zur Treppe routiniert gelangweilt seine Informationen abspulte. Er bemerkte erst nach einigen Sätzen die entsetzten Gesichter der Japaner, währenddessen sie aufgeregt murmelnd weiterknipsten. Langsam drehte er sich um – in der Erwartung, die ihm wohlbekannte Doppelwendeltreppe zu betrachten. Was er erblickte, konnte er nicht sofort einordnen.

Sie sah ätherisch aus. Ihr langes weißblondes Haar fiel in Locken über ihren nackten Busen und liebkoste ihre porzellanene Haut. Ihre Hände bedeckten ihre Leisten, und durch ihre Finger lugte ihr Allerheiligstes, das blank rasiert war. Sie stand aufrecht mit in den Nacken gelegtem Kopf. Ihre Augen hatte sie geschlossen. Ein Bogen der Wendeltreppe streckte sich hinter ihr wie ein Flügel in die Höhe. Sie sah aus wie ein himmlischer Engel mit steinernen Schwingen. Ein Fuß stand vor dem anderen, was ihre weiblichen, vollschlanken Rundungen betonte. Sie wirkte unschuldig und rein, doch die stark geschminkten Augen und die roten Lippen zeugten von Selbstbewusstsein und Stärke. Sie wirkte erhaben, gar weise und trotz ihrer Nacktheit nicht billig. Wäre sie nicht tot, würde man das Arrangement mit Faszination betrachten.

I

"Ich würde auf Tod durch Strangulation tippen. Bei näherer Betrachtung sind Würgemale am Hals zu entdecken, die ziemlich gut überschminkt wurden«, erklärte Dr. Hugo Michel, als Marlene Kranz nach längerer Betrachtung der Szenerie noch immer kein Wort gesagt hatte. Ihre Miene verriet nicht, was in ihr vorging. Von allen Mordopfern, die Hugo bisher untersucht hatte, war dies das bizarrste. Er wusste jedoch nicht, was die Neue schon alles zu sehen bekommen hatte.

Es war ihr erster Mordfall, seit sie nach Jahren in Wien wieder in ihre Heimat zurückgekehrt war. Sie wurde vor vier Monaten der Truppe als leitende Kommissarin vorgestellt und fiel bisher nur durch ihre Distanziertheit auf. Kaum einer der Kollegen wusste irgendetwas Privates über sie. Nur die üblichen Eckdaten waren bekannt: Marlene Kranz, 41 Jahre alt, Chefinspektor der Mordkommission, vormals leitende Sonderermittlerin in Wien und gebürtige Steirerin, wurde aus unbekannten Gründen versetzt. Sie arbeitete professionell, war fair, grundsätzlich freundlich, hatte jedoch außer kleineren Delikten noch wenig Möglichkeit, sich zu profilieren. Kollegen, die sofort auf Tuchfühlung mit ihr gegangen waren, hatte sie eiskalt abblitzen lassen, weswegen alle nun glaubten, dass sie entweder in einer festen Beziehung war oder lesbisch. Zumindest behauptete das der Kollege Branner, dem aber auch zuzutrauen wäre, dass er dieses Gerücht streute, da er bekanntermaßen schwer beleidigt war, wenn eine Frau seine Avancen nicht erwiderte. Ein Chauvi-Macho-Arschloch wie aus dem Bilderbuch.

»Auf jeden Fall ist sie schon mehrere Stunden tot, denn ohne Leichenstarre hätte er sie nicht so aufstellen können. Ich tippe auf sechs bis sieben Stunden. Genaueres kann ich erst nach der Obduktion sagen. Die Spurensicherung braucht jedoch noch eine Weile, bis wir das Seil durchschneiden können, um sie abzutransportieren.«

»Sie ist wunderschön!«

Hugo stutzte. Gerade in so einer Situation hatte er nicht damit gerechnet, dass Marlene Kranz eine solche Äußerung von sich geben würde. Der Lesbenverdacht wurde dadurch auf keinen Fall ausgeräumt.

»Äh, ja, da muss ich Ihnen recht geben. Als Verschwendung humaner Ressourcen könnte man das bezeichnen. Sie ist zauberhaft. Ich schätze sie auf fünfundzwanzig, maximal siebenundzwanzig. Eine Schande ist das.«

»Wie lange wird die Spurensicherung noch brauchen? Geben Sie mir bitte Bescheid, bevor Sie sie wegbringen. Ich möchte mir das genauer ansehen.« Sie sprach mit ihm, ohne ihren Blick von der Leiche abzuwenden.

»Ich denke, noch so circa …«, doch Marlene Kranz stand nicht mehr neben ihm, sondern war bereits ein paar Schritte an die Leiche herangetreten.

»Von welchem Seil haben Sie gesprochen?«, fragte sie nach. Wieder kein Augenkontakt.

»Durch die Totenstarre möglich, hat sie der Mörder – und ich denke, wir können hier eindeutig von Mord sprechen – einfach an die Treppenspindel gelehnt. Um sie zu fixieren, hat er sie mit einem Seil um beide Schultern hinten am Geländer angebunden. Es ist von vorne nicht sichtbar, da ihre Haare es verdecken.«

»Okay, ich hoffe, die Spurensicherung arbeitet gründlich.

Ich brauche sämtliches Material, und sie sollen alles auf DNA-Spuren untersuchen. Von Ihnen erwarte ich so schnell wie möglich einen vollständigen Obduktionsbericht. Vor allem wird, wie es scheint, relevant sein, ob sie vor ihrem Tod missbraucht wurde. Weiß man, wer sie ist?« Diese Anweisungen waren nicht notwendig. Jeder wusste, was er zu tun hatte, doch es wurde der Kommissarin nachgesehen, da sie ja die neue Leiterin der Landeskriminalabteilung war.

»Nein, sie hatte keine Papiere bei sich. Wo auch? Er hat ihre Handtasche nicht danebengestellt.« Das konnte sich Hugo nicht verkneifen.

Marlene reagierte nicht darauf, doch wandte sie sich ihm nun erstmals zu. »Dann ist sie bis zu ihrer Identifizierung unser ›wunderschöner Treppenengel‹.«

Eindeutig lesbisch. Schade!, dachte Hugo und begann leise, »Angel« von Robbie Williams zu intonieren. »*... and I feel that love is dead, I'm loving angels instead.*«

Als die Spurensicherung den Tatort freigab, stellte sich Marlene dicht vor die Leiche der jungen Unbekannten. Sie schloss die Augen, verdrängte eine Kindheitserinnerung an diesen Ort, sog Luft durch ihre Nase ein und nahm den Hauch eines lieblichen, blumigen Parfüms wahr. Sie hob das engelsgleiche Haar an und sah die Seile, die sich in die Haut pressten, und die dunklen Striemen an den Schultern, die sie post mortem hinterlassen hatten. Marlene rieb mit ihrem in Latexhandschuhen klebendem Finger über den Hals. Der Farbton der Schminke war gut an den Teint angepasst und ließ sich leicht abreiben. Darunter schimmerte die Haut bläulich.

Was hat er dir angetan? Warum hat er dir das angetan? Was will er uns sagen?, fragte sie in Gedanken den Treppenengel.

»Haben Sie irgendetwas gefunden? Was Brauchbares?«, wandte Marlene sich an einen Kollegen der Spurensicherung.

»Nichts von Bedeutung. Wir müssen einiges erst auswerten.«

Mit dieser Antwort hatte sie gerechnet. »Prüfen Sie die Seile. Vielleicht finden Sie darauf Hautpartikel. Er wird es irgendwo gekauft und dabei keine Handschuhe getragen haben. Es sind raue Hanfseile. Da muss doch irgendwo ein Abrieb drauf sein.« Marlenes Ton ließ keinen Widerspruch zu.

2

Kaum hatte Marlene ihr Büro im riesigen neuen Komplex der Landespolizeidirektion in der Straßganger Straße außerhalb des Stadtzentrums betreten, kam Kollege Branner herein. Dafür, dass sie ihr Team am Samstagvormittag angerufen hatte, waren sie schnell zur Stelle.

»Wir haben eine Vermisstenmeldung. Die Beschreibung passt zu der Toten. Ich habe die Fotos gesehen. Was für ein perverses Arschloch macht denn so etwas?«

»Noch wissen wir das nicht. Und ja, es ist definitiv abartig, wobei es für den Täter Sinn ergab, sie so in Szene zu setzen. Er wollte Aufmerksamkeit. Wer hat unseren Treppenengel als vermisst gemeldet? Eltern? Partner? Eine Freundin?«

Branner war nicht Marlenes Lieblingskollege, nachdem er sie gleich zu Beginn ziemlich plump angeflirtet hatte, doch musste sie mit ihm professionell arbeiten. Da war ihr Johannes schon lieber. Johannes Weibach, von allen nur Joe genannt, war der Jungspund der Truppe mit seinen dreiunddreißig Jahren. Er war wie Branner Bezirksinspektor in der Abteilung Leib und Leben und damit bereits einer der ranghöchsten Beamten unter ihr. Wobei das mit den Rängen bei den Inspektorendienstgraden so kompliziert war, dass man sich mit der Ansprache als Inspektor zufriedengeben musste. Weibach war ein groß gewachsener, durchtrainierter Kerl und trug seine dunkelbraunen Haare akkurat kurz geschnitten. Sein Gesicht war durchschnittlich. Niemand würde ihn als Feschak bezeichnen, doch durch sein gepflegtes Äußeres und seine unglaublich blauen Augen, die es mit jedem Husky aufnehmen konnten, wirkte er attraktiv. Marlene musste sich zusammennehmen, denn diese Augen zogen ihren Blick magnetisch an. Branner, mit seinen siebenundvierzig Jahren eigentlich der Beau der Truppe, nannte Johannes gerne »Blue-Eye-Joe«, doch in seiner Manier klang es ziemlich herablassend. Er konnte es nicht ertragen, dass Joe mit seiner zurückhaltenden, respektvollen Art bei den Frauen besser ankam als er.

»Ihr Freund hat sie als vermisst gemeldet. Sie ist Freitagnacht während eines Ausstellungsbesuchs im Kunsthaus einfach verschwunden. Vielleicht wurde sie ja von unserem *friendly alien* entführt.« Ein selbstgefälliges Lachen entfuhr seiner Kehle.

Die unglaubliche Architektur des Museums für zeitgenössische Kunst, das sich wie eine Blase über den Dächern der Stadt und neben dem Murufer blähte, wurde von allen als freundlicher Außerirdischer bezeichnet. Die abstrakte Optik fand anfangs wenig Zuspruch bei der Bevölkerung, doch mittlerweile wurde das Kunsthaus von den Grazern geduldet, weil man eh nichts mehr dagegen machen konnte. Touristen aus aller Welt waren begeistert von der modernen Architektur inmitten von altehrwürdigen und denkmalgeschützten Gebäuden, und täglich wurde es auf zahlreichen Selfies festgehalten. Der gemeine Grazer machte dann auf stolz, auch wenn er vorher gegen dieses geldverschlingende Prestigeprojekt gewettert hatte.

Johannes betrat Marlenes Büro, dessen Tür offen stand. »Ich habe ihn schon angerufen. Er ist unterwegs. Ist seine Freundin unsere Tote, dann heißt sie Alexandra Walfrad und ist sechsundzwanzig Jahre alt.«

»Danke, Johannes!« Marlene sprach Vornamen stets aus. Auch sie erwartete von den Menschen, die sie duzten, mit Marlene angesprochen zu werden. Zu sehr hatte sie bereits als Kind Spitznamen wie »Lenerl« oder »Marli« gehasst. Hier in ihrem Grazer Team hatten sich, anders als in Wien, alle geduzt, und da hat sie bald nachgegeben, obwohl ihr die professionelle Distanz am Arbeitsplatz, die das Siezen mit sich brachte, lieber gewesen wäre. Bloß keinen zu nahe an sich heranlassen. Ihr Job war hart genug, und Anblicke wie heute Vormittag gingen ihr trotz jahrelanger Erfahrungen tief unter die Haut. Das hasste sie am Frausein. Dieses hohe Maß an Gefühlen, das stets gehändelt werden musste, diese starke Empathie und die daraus resultierenden Emotionen. Schon als Kind wäre sie gerne ein Bub gewesen. Sie spielte ausschließlich mit Buben und nur Bubenspiele. Sie war in dem kleinen Dorf, in dem sie aufgewachsen war, bekannt als der Bub vom Kleinbauer-Hof und wurde auch als solcher behandelt. Sie hat sich immer mit den Buben gemessen und nicht nur einmal waghalsige Mutproben absolviert, um sich Respekt zu verschaffen. Ihr Vater war insgeheim stolz auf sie, doch zeigte er ihr das nie. Die Pubertät brachte sie dann ihrem eigenen Geschlecht näher, und sie lernte, mit ihren weiblichen Vorzügen umzugehen. Bis auf die Emotionen, die sie stets im geistigen Zaum und somit unter Kontrolle halten musste. Mittlerweile war sie darin Meisterin. Und das trotz der Schicksalsschläge, nach denen ein anderer sich längst in »Puntigam links« befinden würde. So wurde die Klinik für psychisch Kranke hinter mehr oder weniger vorgehaltener Hand vor allem bei der südlich von Graz lebenden Landbevölkerung genannt. Diese mussten sich damals stadteinwärts im Bezirk Puntigam links halten, um in die von den Grazern noch immer als »Feldhof« bekannte Irrenanstalt zu gelangen, wo natürlich niemand hin will. Deswegen hat Marlene ihren eigenen Weg gefunden, sich mit ihrem Leben zu arrangieren.

Wie geht es Ihnen heute?

Wie soll es mir schon gehen? Wie immer.

Also arbeiten Sie und haben ansonsten keine sozialen Kontakte.

Ich muss mich erst wieder einleben.

Sie sind jetzt schon seit vier Monaten wieder in Graz und hätten genug Zeit gehabt.

Ich muss mich erst mal einarbeiten.

Sie hätten Freunde von früher anrufen können.

Und denen soll ich dann erzählen, wie es mir geht, und ihr Leben belasten, weil sie mich aus Mitleid in ihre Kreise aufnehmen? Sicher nicht.

Haben Sie also nach wie vor niemanden, mit dem Sie darüber sprechen?

Ich weiß nicht, warum ich mit jemandem über etwas sprechen sollte, worüber ich nicht sprechen will. Es reicht, dass ich mit Ihnen ständig darüber sprechen muss.

Sie sprechen nicht mit mir darüber.

Aber Sie fragen andauernd nach und möchten, dass ich darüber spreche.

Fühlen Sie sich bedroht? Haben Sie Angst, dass ich Ihre Mauern durchdringen könnte?

Nein, ich fühle mich sicher in meiner eigenen Burg. Sie sind nur ein lästiger Angreifer, den ich leicht abwehren kann.

Sie verwenden Metaphern. Wenn Sie möchten, könnte ich ja ein Bote des Königs sein und mit einer Friedensflagge um Einlass bitten.

Spielen wir jetzt Märchenstunde? Mein Vorgesetzter ist der König, der meine Verliese ausräumen lassen will. Die Leichen aus meinem Keller bergen. Doch es sind meine Leichen. Das können Sie ihm ausrichten.

Frau Kranz ...

Für Sie: Chefinspektor Kranz.

Sie wissen, dass ich mit Ihrem Vorgesetzten nicht über die Inhalte unserer Sitzungen sprechen darf. Und Sie wissen ebenfalls, dass Sie Ihre hochrangige Anstellung nur ihm zu verdanken haben und er so einiges auf sich nimmt, um Sie zu unterstützen und zu schützen. Diese Therapie ist, was Sie beizutragen haben.

Danke für die schulmeisterliche Zurechtweisung. Ich weiß das und benötige keine Erinnerung. Das ist der Therapie nicht dienlich, und deswegen werde ich mich nicht besser fühlen.

Fühlen Sie sich denn schlecht?

Sie lenken ab. Ich fühle mich gut, außer dass diese Therapie keinen Sinn macht, mich nervt und aufhält. Sie ist Zeitverschwendung.

Sie empfinden es als Zeitverschwendung, doch Ihre Geschichte benötigt auch Zeit, um zu heilen. Ich habe diese Zeit.

Was soll da heilen? Es ist geschehen, es bleibt so, und ich muss damit leben. Basta.

Das tun Sie derzeit sehr erfolgreich.

Stimmt. Für mich passt das so. Kreuzofner könnte sich das Geld sparen.

Er ist in großer Sorge um Sie und wirklich bemüht.

Ich weiß. Doch wenn er so bemüht ist, sollte er mich einfach in Ruhe arbeiten lassen.

Sie schimpfen mich einen Schulmeister, sprechen jedoch wie ein pubertierendes, trotziges Schulmädchen.

Wenn Sie das so sehen wollen.

Ja, ich erlebe Sie so.

Na, als Psychotherapeut müssten Sie ja wissen, was man mit solchen Gören macht.

Ich weiß, dass Sie derzeit keine andere Strategie haben als die der Verdrängung. Sie können sich jederzeit bei mir melden, wenn Sie reden wollen. Sie wissen das.

Ja, Sie sagen es mir bei jeder Sitzung. Ich habe vielleicht ein Trauma, doch bin ich nicht dement.

Sie geben zu, traumatisiert zu sein?

Herrgott noch mal. Natürlich weiß ich das. Ich habe eine psychologische Grundausbildung und Kurse im Profiling gemacht. Ich weiß, was mit mir los ist. Und deswegen gehe ich meinen Weg so, wie ich ihn für richtig halte.

Dies könnte jedoch zur Gefahr für andere werden, wenn Ihr psychischer Verdrängungsmechanismus außer Kraft tritt.

Möglich. Doch ich denke, ich habe mich gut im Griff.

Das sollten alle hoffen, die sich in Ihrem Umfeld bewegen.

Warum? Glauben Sie, ich renne irgendwann Amok und schieße alle über den Haufen?

Haben Sie sich das schon mal ausgemalt?

Na klar, und ich hatte dabei klare Ziele vor Augen.

Sie wissen, dass ich Sie nur wegen dieser einen Aussage außer Dienst stellen lassen könnte.

Dann tun Sie es doch!

Ich werde es zwar verantworten müssen, doch schreibe ich Ihre Aussage einfach einem bewusst inszenierten, provokativen Verhalten zu.

Sie können zuschreiben und diagnostizieren, was Sie wollen.

Wir sehen uns nächste Woche?

Mal sehen.

Wir haben Termine vereinbart.

Warum fragen Sie dann?

Weil ich immer da bin, aber Sie nicht immer kommen.

Sie kriegen die Stunden sicher trotzdem bezahlt.

Es geht hier nicht ums Geld.

Gut, denn ich würde es Ihnen nicht bezahlen.

Liegt es an mir? Bin ich für Sie nicht geeignet? Dann sollten Sie es mit einem anderen Therapeuten oder einer Therapeutin versuchen.

Warum? Damit ich wieder von vorne beginnen kann und wieder die gleichen Fragen gestellt kriege? Wie geht es Ihnen heute? Was ist passiert? Wie haben Sie sich in dem Moment gefühlt? Wo fühlten Sie die Wut, den Schmerz, die Ohnmacht? Warum erzählen Sie es mir nicht? Sie sollten es rauslassen. Es ist wichtig, dass Sie das aufarbeiten. Herrgott noch mal, ich bin noch nicht so weit. Außerdem spreche ich darüber.

Mit wem?

Mit meiner Oma.

Ihre Oma ist tot.

Herrgott noch mal, deswegen kann ich trotzdem mit ihr reden.

Glauben Sie an den Gott, den Sie anrufen, wenn Sie sich bedrängt fühlen?

Was hat das denn nun wieder damit zu tun? Das ist echt anstrengend mit Ihnen. Sie zermürben mich.

Nicht ich zermürbe Sie. Sie schieben diese Empfindung nur auf mich. Es fühlt sich zermürbend an, weil es Sie viel Kraft kostet.

Ich weiß das. Ich bin mir dessen bewusst. Doch ich habe mich schon immer gefragt, warum man alles aufarbeiten muss. Man kann Geschehenes nicht ungeschehen machen. Durch Aufarbeitung wird doch nichts besser. Wahrscheinlich entstehen psychische Störungen erst durch therapeutische Aufarbeitung.

Haben Sie schon mal einen Mörder verhaftet, der gemordet hat, nachdem er ein traumatisches Erlebnis therapeutisch aufgearbeitet hat?

Wer weiß?

Sie könnten es wissen.

Weiß nicht.

3

Chefinspektorin Marlene Kranz war eine schöne Frau in den besten Jahren. Interessant, reif und apart. Sie war durchschnittlich groß, sportlich, schlank, hatte braunes schulterlanges Haar, das jedoch ausschließlich im Verbund getragen wurde und nur zum Schlafengehen Freigang bekam. Die hellbraunen Augen wurden mit schwarz getuschten Wimpern betont und bereits von kleinen Linien umkränzt. Ihre Stirn zierten zwei horizontale Falten, die sich auch im entspannten Zustand nicht mehr glätteten. Sie trug stets Jeans, Shirts und – so oft es das Wetter zuließ – ihren geliebten schwarzen Lederkurzmantel. Sie störte sich nicht daran, damit ein Kommissarenklischee zu bedienen. Diese Art Klamotten war einfach der beste Kompromiss zwischen kleidsam und bequem. Marlene wirkte gepflegt und doch nicht eitel. Sie strahlte Weiblichkeit und Stärke aus – eine Mischung, mit der sich Männer meist schwertaten. Sie wollten derartige Frauen erobern, sie bezwingen und beherrschen. Doch wenn daraus mehr wurde und die Beziehung sich vertiefte, wurden Männer dieser Frauen schnell überdrüssig, weil sie sich unterlegen fühlten und ihre Männlichkeit bedroht sahen.

»Sechsundzwanzig!« Marlene schüttelte den Kopf. »So jung, so schön, so tot! Mitten in Graz – inszeniert wie eine Skulptur an einer der beliebtesten Sehenswürdigkeiten. Was sagst du dazu?«

Johannes zuckte mit den Schultern: »Was soll man dazu sagen? Krank? Pervers? Die Medien werden sich auf jeden

Fall darauf stürzen. Apropos Skulptur: Diese Alexandra Walfrad verschwand bei einer Vernissage im Kunsthaus. Ihr Freund dürfte jeden Moment hier sein.«

Ein junger Mann, knapp dreißig Jahre alt, wurde ins Büro geführt. Konrad Kahlenberg, leichenblass vor Sorge, zeigte ihnen ein Bild seiner Freundin auf dem Handy. Ohne Zweifel – seine Freundin war tot. Ermordet und zu einem bizarren Kunstwerk gemacht. Konrad Kahlenbergers Reaktion war einem psychischen Schockverarbeitungsprogramm zuzuschreiben und den Beamten in einem solchen Moment das Bequemste, was ihnen passieren konnte. Der Hinterbliebene blieb ruhig, sein allgemeines Verhalten verlangsamte sich. Keinerlei Emotionen zeigend, beantwortete er die Fragen, die die Ermittler ihm stellten. Marlene und Johannes wussten nur zu gut, dass diese Menschen, sobald die Tragweite ihres Verlustes ins volle Bewusstsein gelangte, meist Zusammenbrüche erlitten. Doch nun mussten sie auch in seinem Sinne die Tatsache nutzen, dass er noch nicht verarbeitet hatte, dass seine Freundin nicht mehr lebte, und befragten ihn sofort. Er erzählte vom Abend ihres Verschwindens und starrte für den Unwissenden ins Leere, doch Marlene und Johannes wussten, dass er gerade seine Erinnerungen kommentierte.

»Es war *ihr* Abend. Nein, eigentlich war es natürlich *seiner*, doch für sie hatte er so eine große Bedeutung. Sie war doch so stolz.«

Johannes' Brust hob sich, als er nachfragen wollte, doch bevor ein Laut seinen Mund verließ, vernahm er Marlenes leichtes Kopfschütteln. Er atmete langsam aus und ließ Konrad Kahlenberger weitersprechen.

»Sie haben nächtelang daran gearbeitet. Es war ihr so wichtig. Durch diese Fotoshootings hat sie sich verändert.

Sie hat so viel Selbstvertrauen bekommen. Die Fotos sind echt wunderschön.«

Marlene hob die Augenbrauen und nickte Johannes zu, als Zeichen, dass er nun eingreifen durfte.

»Herr Kahlenberger, bitte erzählen Sie uns, was genau geschah, bevor Ihre Freundin verschwand.«

Konrad hob den Kopf und betrachtete Inspektor Johannes Weibach, als würde er ihn eben erst wahrnehmen. Dann senkte er seinen Blick wieder und richtete seinen Fokus auf die Erinnerungen an diese Nacht.

»Alexandra war, wie alle anderen Models, eingeladen. Der große Gustav Zierach ehrt seine Heimatstadt mit einer eigenen Fotoausstellung. Die Akte Graz. Schauplätze und Models – alles in und aus Graz. Es war eine riesige Show. Die Ausstellungseröffnung war nur für geladene Gäste. Ich begleitete Alexandra. Ich war stolz auf sie. Sie war einfach umwerfend anzusehen auf der riesigen Leinwand. Meine Freundin! Sie musste sich zigmal neben ihr Foto stellen und wurde fotografiert. Sie hat es so genossen, im Mittelpunkt zu stehen. Alle Frauen haben es genossen. Sie wurden wie Stars behandelt, obwohl sie allesamt ganz normale Frauen waren. Keine Stars oder Supermodels wie die, die der Zierach sonst ablichtet. Die Vernissage war ein voller Erfolg. Alexandra hat sich kurz bei mir entschuldigt, um auf die Toilette zu gehen. Das war das letzte Mal, dass ich sie gesehen habe. Ich wartete fast zwanzig Minuten, bis es mir komisch vorkam. Anfangs dachte ich halt, sie wäre aufgehalten worden oder hätte jemanden auf dem Klo getroffen, dann machte ich mich auf die Suche. Ich rief sie an, wusste jedoch, dass sie ihr Handy auf lautlos gestellt hatte. Ich wurde richtig sauer, habe noch ein, zwei Gläser Champagner getrunken und bin dann ins Brot und Spiele. Ich habe ihr eine Nachricht geschrieben. Irgendwann bin ich dann heim und habe mich hingelegt. Sie kam nicht. Ich habe ihre Freundinnen angerufen, doch keine hatte sie gesehen. Erst da rief ich bei der Polizei an, die mich zuerst abwimmelte, weil Alexandra noch nicht lange genug weg war. Doch dann fragte der Polizist auf einmal nach, wie Alexandra aussah, und hat mich herbestellt.« Er machte eine Pause, stützte seine Ellbogen auf die Knie und rieb sich den Kopf mit beiden Händen. »Ich war voll sauer, dass sie mich versetzt hat. Ich dachte niemals, dass ihr was zugestoßen sein könnte.« Er hob seinen Kopf und sah Marlene direkt in die Augen. Erst jetzt wurde ihm bewusst, dass er noch nicht gefragt hatte, wo und wie sie Alexandra gefunden hatten. Bisher wusste er nur, dass sie tot war.

»Sie wurde von einer Touristengruppe bei der Doppelwendeltreppe in der Grazer Burg gefunden. Sie wurde wahrscheinlich ermordet und dort sehr speziell ... aufgebahrt«, erklärte Marlene vorsichtig.

»Was heißt aufgebahrt? Sind Sie überhaupt sicher, dass es Alexandra ist? Bei der Doppelwendeltreppe? Dort wurden ihre Fotos gemacht. Ich kann sie Ihnen zeigen!« Hastig griff er in seine Hosentasche und zog sein Smartphone heraus. Nach kurzem, hektischem Tippen hielt er es den beiden Beamten hin.

Marlene griff zu. »Darf ich?«

Johannes beugte sich zu ihr und hielt den Atem an. Konrad hatte ein Foto von Alexandra gemacht, die strahlend neben einer großen Leinwandfotographie stand. Auf dieser war sie nackt vor der Doppelwendeltreppe zu sehen. Die Aufnahme unterschied sich vom Tatort nur darin, dass Alexandra auf dem Bild noch lebte und ihre ausdrucksstarken Augen geöffnet waren. Die beiden Beamten schauten sich kurz an. Mit einem Kopfnicken schickte Marlene Johannes raus, wissend, dass er gleich die Spurensicherung ins Kunsthaus schicken würde. Sie blieb bei Konrad Kahlenberger, der langsam zu begreifen begann.

»Kann ich sie sehen?«, fragte er zaghaft, in der Hoffnung, dass sich die Beamten irrten. »Muss ich sie denn nicht i… iden… identifizieren?«

»Doch, darum müssen wir Sie leider bitten. Dafür ist es jedoch noch zu früh. Sie wird noch obduziert. Dann werden Sie sie sehen können. Bleiben Sie in der Zwischenzeit bitte bei uns. Wir haben noch einige Fragen an Sie. Brauchen Sie psychologischen Beistand? Ich kann jemanden holen lassen. Herr Kahlenberger, mein herzliches Beileid.«

Kahlenberger schüttelte den Kopf, als Marlene von Beistand sprach, doch zur Verabschiedung nickte er kurz und vergrub dann wieder den Kopf in seinen Händen.

Vor der Tür holte Marlene tief Luft und winkte einen Kollegen herbei. »Lasst mir den Mann nicht allein. Wenn Hugo Michel mit der Frau fertig ist, soll ihr Freund sie identifizieren, wobei es keinen Zweifel gibt, dass unsere Tote Alexandra Walfrad ist. Wenn es dir möglich ist, frag ihn noch genauer, was er in der Nacht gemacht hat, und überprüft sein Alibi. Ich fahre mit Johannes ins Kunsthaus.«

Der Beamte ging sogleich in den Raum, in dem Konrad Kahlenberger saß.

Sie wollte schon los, da fragte Branner, der dazugekommen war und ihre Worte gehört hatte: »Ist er verdächtig?«

»Jeder in ihrem Umfeld ist das. Vielleicht war er eifersüchtig auf ihren Erfolg oder auf den Künstler. Oder was weiß ich. Wir überprüfen alles. Bei dem Fall darf nichts schiefgehen. Hat die Presse schon Wind davon bekommen? Oder ist im Netz schon was aufgetaucht? Immerhin haben an die dreißig Japaner Dutzende Fotos vom Tatort geschossen.«

Branner verdrehte die Augen ob dieser Bedrohung durch die heutzutage übliche äußerst schnelle Verbreitung solcher

Nachrichten. Sie erhöhte den Druck auf die Beamten, den Fall schnell zu lösen, während Tatorttourismus die Ermittlungen erheblich stören konnte.

»Bis jetzt noch nicht, außer in Japan vielleicht, doch die denken sicherlich, dass es ein typisch österreichisches Aufbahrungsritual ist. Die Stadt könnte Eintritt verlangen für die Besichtigung der Doppelwendeltreppe. Die wird nach dreihundert Jahren einstürzen, wenn jetzt alle auf ihr herumtrampeln«, brummte er.

»Fünfhundert Jahre! Sie ist wesentlich älter. Von 1499 bis 1500 erbaut von einem unbekannten Steinmetz.«

Branner stutzte. »Respekt, Frau Chefinspektor. Geschichte Graz studiert?«

»Nein, ich habe lesen gelernt und als Kind viel Zeit dort verbracht.«

»Aha, wieso?« Branner war genauso neugierig wie die anderen auf Details aus ihrem Leben.

»Ich muss jetzt los ins Kunsthaus«, zog sie sich aus der Affäre, während sie sich in Gedanken dabei beobachtete, wie sie als Kind mit ihrem Bruder und ihrer Großmutter auf der Doppelwendeltreppe Fangen gespielt hat.

Branner setzte erneut einen überraschten Gesichtsausdruck auf. »Ins Kunsthaus?«

»Etwas über die Moderne von Graz lernen!« Sie schenkte ihm ein süffisantes Lächeln. »Unser Treppenengel wurde dort das letzte Mal lebend gesehen, und zudem hängt dort ein Bild von ihr, das sie in genau der Position zeigt, wie ihr Mörder sie platziert hat.«

Branner hatte die Fotos vom Tatort gesehen. Nun fiel ihm fast die Kinnlade runter. »Kann ich mit?«

»Nein, bleib du bei Kahlenberger und überprüf sein Alibi. Dann darfst du ins Brot und Spiele gehen. So viel ich weiß, kennst du den Barbesitzer. Ich melde mich, falls es

Hinweise gibt und ich Nachforschungen brauche«, befahl sie und erwartete keine Widerrede. »Ach ja, und hol dir eine Speichelprobe von ihm ... aber behutsam bitte. Seine Freundin ist tot.«

Johannes kam zurück. »Können wir?«

Branner verzog den Mund. »Ist ja klar, unser Blue-Eye-Joe darf wieder mit!«, murmelte er leise und doch hörbar.

4

Marlene ignorierte ihn und folgte Johannes zum Auto. Sie wollte nicht in eine Ausstellung gehen, in der ein Foto einer nackten Frau hing, und sich anzügliche Bemerkungen eines testosterongesteuerten Kollegen anhören. Johannes zeigte einfach mehr Respekt und Taktgefühl.

»Hast du von diesem Zierach schon einmal gehört?«, fragte Marlene, als sie im Auto saßen.

Johannes hob erstaunt eine Augenbraue und wendete kurz seinen Kopf zu Marlene, obwohl er sich in den fließenden Verkehr einordnete. »Was? Du kennst Gustav Zierach nicht? Sag mal, wo lebst du denn? Zierach ist derzeit der angesagteste Aktfotograf der Welt. Stars und Sternchen stehen Schlange, um sich für ihn ausziehen zu dürfen. Zuletzt hat er Angelina Jolie in Szene gesetzt. Google mal seine Bilder.«

Marlene tat, wie ihr geheißen, und staunte, als sie sah, wie viele Stars vertreten waren.

Johannes erzählte begeistert weiter. »Gustav Zierach schwört darauf, dass er die Fotos nicht retuschiert. Er sagt, er will die nackte Wahrheit zeigen und die Stärke und Schönheit einer Frau unverfälscht darstellen. Er fotografiert übrigens nur Frauen. Johnny Depp hat mal scherzhaft gemeint, für ein Shooting mit ›Zieraak‹ würde er sich zur Frau umoperieren lassen.«

»Wow, du kennst dich ja aus mit dem Thema. Na ja, nackte Frauen ziehen halt immer. *Sex sells!*« Marlene konnte seine Begeisterung noch nicht teilen.

»Nein, da geht es eben nicht vordergründig um Sex. Er inszeniert seine Models immer an ungewöhnlichen Orten oder mit schrägen Utensilien. Manchmal haben sie ein Hemd an oder stehen hinter einem Blumentopf. Das sind keine normalen Aktfotos. Schau sie dir doch mal genauer an. Auf manchen Fotos sind die Models teilweise angezogen, denn er beginnt ein Shooting nie gleich mit der nackten Frau. Er meint, man müsse sich ›gemeinsam einschwingen‹.«

Marlene runzelte die Stirn. »Ich stehe mehr auf die alten Meister – die mit Pinsel und Farbe. Ich habe es nicht so mit der Fotografie. Habe mich nie damit beschäftigt.«

»Die haben ja auch gerne Nackedeis gemalt«, stellte Johannes schmunzelnd fest.

»Stimmt! Hast du von dieser Ausstellung im Kunsthaus gewusst?«

»Ich habe davon gehört und wollte sie mir mal anschauen, aber erst, wenn der große Rummel vorüber ist. Der wird nun möglicherweise gar nicht aufhören.«

»Oh, der Kollege, ein Kunstkenner und Kulturbegeisterter. Interessant. Hätte ich dir nicht zugetraut. Nun kommst du immerhin dienstlich in die Ausstellung.« Marlene lächelte, was durchaus selten zu beobachten war.

Johannes registrierte es wohlwollend. »Jetzt übertreib nicht. Warum erstaunt dich das? Hast du in Wien nur mit Kulturbanausen gearbeitet?«, fragte er lachend.

Beim Wort Wien wurde Marlenes Miene todernst, und sie schaute konzentriert auf ihr Handy und scrollte durch Zierachs Bilder. Sie musste zugeben, dass die Fotos eine Faszination auf sie ausübten. Sie notierte in Gedanken, sich mit seiner Arbeit näher zu beschäftigen, sobald sie Zeit dazu hätte. Doch zuvor musste sie einen Mordfall aufklären. Johannes notierte sich, das Wort Wien zukünftig zu vermeiden, um die Stimmung nicht zu gefährden.

Sie betraten das Kunsthaus durch das Café im ehemals Eisernen Haus, dessen historische Fassade beim Anbau des Kunsthauses erhalten geblieben ist, weil der gusseiserne Skelettbau aus dem 19. Jahrhundert denkmalgeschützt war. Es war ein hippes Lokal, das sich der nachhaltigen, gesunden Küche verschrieben hatte und voll besetzt war mit Gästen, die ein spätes Frühstück genossen. Das gesamte Erdgeschoss des Kunsthauses war offen gestaltet. Vom Café ging es direkt in den Shop und von dort zum Informationsstand. Auf diesem stand bereits ein Schild: *Leider hat das Kunsthaus heute geschlossen.*

Dahinter saß eine junge Dame, die sich erhob, als die Beamten auf sie zukamen, und gleich versuchte, sie abzuwimmeln. Marlene und Johannes trugen keine Dienstkleidung: »Wir haben heute leider zu. Sie müssen ein anderes Mal die Ausstellungen besuchen.«

Marlene und Johannes wiesen sich aus, und die junge Dame nickte.

»Warum ist das Café nicht geschlossen?«, fragte Johannes.

Die Empfangsdame – wahrscheinlich eine Studentin, die ihren Lebensunterhalt aufbesserte – schaute betreten drein. »Der Chef hat sich geweigert, die Leute rauszuwerfen, die bereits bestellt haben, und sagte, jeder darf fertig essen, und dann wird erst zugesperrt. Er tobt. Sie finden ihn oben in Space One.« Sie wies mit der Hand zur Rolltreppe.

Oben angekommen, kam Marlene und Johannes ein untersetzter Mann Mitte fünfzig mit hochrotem Kahlkopf entgegen, der aufgeregt brüllte: »Sind Sie dafür verantwortlich? Da haben wir einmal eine Ausstellung, die die breite Masse anspricht und mir Geld in die Kassa spült, und dann soll ich hier alles zudrehen? Nur weil eine Frau verschwunden ist? Was glauben Sie denn? Dass sie sich hinter einem Ausstellungsstück versteckt hat?«

»Chefinspektor Kranz, und das ist mein Kollege Inspektor Weibach.« Gleichzeitig zeigten sie ihre Dienstausweise. »Mit wem haben wir die Ehre?«

»Ich bin der Direktor dieses Hauses und verlange eine Erklärung«, schrie er, und seine Stimme drohte sich zu überschlagen.

»Und ich verlange eine korrekte Vorstellung und ein gemäßigtes Auftreten, ansonsten führen wir unser Gespräch auf dem Präsidium weiter. Zudem geht es in diesem Fall nicht um eine Vermisste, sondern um Mord, und das könnte länger dauern, als Ihnen lieb ist, wenn Sie sich nicht kooperativ verhalten.« Marlenes Stimme, Mimik und Körperhaltung ließen keinen Zweifel daran, dass sie es ernst meinte.

Der Direktor schnaubte durch die Nase wie ein Pferd und atmete tief ein: »Ich bin Theodor Klingenbach und der Direktor hier. Wieso sprechen Sie von Mord? Ihr Kollege am Telefon sprach von einer vermissten Frau.«

»Das war ich, und ich wollte keinen zu großen Wind darum machen, da ich nicht wissen konnte, wie Sie damit umgehen werden. Und das war offenbar die richtige Entscheidung, denn wie Sie recht anschaulich demonstriert haben, können Sie scheinbar nur schlecht die Contenance wahren.« Johannes blieb ebenfalls sachlich.

»Mord? Um Apollons Willen!« Theodor Klingenbachs Augen weiteten sich, und seine Stimme wurde leiser. »Lassen Sie uns in meinem Büro darüber reden.« Er wollte schon abziehen, doch Marlene hob die Hand.

»Danke, aber wir werden uns jetzt gleich hier umsehen und Ihnen einige Fragen stellen. Wo hängt das Bild von Alexandra Walfrad?«

Klingenbach schaute verdutzt. »Alexandra wer? Kenne ich nicht. Wir haben hier nur Zierachs Bilder, und in den anderen Ausstellungen haben wir Installationen und skulpturale Exponate internationaler Künstler. Von dieser Walfrad habe ich noch nie gehört.«

»Sie ist auch keine Künstlerin, sondern auf einem von Zierachs Bildern. Und sie ist tot!« Weder Marlene noch Johannes ließen den Direktor aus den Augen, der sich nun an die Brust griff. »Um Apollons Willen, also eines seiner Fotomodels? Welches Bild?«

»Doppelwendeltreppe«, sagten Marlene und Johannes zugleich.

Klingenbach begann sofort, den riesigen Raum zu durchschreiten, gefolgt von den Ermittlern. Marlene versuchte angestrengt, sich nicht von der Atmosphäre des Raumes und der Ausstellung ablenken zu lassen, und konzentrierte sich auf Klingenbachs Hinteransicht. In den Augenwinkeln nahm sie kurz und unklar riesige Bilder wahr, auf denen in unterschiedlichsten Grazer Szenerien verschiedene Frauen abgelichtet waren. Die Bilder hingen an beinahe unsichtbaren Nylonfäden von der imposanten Decke des Space One, die sich domartig wölbte. Dabei musste man sich jedem Bild zuwenden. Jedes einzelne war so platziert, dass es einem anderen nicht die Show stahl. Marlene zählte nebenbei, dass es sich insgesamt um zwölf Bilder handelte. Gerne hätte sie einen genaueren Blick auf die Fotos oder aus den Nozzles – den einzigartigen, noppenartigen Gewächsen aus der Fassade, die das Tageslicht wie mit Scheinwerfern in den Ausstellungsraum brachten – geworfen, um den Himmel zu erspähen, und sie notierte sich eine persönliche, mentale Randbemerkung: Kunsthaus besuchen, sobald der Fall aufgeklärt ist.

Jetzt musste sie sich auf das Wesentliche konzentrieren.

Klingenbach blieb vor einem Bild stehen und deutete wortlos darauf. Marlene und Johannes erkannten es sofort als das Bild, das Alexandras Freund ihnen gezeigt hatte.

Einen Moment lang standen alle drei stumm und staunend vor einem Foto, das eher einem Gemälde glich. Das Bild fesselte die Augen förmlich und ließ den Blick keines Betrachters über den Rand hinausschweifen. Man musste sich bemühen, die Details des Fotos wahrzunehmen, da der Gesamteindruck einen sogartig in den Bann zog.

»Es ist aus meiner Sicht das beste Bild dieser Ausstellung.« Es war Klingenbach, der die ehrfürchtige Ruhe durchbrach.

Marlene musste sich eingestehen, dass sie sich kurz in dem Anblick verloren hatte und fasziniert darüber war, dass ein einzelnes Bild so etwas in ihr auslösen konnte. Ihre Gedächtnisnotiz des Kunsthausbesuches erhielt ein fettes Ausrufezeichen.

»Warum ist dieses Bild besser als die anderen?«, fragte sie, obwohl sie eigentlich andere Fragen zu stellen gedachte.

Klingenbach wandte sich ihr zu. »Natürlich ist das mein subjektives Kunstverständnis, und diese Meinung muss niemand teilen. Aber wären Sie gestern Abend hier gewesen, hätten Sie bemerkt, dass sich vor diesem Bild die meisten Leute geschart haben. Es ist einfach eine unglaublich gelungene Komposition, mit der sich Zierach wahrscheinlich ein weiteres Denkmal gesetzt hat.«

Irgendetwas an seinem Tonfall rührte etwas in Marlenes Bauchraum, doch sie konnte es in diesem Moment nicht zuordnen.

»Wie viele Leute waren denn hier?« Marlene wollte nun doch auf das Wesentliche zu sprechen kommen.

»Vierhundertzweiundzwanzig, verteilt auf die ganze Nacht«, kam die prompte Antwort.

Johannes und Marlene schauten sich ob dieser präzisen Antwort erstaunt an, und gleichzeitig wussten sie, dass es schwierig werden würde, denn immerhin hatten sie wahrscheinlich gerade die genaue Zahl der Tatverdächtigen erhalten, wobei das Personal des Kunsthauses, der Cateringfirma und des Putztrupps noch nicht mitgerechnet waren. Für die Befragungen würden sie Polizeischüler heranziehen müssen, die wieder übereifrig in jeder Aussage einen Hauptverdächtigen erkennen wollten, in der Hoffnung, sich zu profilieren.

Sie unterhielten sich noch eine Weile mit dem Direktor, der ihnen versicherte, dass er Alexandra Walfrad zwar an dem Abend gesehen hatte, sich jedoch um die Organisation und um die hochrangigen Gäste kümmern musste und dabei keine Zeit hatte für irgendeine von Zierachs Musen. Als er über Zierach sprach, veränderte sich sein Ton kaum merklich, was Marlene wieder in ihrem Bauchraum spürte. »Der Bauch ist das zweite Gehirn einer Frau!«, hatte Nonna ihr schon sehr früh eingebläut. »Die Männer glauben zwar, sie sind uns überlegen, doch sie machen das nur mit Macht und Kraft. Wir Frauen sind schlauer. Während die Männer ihr Hirn mit ihren Genitalien teilen müssen, haben wir im Bauch ein Partnerhirn. Meine Taube, wir Frauen haben die weibliche Dreieinigkeit mit unserem Kopfgut, dem Herzblut und unserem Bauchmut. Und wenn sich dein Verstand und dein Herz mal uneinig sind, dann höre auf deinen Bauch. Der weiß es. Du musst hinspüren, und du darfst ihn nicht ignorieren, denn sonst meldet er sich nicht mehr zu Wort. Versprich mir das, Taube! Versprichst du mir das?« Die kleine Marlene hatte stets genickt, wenn Nonna ihr so ein Versprechen abgerungen hatte, auch wenn sie es oft erst viele Jahre später richtig verstanden hatte. Ihre Großmutter hatte sie sehr früh schon geprägt und ihr ihre Lebensweisheiten aufgezwungen, wobei nicht jede dieser Weisheiten die Bezeichnung »weise« verdient hatte.

5

Als Galerist musste Klingenbach nicht zwingend die Kunst eines jeden gutheißen, sondern eine Galerie gewinnbringend leiten. Im Falle dieser Ausstellung ging es jedoch um ein von der Stadt Graz gefördertes Projekt mit internationaler Medienpräsenz, gehörte der Grazer Gustav Zierach mittlerweile doch zum globalen Fotografenadel, und Graz wollte sich zumindest als seine Geburtsstadt in die Gedächtnisse der kunstaffinen Weltbevölkerung einprägen. Bei der Entscheidung für diese Ausstellung war Klingenbach sicher nicht gefragt worden. Da musste er einfach mitspielen.

Klingenbach konnte sich an nichts Auffälliges rund um die Person Alexandra Walfrad erinnern. Etwas genervt beantwortete er die Fragen der Ermittler, rückte die Adressen der für die Vernissage engagierten Catering- und Sicherheitsfirma heraus und die Liste des Personals, das an diesem Abend Dienst hatte.

Als sich Marlene und Johannes verabschieden wollten, fragte er hastig nach, wann er das Kunsthaus wieder öffnen könnte.

»Sobald wir es Ihnen sagen. Je nachdem, welche Spuren wir finden, können wir Ihnen früher oder später grünes Licht geben.«

Klingenbach schnappte nach Luft wie ein Fisch an Land, als Marlene sich umdrehte und ging. Dabei warf sie ihren Blick auf die Bilder und wünschte sich, sie könnte davor verweilen.

»Ich würde dich ja auf einen Kunsthausbesuch einladen, wenn ich nicht gerade einen brisanten Fall zu klären hätte.« Wieder so ein seltenes Lächeln. Bereits das zweite heute. Lag es am Fall oder daran, dass Marlene ihm gegenüber lockerer wurde? Schwer einzuschätzen für Johannes.

»*Wir* haben einen Fall zu lösen, und das so schnell wie möglich. Du weißt ja: Je länger es dauert, bis wir den Mörder finden, umso wahrscheinlicher ist es, dass er davonkommt.«

»Danke für den Anfängerlehrstoff, Frau Chefinspektor!«, witzelte Johannes.

»Oh, sorry, da kommt die Wien-Zeit durch. Da hatte ich ständig Anfänger um mich.«

Aha, sie kann ihre Zeit in Wien doch ansprechen, registrierte Johannes. »Ach, man lernt doch nie aus. Wo willst du nun hin? Doppelwendeltreppe? Zierach? Oder zurück zu Konrad Kahlenberger?«

»Keller!«

»Keller?«

»Ja, in den Keller. Da sind die Toiletten, und da wollte Alexandra hin, als ihr Freund sie das letzte Mal gesehen hat.«

Marlene ging mit großen Schritten voran. Das Gummiprofil ihrer Schnürstiefeletten quietschte leise auf dem glatten Industrieboden. Johannes hastete ihr nach und lief fast in sie hinein, als sie am unteren Treppenabsatz plötzlich stehen blieb.

»Verdammt! Das hätte ich mir denken können«, fluchte sie verhalten.

»Hattest du gehofft, die hätten seitdem nicht geputzt? Die Reinigungsfirma hat sicher eine Nachtschicht eingelegt, bevor die Tagesbesucher eintreffen würden. Voilà, sämtliche Spuren nicht nur verwischt, sondern regelrecht weggeputzt«, brachte Johannes es auf den Punkt.

»Ja klar. Dann geh bitte mal bei der Info fragen, ob der Putztrupp irgendwas gefunden und abgegeben hat. Ich sehe mich trotzdem mal um.« Während sie sprach, war ihr Blick bereits konzentriert auf den Gang zu den Toiletten gerichtet.

»Das ist der Unterschied, wenn man mit einer Frau zusammenarbeitet«, murmelte Johannes und wollte sofort los, als Marlene nachfragte, was er damit meinte.

»Da kriegt man dienstliche Anweisungen mit einem ›Bitte‹. Dein Vorgänger hätte nur ›Weibach, checken Sie das, aber dalli‹ gesagt.«

»Und was gefällt dir besser?« Marlene schaute ihn nun doch an.

Johannes lächelte verschmitzt. »Gerne, Frau Chefinspektorin, sehr gerne!«

»Chefinspektor. Das ›Frau‹ hast du schon davor gesagt. Den Genderwahnsinn kannst du woanders ausleben. Ich leg darauf keinen Wert.« Sie wandte sich von ihm ab und tat, als wollte sie die Räumlichkeiten weiter inspizieren, dabei wollte sie ihm bloß nicht noch ein Lächeln schenken. Sie konnte nicht umhin, dass sie den Kollegen Weibach sehr sympathisch fand. Doch das Letzte, was sie wollte und brauchen konnte, war eine Freundschaft unter Kollegen oder, noch schlimmer, sich zu verlieben. Doch davor fühlte sie sich recht sicher. Ihr Herz wurde in Wien derart zerstört, dass es auf Lebzeiten Invalidenrente beziehen könnte.

Marlene entdeckte nichts Wichtiges in den sanitären Katakomben und überließ das Feld der Spurensicherung.

6

Es war später Abend, als Marlene die Tür hinter sich schloss, ein paar Schritte tat und sich auf ihr Bett fallen ließ. Von hier aus konnte sie bis auf das Bad ihre ganze Einzimmerwohnung überblicken. Sie hatte nichts daran verändert, außer dass sie die Sachen ihrer Oma aus- und ihre eigenen eingeräumt hatte. Viel besaß sie nicht. Wer auf so kleinem Raum wohnte, musste sich beschränken, was in Marlenes Fall leicht war, denn sie hatte nicht viel aus Wien mitgenommen. Ihre Oma war bereits vor zwei Jahren gestorben und hatte Marlene als Alleinerbin in ihr Testament eingetragen, obwohl Marlenes Bruder auch Ansprüche gehabt hätte. Doch das war eine äußerst lange und komplizierte Geschichte, wie es Familiengeschichten meistens sind. Und die lange und komplizierte Geschichte ihrer Großmutter war der Grund für ein Erbe, das durchaus einen finanziell stabilen Grundstatus mit sich brachte und Marlene in dieser Lebensphase bestens zugutekam, selbst wenn es in dieser Mikrowohnung nicht so wirkte. Das Erbe beinhaltete auch die großzügige Wohnung nebenan, doch die war vermietet, und Marlene wollte sich nicht mit viel Wohnraum belasten, zumal sie auch die nette Mieterin nicht vor die Tür setzen wollte. Außerdem hatte sie die glücklichsten Tage ihrer Kindheit mit ihrer Nonna in dieser kleinen Wohnung verbracht. Selbst im Tod war ihre geliebte Nonna noch immer für Marlene da. Marlene vermisste sie schmerzlich. Nonna wäre jetzt die beste Therapie für sie gewesen. Doch sie war tot. Genau wie er. Nur dass sie eines natürlichen Todes gestorben war.

»Der Tod gehört zum Leben dazu. Du kannst ihn nicht ignorieren. Mit deinem ersten Schrei schreist du den Tod an, weil er dir in dem Moment sagt, wann du sterben wirst. Doch du schreist ihn an, weil du jetzt erst mal leben willst. Darum schreien Babys, wenn sie auf die Welt kommen.« Ach, Nonna hatte immer eine mehr oder weniger gute Erklärung für alles.

Körperlich erschöpft lag Marlene mit offenen Augen im Bett und starrte an die Decke. Sie ließ den Tag Revue passieren und suchte nach Details, die ihr beim ersten Erleben nicht aufgefallen waren. Sie studierte den Tatort, sah Alexandra Walfrad wie einen Engel an der Treppe stehen, erinnerte sich an die Reaktion ihres Freundes auf die Todesnachricht, die Ausstellung im Kunsthaus, Theodor Klingenbach und Gustav Zierach, den sie auch aufgesucht hatten. Marlene kam nicht umhin zugeben zu müssen, dass er eine faszinierende Persönlichkeit hatte. Er war groß, schlank und trug sein graumeliertes langes Haar als geflochtenen Zopf. Die dunkelbraunen Augen wirkten geheimnisvoll und neugierig zugleich. Er füllte den Raum und bewegte sich anmutig, fließend weich und geschmeidig.

»Alexandra? Tot?« Er wirkte überrascht und erschüttert. »Wie ist das möglich?«

»Indem sie umgebracht wurde!« Marlene entging keine Regung des Mannes vor ihr, als sie ihm bewusst provokant antwortete.

Zierach schaute ihr in die Augen, als wollte er sie der Lüge überführen, und sie bekam das Gefühl, als würde er tiefer in sie blicken, als sie es zulassen wollte. Er brachte sie beinahe aus dem Takt, und sie musste dem Verlangen standhalten, ihren Blick abzuwenden wie ein verlegenes Schulmädchen.

Johannes kam ihr unbewusst zu Hilfe und zog Zierachs Aufmerksamkeit auf sich. »Sie war eines Ihrer Models. Wann und wo haben Sie sie zum letzten Mal gesehen?«

»Bei der Vernissage im Kunsthaus. Sie war ja eine meiner Stars. Sie war grandios. Auf ihre Entwicklung bin ich besonders stolz. Wir haben mit einem Glas Champagner auf den Erfolg angestoßen, und ich habe sie gefragt, ob sie weitermachen möchte.«

»Wann genau war das?« Johannes hatte längst seinen Notizblock in der Hand.

»Lassen Sie mich überlegen ... Auf die Minute genau kann ich Ihnen das nicht sagen. Es war so viel los in der Nacht. Ich denke, es war kurz vor Mitternacht.«

»Und womit sollte Frau Walfrad weitermachen wollen?«, fragte Marlene.

Zierachs Augen erhellten sich, und er bat die beiden Ermittler, sich zu setzen. Er führte sie an eine riesige Tafel, die umrundet von transparenten Kunststoffsesseln vor einer Glasfront stand, von der man einen atemberaubenden Blick über die Dächer von Graz hatte. Auf dem Tisch lagen mehrere großformatige Fotomappen, und Zierach kramte herum, bis er diejenige fand, die er suchte. Er legte sie vor Johannes und Marlene und blätterte sie auf. Auf dem ersten Bild sah man Alexandra Walfrad genau an dem Tisch vor der Glasfront sitzen, an dem sie gerade zu dritt saßen. Sie blätterte in einer der Fotomappen. Sie trug ein langes Strickkleid, das sich um ihren Körper schmiegte.

»Das war unser erstes Shooting. Ganz normal, ganz einfach. Ich lasse den Frauen Zeit, sich mit mir, der Situation, meinen Ideen bekannt zu machen. Es dauert unterschiedlich lange, aber mir ist sehr wichtig, dass sie sich frei fühlen und ihre innere Schönheit und Stärke zeigen können. Das geschieht selten beim ersten Shooting. Es ist faszinierend, mit Frauen zu arbeiten, die noch keinen Zugang zu diesem Thema haben. Mit den Stars ist das etwas ganz anderes. Da muss ich darauf warten, dass ihr meist überzogenes Ego ihrem wahren Ich Platz macht, und dann drücke ich ab. Deswegen sind sie ja auch meistens nackt. Die Verhüllung durch Bekleidung dient meistens nur dem Ego.«

»Ach«, konnte sich Marlene nicht verkneifen, »das hat nichts mit Voycurismus zu tun? *Sex sells*?«

Zierach war nicht beleidigt, sondern nickte verständnisvoll. »Sie haben sich noch nicht mit meinen Fotos beschäftigt. Als genaue Beobachterin – und die sind Sie, ich habe es in Ihren Augen gesehen – würden Sie erkennen, dass meine Models die Courage haben, sie selbst zu sein, und das macht schön. Ich mache keine Magazinbilder. Retuschiere nicht so lange herum, bis die Models kaum mehr sich selbst entsprechen, sondern nur noch Werbehüllen sind und das Frauenbild aller verzerren. Ich bin kein Werbezuhälter und leiste keinen Beitrag zu den zerstörerischen Machenschaften der Industrie.« Er sprach immer lauter und erregte sich sichtlich an dem Thema. »Ich will gelebtes Leben zeigen, Geschichten erzählen mit meinen Fotos, von starken Frauen, von klugen Frauen, von schönen Frauen. Sie sollen Gefühle im Betrachter erzeugen und ihn zwingen, darüber nachzudenken.«

Er blätterte weiter in der Mappe. Auf allen Fotos war Alexandra Walfrad. An verschiedenen Orten, mit verschiedenen Gewändern, in verschiedenen Posen. Einmal mehr, einmal weniger bekleidet. Neben manchen Fotos waren Notizen gekritzelt. Zierach blätterte, und plötzlich deutete er auf das Foto, auf dem Alexandra auf der Doppelwendeltreppe stand. »Hier waren wir beide angekommen. Sie vertraute mir, und in mir wuchs die Vision der steinernen Schwingen. Alexandras Äußeres ist ja auch engelhaft.«

»Ich dachte, es geht nicht um das Äußere?« Marlene dachte nicht daran, auch nur andeutungsweise zu zeigen, dass sie fasziniert war von den Fotografien und am liebsten stundenlang in allen Fotobüchern geblättert hätte wie ein Kind in Bilderbüchern.

Zierach war nicht aus der Fassung zu bringen und schaute ihr entgegenkommend in die Augen. »Gut aufgepasst. In diesem Fall unterstützt das Äußere meine Bildgeschichte natürlich gewaltig. Schade, dass Sie nicht bei der Vernissage waren. Dort hätten Sie erkannt, dass die von mir gewählten Frauen nicht alle von begnadeter Schönheit sind. Ich möchte mich ja nicht selbst loben, doch ich empfinde es als meine Pflicht, mit meinen Kompositionen jede Frau in das Licht zu rücken, in dem sie gezeigt werden sollte. Dabei helfen mir Lichtquellen, die Örtlichkeit, die Perspektive und meine Ideen.«

Johannes hing an seinen Lippen und schaute zwischen Zierach und dem Bildband hin und her. Bevor Marlene eine Antwort geben konnte, fragte er: »Wie haben Sie Ihre Models für die Graz-Ausstellung ausgesucht? Mittels einer Agentur?«

Zierach lachte: »Ich habe sie von der Straße geholt. Für mich reicht ein Blick, und ich erkenne. Ich spreche sie an, und bitte glauben Sie mir, ich werde sehr häufig abgewiesen. Von zehn Damen getraut sich eine, gleich an Ort und Stelle von meiner Kamera getestet zu werden.«

Marlene zog ihre Augenbrauen hoch, was Zierach gleich zu einer Erklärung bewog.

»Ich habe meine Kamera immer dabei – so wie Sie Ihre Pistole.«

Marlene machte eine ungewollte Handbewegung in Richtung ihres Holsters und ärgerte sich in dem Moment, dass sie unbewusst auf seine Worte reagierte, und mahnte sich, ihre professionelle, reglose Haltung zu bewahren. Immerhin ermittelte sie gerade in einem Mordfall, und Zierach hatte irgendetwas damit zu tun. Das stand fest. Als Einziges.

»Ich erkläre den Damen, was ich vorhabe und was daraus werden könnte. Wenn sie nicht sofort Nein sagen, machen wir gleich vor Ort ein paar Fotos. Auf dem Kameradisplay kann ich dann sehen, ob die Kamera und ich einer Meinung sind. Dann tauschen wir unsere Daten aus und treffen uns. Einige Models lerne ich durch andere Models kennen. Zum Beispiel habe ich eine junge Frau angesprochen, die zum ersten Shooting mit ihrer Mutter kam, die sehr skeptisch war und auf ihre Tochter aufpassen wollte. Das Bild der Mutter hängt jetzt in der Ausstellung im Kunsthaus. Sie ist die, die an die Glasfront der Kunsthaus-Needle gelehnt auf Graz blickt.«

»Wie alt sind Ihre Models?«, fragte Marlene.

»Ich fotografiere eigentlich erst Frauen ab dreißig. Die haben einfach mehr Reife, und ihre Ausstrahlung ist weiblicher. Nach oben sind keine Grenzen gesetzt. Mein bisher ältestes Model war 82, doch das war in Los Angeles. Sie war fabelhaft.«

»Alexandra Walfrad ist erst 26«, warf Johannes ein, und Marlene nickte.

»Sie sind Ermittler, und doch hören Sie nicht gut zu.« Auch hier war weder Arroganz noch ein Vorwurf spürbar. Er vermittelte seine Wahrnehmungen wertfrei wie ein freundschaftlicher Schulmeister. »Ich sagte, dass ich *eigentlich* diese Altersgrenze bevorzuge, und doch gibt es Ausnahmen. Es gibt junge Mädchen mit einer sehr starken Aura. Und bei Alexandra ist es … war es zudem so, dass sie zu diesen seltenen optischen Typen zählte. Diese Alabasterhaut, die unzähligen zarten Sommersprossen, dieses beinahe wolkenweiße Haar. Ich habe sie gesehen, und die Kamera wollte sie haben. Ich denke, Sie würden meiner Kamera auch sehr gut gefallen.« Er schaute Marlene bedeutungsschwanger an.

Marlene bemühte sich, Fassung zu bewahren. Zuerst unterstellte er ihr schlechte Zuhörerqualitäten und dann dieses Angebot, Fotos von ihr machen zu wollen. Sie wollte sich auf keinen Fall beeindrucken lassen, und doch kribbelte es in ihrem Bauch.

Marlene ging alles haarklein in ihrem Kopf durch. Sie fragte nach, wann und wie er nach Hause gekommen war, ob ihn jemand gesehen habe, und gab die Daten an die Dienststelle weiter, damit sie überprüft wurden. Der Taxifahrer musste gefunden und befragt werden, mit dem Zierach nach seinen Aussagen um zwei Uhr morgens leicht angetrunken zu seiner Penthouse-Wohnung gefahren war.

»Berauscht von Anerkennung, Aufmerksamkeit, Wohlwollen, Erfolg und etwas Champagner«, beschrieb Gustav Zierach seinen Zustand.

»Könnte Sie so ein berauschter Zustand dazu verleiten, einen Mord zu begehen?«, fragte Johannes geradeheraus.

»Um Ihrem künstlerischen Ausdruck noch mehr Seele zu geben, indem Sie ihr ihre Seele nahmen? Oder ließen Sie ihre Seele frei?«

Johannes' Augen weiteten sich ungläubig ob der Art und Weise, wie Marlene nach der Möglichkeit fragte, ob Zierach sich nicht selbst ein perfides Denkmal setzen wollte.

Zierach lächelte, als hätte sie ihm ein Kompliment gemacht. »Ihre Seele ist jetzt frei, auch wenn sie sicher den Weg der an ihren Körper gebundenen Seele bevorzugt hätte. Meine Kunst soll mich überleben. Aus diesem Grund halte ich Momente fest. Alexandra Walfrads Körper ist tot, nur von kurzer Dauer ein schöner Anblick für seine Betrachter. Ich würde doch kein lebendes Kunstwerk der Vergänglichkeit preisgeben. Das ist abscheulich!«

»Das heißt, Sie bestreiten es!«

»Ich erkläre mich, da ich weiß, dass mich nicht alle Menschen verstehen und mir gerne Oberflächlichkeit, Materialismus und Voyeurismus zuschreiben. Purer Neid, wenn Sie mich fragen. Meine Kunst ist nun mal sehr einträglich, wie Sie sehen können.« Mit einer Handbewegung deutete er durch den Raum. »Diese Wohnung habe ich mir gekauft, als ich hörte, dass ich die Ausstellung für Graz machen soll. Ich lebe ungern in beengenden Hotelzimmern. Schon gar nicht, wenn ich längere Zeit an einem Ort bleibe. Zudem ist Graz meine Heimatstadt, und ich habe schon des Öfteren darüber nachgedacht, hier mehr Zeit zu verbringen. Quasi ein wenig weg aus dem Trubel von New York, meinem Hauptwohnsitz.«

»Dann ist es ja gut, dass diese Wohnung Ihnen gehört. Sie sollten Graz bis zum Abschluss der Ermittlungen nicht verlassen.«

»Dann kann ich nur hoffen, dass Sie Ihre Ermittlungen bald abgeschlossen haben. Ich habe Termine, halte mich jedoch zu Ihrer Verfügung, Frau Kommissar.« Zierach deutete eine leichte Verbeugung an und erhob sich zum Abschied, doch Marlene blieb sitzen und schaute ihn herausfordernd an.

»Wer könnte aus Ihrer Sicht der Mörder sein?«

Zierach machte eine wegwerfende Handbewegung. »Woher soll ich das wissen? Sie stand für mich Modell. Sie war eine wundervolle Person, und bei Gott, ich finde es schrecklich. Doch was das mit mir zu tun haben könnte, weiß ich nicht.«

Marlene zog ein Foto vom Tatort aus ihrer Jackentasche und legte es vor Zierach auf den Tisch. »Weil es auf jeden Fall etwas mit Ihnen und Ihrer Kunst zu tun hat, oder?«

Zierach starrte auf das Foto und sank langsam auf seinen Stuhl.

»Sie sagten doch selbst, Sie würden niemals ein vergängliches Kunstwerk schaffen wollen, und doch ist hier eindeutig Ihre Kunst dargestellt. Vielleicht waren Sie doch ein wenig zu berauscht, und die Grenzen des Machbaren sind verschwommen. Vielleicht ist Ihnen der ganze Ruhm zu Kopf gestiegen, und Sie mussten mal Dampf ablassen. Vielleicht wollte sie auch nicht mehr Modell stehen, und das haben Sie nicht verstehen können. Vielleicht …« Marlene unterbrach sich selbst, als Zierach sich ihr zuwandte und ihr bestürzt in die Augen sah.

»Finden Sie den Mörder, doch suchen Sie ihn nicht hier. Ich kann Ihren Verdacht verstehen und werde kooperieren, denn diese Grausamkeit hat mit großer Wahrscheinlichkeit mit mir zu tun. Ich kann mir nur bei Gott nicht vorstellen, wer mir etwas antun will.« Er sprach leise und doch eindrücklicher denn je.

»Auf jeden Fall hat er Alexandra Walfrad und ihren Angehörigen das Schlimmste angetan, was man einem Menschen antun kann.«

Der restliche Tag war unendlich lang. Es mussten viele Personen gefunden, befragt und deren Alibis überprüft werden. Gesammelte Informationen wurden in Besprechungen zusammengetragen und erste Berichte geschrieben. Zum Glück gab es eine detaillierte Gästeliste der Vernissage, da es sich um eine geschlossene Veranstaltung gehandelt hatte. Ausschließlich geladene Gäste. Darunter waren hochrangige Persönlichkeiten aus Politik, Wirtschaft und natürlich der Kunst und die gesamte Grazer Mehr-oder-weniger-Prominenz. Es würde dem Polizeichef nicht behagen, sollte da der eine oder andere in ein schiefes Licht geraten. Da durften keine Eitelkeiten verletzt werden.

Marlene lag noch immer bekleidet auf ihrem Bett und wusste, dass es ziemlich aussichtslos war, an Schlaf zu denken. Sie schwang sich hoch und verließ die Wohnung. Sie wohnte fußläufig nur wenige Minuten vom Tatort entfernt und durchschritt nun die anbrechende Nacht hinauf zum Burgtor. Eine Aufführung musste gerade zu Ende gegangen sein, denn es strömten zahlreiche Besucher aus dem Schauspielhaus. Kaum ein Ort, an dem ein so buntgemischter Haufen zu beobachten war. Der beste Platz zum allseits beliebten »Leute schauen«. Manchmal war die unfreiwillige Laiendarstellung der Schauspielhausbesucher in der Pause der beste Akt des Abends. Marlene brach stur durch die schwatzende und frisch kulturisierte Menge und bemerkte das eine oder andere Kopfschütteln der jäh ausgebremsten Theaterfreunde nicht. Sie arbeitete hochkonzentriert ihre Gedanken auf.

Vor dem Burgtor wandte sie sich nach links, schaute auf den Vorinnenhof der Grazer Burg und überlegte, von welcher Seite der Mörder wohl gekommen war. Die Burg war ein großer Komplex und barg den Sitz der steirischen Landesregierung. Einzelne historische Teile waren öffentlich zugänglich, so auch die Doppelwendeltreppe. Für Marlene und Johannes stand fest, dass es kein politisch motivierter Mord war, obwohl Branner dies eingeworfen hatte, da sich sogar der Landeshauptmann der Steiermark auf der Vernissage eingefunden hatte.

Marlene stand in der Einfahrt, den ehrwürdigen und prächtigen Dom im Rücken, und starrte in den Burghof. Der Mörder musste mit einem Auto gekommen sein. Wie sonst hätte er die Leiche hier heraufbringen können? Sie spürte keinen Drang, in der Dunkelheit zur Doppelwendeltreppe zu gehen. Sie dachte über Alexandra Walfrad nach. Eine junge Frau, die Gefallen daran gefunden hatte, fotografiert zu werden. Nach den Worten ihres Freundes hat es ihr gutgetan, und sie hat es genossen, wie ein Star behandelt zu werden. Hatte Alexandra auch so eine unbestimmte Anziehung zu Zierach verspürt, der sich selbst Marlene kaum erwehren konnte? Was war es, was sie an Zierach faszinierte? War das sein wahres Ich oder sein Künstler-Ego? Spielte er gar eine Rolle? War der Fotograf sein Alter-Ego, und war er privat ein Mörder? Möchte er wirklich Fotos von ihr machen? Würde sie das tun? Hätte sie gerne solche Bilder von sich? Marlene schüttelte ihre Gedanken an Zierach ab und machte sich auf den Weg nach Hause. Ein paar Stunden Schlaf sollte sie kriegen, auch wenn sie sich dafür heute noch etwas gönnen musste.

Tief sog sie den Qualm in ihre Lungen. Ein Laster aus Jugendtagen, dem sie nur in Ausnahmefällen frönte. Doch nun saß sie auf dem breiten Fensterbrett, starrte auf die nur wenige Meter gegenüberliegende Mauer des kleinen Innenhofs, der mehr einem Schacht ähnelte, und hielt eine Zigarette in der Hand. Das Fenster konnte sie hinter sich so weit schließen, dass nicht die ganze Bude stank. Sie legte den Kopf in den Nacken, schloss die Augen und blies den Rauch in das winzige Stück Himmel, das sie erblicken konnte. »Nie mehr als drei Zigaretten am Tag!«, hatte Nonna immer gesagt und sich dann eine angesteckt. Ihre geliebte Großmutter hatte stets daran festgehalten, dass drei Zigaretten am Tag ungefährlich seien. »Drei Zigaretten steckt die Lunge locker weg und das Brieftascherl auch.« Nonna hat öfters ihre eigene Regel vergessen und starb trotzdem ziemlich gesund erst mit 89 Jahren.

Nehmen Sie irgendwelche Medikamente, Suchtmittel oder andere Substanzen zu sich?

Ich rauche gelegentlich eine Zigarette.

Das zählt nicht dazu. Nehmen Sie Antidepressiva? Stimmungsaufheller? Schmerzmittel? Haschisch?

Ich bin bei der Polizei, das wäre keine gute Idee.

Ich glaube nicht, dass Polizisten frei von Lastern sind, die in den eigenen Kreisen als kriminell angesehen werden.

Ach, das glauben Sie nicht? Schon möglich, aber ich bin sauber.

Beruhigungsmittel?

Herrgo… Himmel, nein. Ich rauche ab und zu.

Haben Sie sonst etwas, womit sie sich ablenken können oder was Ihnen hilft, sich zu konzentrieren?

In meiner Freizeit reite ich Zuchteber in einer Heuballenarena.

Sehr komisch. Humor ist nicht Ihre Stärke.

Den habe ich in Wien gelassen. Nehme ich das nächste Mal mit.

Was gibt Ihnen das Rauchen von Zigaretten?

Ich glaube es nicht! Ich habe das voll im Griff und stecke mir hin und wieder eine an, und darauf wollen Sie jetzt herumreiten? Ich habe sehr früh mit dem Rauchen begonnen und bis auf die Schwangerschaft und Stillzeit mäßig geraucht. Ich rauche seitdem nicht mehr und nicht weniger als vorher. Doch ich weiß, dass Gefühle und Emotionen durch Hormone in unserem Gehirn erzeugt und gesteuert werden. Diese Steuerung habe ich unter meine bewusste Kontrolle gebracht, und nun wollen Sie mich dieser Kontrolle entziehen und meine Gedanken in ein Chaos stürzen? Was haben Sie davon und, Herrgott noch mal, was habe ich davon? Außer dass ich jetzt gerade gerne eine rauchen würde.

Wir können gern auf den Balkon gehen, und Sie rauchen, während wir weitersprechen.

Danke, ich habe keine dabei, und ich gehe doch nicht jedem kleinsten Gelüst nach.

Stimmt, Sie kontrollieren sich ja. Und was passiert, wenn Sie die Kontrolle verlieren?

Dann sollten Sie lieber nicht in meiner Nähe sein.

Ist das eine Drohung?

Nein, mein schlechter Humor. Oder eher schwarzer Humor. Rabenschwarz!

7

Wegen des angenehmen Wetters wählte Marlene das Fahrrad, um in die Dienststelle nach Straßgang zu fahren. Sie hatte zwar ein Auto, doch das war nicht gerade alltagstauglich, und sich durch die Stadt zu stauen, machte den Kopf nicht so klar wie der leichte Fahrtwind beim Radeln. Wobei man recht gefährlich lebte als Radler in Graz, denn das Radwegenetz hätte es dringend nötig, neu gedacht und ausgebaut zu werden. Doch das haben die Stadtregenten längst verschlafen.

Marlene war früh dran und der Sonntagmorgen ziemlich autofrei. Mordermittlungen kannten keinen Tag des Herrn. Nach der Kopfsteinpflaster-Rumpelei in der Sporgasse überquerte sie den Hauptplatz, wo sich torkelnde Nachtschwärmer an den Tresen der Würstelstände festklammerten und ihre von Alkohol verätzten Mägen mit Käsekrainern beruhigten. Als sie an der roten Ampel auf der Erzherzog-Johann-Brücke stehen blieb, blickte Marlene auf das Kunsthaus. Ein junges Pärchen stand auf der Brücke und befestige ein Liebesschloss mit seinen Initialen am Geländer. Ein weiteres unter Hunderten. Marlene lächelte in sich hinein und schloss mit sich eine Wette ab, dass die Liebe wahrscheinlich länger hielt, als das Schloss an der Stelle hängen würde. Immerhin mussten von Zeit zu Zeit die unzähligen – emotional schwerwiegenden – Schlösser brutal heruntergezwickt werden, da ihr Gewicht sonst statische Probleme verursachte. Ein Liebesschloss war wie eine Ehe ohne Verpflichtungen. Eine Pseudo-Heirat. Es ging in dem

Moment um den Akt der Romantik, selten um die Realität, die das Versprechen »auf immer und ewig« mit sich brachte. Beinahe hätte Marlene das Umspringen der Ampel übersehen.

»Wir haben Hautpartikel an den Hanfseilen gefunden«, war die erste Nachricht, die ihr mitgeteilt wurde.

Marlene wusste, dass sie nicht nachfragen musste, ob sie schon zugeordnet werden konnten, denn solche Tests brauchten immer ihre Zeit. Zu schön war die Darstellung in der Fernsehserie CSI, wo jeder Ermittler zu jedem Labor Zugang hatte, die Geräte bedienen konnte und binnen Minuten Ergebnisse hatte. Marlene konnte darüber nur lachen. Am meisten amüsierte sie, wie die weiblichen Ermittlerinnen mit langer, wallender Föhnmähne in hochsterilen Laboren arbeiteten und mit hochempfindlichen Materialien und Geräten hantierten. Hollywood halt. In der Realität mussten die Ermittler ewig auf Ergebnisse warten. Schon allein deswegen, weil Proben aus Graz in die KTU nach Linz gebracht werden mussten.

»Habt ihr die Speichelproben von Kahlenberger und Zierach schon eingeschickt?« Auch wenn die Wahrscheinlichkeit gering war, dass so ein Anfängerfehler passierte, lag es doch in ihrer Verantwortung, danach zu fragen. Es durfte kein Fehler passieren. Nicht bei ihrem ersten Mord in Graz. Ihr Ansehen in der gesamten Truppe hing davon ab. Wenn sie hier etwas vermasselte, nur weil sie nicht aufmerksam war, würde Kreuzofner den Hut nehmen müssen. Immerhin hatte er durchgesetzt, dass sie gleich als leitende Ermittlerin eingestellt wurde. Ihre Referenzen aus Wien waren sehr gut, und doch fragte sich jeder, wie und warum gerade sie in diese Position gelangen konnte.

»Ich habe extra in der KTU angerufen und die Brisanz erklärt. Gott sei Dank haben die derzeit keine ähnlich dringenden Fälle und behandeln unsere Proben priorisiert.«

Das musste man dem Branner zugutehalten: Er war ein guter Polizist. Zwar erledigte er die Dinge auf seine Weise, das jedoch rasch und verlässlich. Eigentlich wäre Frederik Xaver Branner die logische Besetzung für den Posten des leitenden Ermittlers gewesen, doch es wurde gemunkelt, dass er persönlich bei Kreuzofner abgelehnt hätte. Auch wenn die Polizei nur an Fakten interessiert war, waren die Beamten doch nur Menschen, und wenn es um die Belange von Kollegen ging, wurde mehr spekuliert als an der Börse.

Marlene goutierte seinen Beitrag mit einem Nicken und fragte dann in die Besprechungsrunde. »Haben wir schon den Pressefotografen der Vernissage gefunden?«

Johannes nickte: »Der sitzt gerade drüben beim Kollegen und spielt seine Fotodateien auf unseren Server.«

»Gut, die Fotos sind wichtig, um sich die Gäste und das Personal anschauen zu können. Bitte ruf drüben an, dass sie den Fotografen keinesfalls gehen lassen. Ich möchte mir die Fotos mit ihm gemeinsam anschauen. Er hat den Abend miterlebt und kann uns so einiges über die Stimmung verraten und …« Marlene wurde vom Klingeln ihres Handys unterbrochen. »Hallo, Dr. Michel! Haben Sie was für uns, oder müssen wir zu Ihnen kommen?«, fragte sie gleich, ohne abzuwarten.

»Es wäre schön, wenn ich in meinen Katakomben des Grauens mal Besuch bekommen würde. So ein Sonntagskaffeekränzchen wäre schon fein, doch der ekelige Part bleibt wie immer mir überlassen.« Bei Dr. Hugo Michel klang immer Frohsinn mit.

Marlene musste lachen bei der Vorstellung, dass der Pathologe auf seinem Seziertisch eine Kaffeetafel deckte. So mit allem Drum und Dran, Kuchen, Sahne und gefalteten

Servietten. »Augen auf bei der Berufswahl, kann ich da nur sagen«, konnte sich Marlene nicht verkneifen.

»Ja, hätte ich mich doch für die plastische Chirurgie entschieden. Ich bin übrigens der Hugo. Hätte Ihnen das Du gerne hier vor Ort angeboten, doch es macht keinen Sinn, Sie durch die Stadt zu jagen. Was ich weiß, kann ich Ihnen auch telefonisch mitteilen.«

»Danke, ich bin Marlene.« Irgendwie war ihr unbehaglich, das vor den Kollegen zu sagen, doch es wäre unhöflich gewesen, sein Angebot zu ignorieren. Sie stellte den Anruf auf Lautsprecher und legte das Handy auf den Tisch. »Wir sitzen gerade zusammen, und deine Ausführungen hören wir jetzt alle.«

»Begrüße die Polypen – kleiner Medizinerscherz!« Er lachte laut ins Telefon. »Den Formalin-Geruch müsst ihr euch nun vorstellen. Selbst eine wunderschöne Leiche wie unser Treppenengel stinkt erbärmlich.«

Die Gruppe der Ermittler schaute sich ungläubig schmunzelnd an und lauschte dann den Ausführungen des Pathologen.

»Wie bereits vermutet, war die Todesursache Strangulation. Aufgrund des Hautzustandes am Hals tippe ich auf ein Stück Stoff oder ein Band. Ein Gürtel oder Seil hätte die Haut stärker aufgerieben. Aufgrund der Quetschungen des Kehlkopfs muss der Täter sie von hinten stranguliert haben. Also nichts mit ›Schau mir in die Augen, Kleines‹.«

Bei dieser Aussage machte Marlene große Augen, ging jedoch nicht drauf ein, sondern fragte: »Was gibt es sonst noch dazu zu sagen?«

»Ich habe Sperma gefunden. Sie hatte kurz vor ihrem Tod Sex.«

»Vergewaltigung?«

»Nein, ich bin mir sicher: Das war einvernehmlich. Ihre

Schleimhaut war nicht gravierend verletzt. Sie hatte einen abgebrochenen Fingernagel, Mittelfinger der rechten Hand. Könnte beim Versuch, die Strangulation abzuwehren, geschehen sein, oder auch schon vorher. Das lässt sich nicht bestimmen. Das war von meiner Seite vorerst alles.«

»Okay, danke. Die Spermaprobe kommt bitte in die KTU und soll sofort untersucht und abgeglichen werden. Branner, da setze ich auf dich.« Sie sah, wie er sich etwas notierte.

Es wurde an die Tür geklopft und beinahe gleichzeitig geöffnet. Der Beamte nickte kurz und murmelte: »Ich bringe euch den Fotografen. Die Bilder sind fertig eingespielt und auf dem Gerät.« Mit dem Kinn wies er auf den großen Monitor, der auf einem Tisch an der Wand des kahlen weißen Besprechungsraums stand. Er zog sich aus dem Türrahmen zurück, um den Pressefotografen einzulassen. Dieser betrat mit schwingenden Schritten den Raum und blickte in die Runde. Ein überraschter Ausdruck zog sich über sein Gesicht.

»Kranzi! Bist du's?«

Marlene schaute erstaunt von ihren Unterlagen auf und erkannte ihn sofort.

»Ich bin's, Franky … Franky Teller. Ich glaube es nicht! Nach so vielen Jahren. Wie geht es dir? Zurück aus Wien? Du hast mich ja ganz schön sitzen lassen. Eigentlich müsste ich angefressen sein auf dich, aber ich kenne ja den Grund deines Abgangs…«, sprudelte es sogleich voller ehrlicher Freude aus ihm heraus.

Marlene lächelte ihn verzweifelt an und versuchte, ihm mit den Augen deutlich zu machen, dass er seinen Mund halten soll.

»Also, Kollegen, ihr wurdet gerade Zeugen eines überraschenden Wiedersehens. Darf ich vorstellen: mein ehemaliger Schulkollege und Freund Franz Teller, alias Franky.

Schön zu sehen, dass du dein Hobby zum Beruf machen konntest. Deine Informationen zu besagtem Abend könnten eventuell sehr hilfreich sein.« Sie hoffte, Franky so zu bremsen und die ganze Sache auf das Wesentliche zu lenken, doch Franky war damals schon eher schwer aufzuhalten gewesen.

Franky plauderte auch gleich weiter. »Ja klar, Frau Polizistin, ich werde sehr wichtig sein. Ich werde der Franky Storyteller für euch sein. Euer Whistleblower, wenn ihr wollt. Immerhin bin ich ja Journalist für das renommierteste Blatt dieser Stadt.« Da lachte er laut auf, denn er sprach vom *Grazer*, einer Gratiszeitung für lokale Werbung und Auftritte von mehr oder weniger wichtigen Persönlichkeiten aus Theater, Sport, Politik und Wirtschaft. Weit entfernt von investigativem Journalismus.

Marlene sah ihn flehentlich an und ging zum Monitor. »So, dann schauen wir uns mal die illustre Gästeschar an. Bitte erzähle uns all deine Eindrücke, die du an diesem Abend gewonnen hast. Wie ich dich kenne, hast du alles sehr genau beobachtet.«

Franky grinste. »Sie kennt mich wirklich gut, die Frau Polizistin.«

»Franky!« Marlenes Ton klang schärfer, als sie wollte. »Ich verspreche dir, sobald ich Zeit habe, gehen wir ein Bier trinken und besprechen alles, doch jetzt haben wir einen Mordfall aufzuklären.«

»Alles klar, Frau Kommissar!« Franky salutierte grinsend, und Marlene hätte ihn am liebsten in den Schwitzkasten genommen und aus dem Raum gezerrt.

Branner konnte sich das Lachen kaum verkneifen und schaute reuevoll zu Boden wie ein Ministrant, der zur falschen Zeit die Glocken läutete, als er Marlenes giftigen Blick sah. Sogar Johannes musste sich auf die Lippen beißen.

Marlene hatte Mühe, die Fassung zu wahren, doch langsam verstand auch Franky und zog einen Stuhl für Marlene an den Monitor.

»Ich war der einzige Fotograf und schon vor der Vernissage dort, um in Ruhe Aufnahmen von den grandiosen Bildern zu machen. Also, ich als Kenner darf das so sagen. Dieser Zierach liefert einfach unglaublich guten Stoff ... also Fotos halt ... keine Drogen oder so. Ich liebe seine Arbeit, wobei mir ja lieber wäre ...«

Marlene unterbrach seinen Redefluss jäh. »Bleib bei der Sache. Wir brauchen jetzt Fakten und keine Ausführungen über den künstlerischen Wert der Arbeit. Leg los.«

Franky klickte sich durch die Fotos. Auf den ersten hatte er aus verschiedenen Blickwinkeln jedes einzelne Ausstellungsbild abgelichtet. Marlene und Johannes schauten sich kurz an, als sie das Bild von der Frau in der Kunsthaus-Needle sahen, von dem Gustav Zierach gesprochen hatte. Sie sahen eine nackte Frau auf der kleinen Terrasse des entzückenden Starcke Hauses, das sich an den Felsen des Schlossbergs schmiegte. In dem uralten ehemaligen Winzerhaus, das unüblicherweise nicht nach seinem Erbauer, sondern nach einem Dichter, der darin mal gelebt hatte, benannt worden war, befand sich mittlerweile ein Gourmetrestaurant. Sie saß wie selbstverständlich mit einer Tasse Kaffee in der Hand da. Ihr Blick war verträumt in die Ferne gerichtet. Der Ausblick im Hintergrund war spektakulär, da der Schlossberg unter der Terrasse steil abfiel. Auf einem anderen Bild stand eine ältere Dame mit glänzendem langen grauen Haar an einen Baum gelehnt. Sie schaute auf ihre Armbanduhr. Im Hintergrund ragte der beleuchtete Uhrturm, das Wahrzeichen auf dem Schlossberg von Graz, mit seinen riesigen Ziffernblättern in den nächtlichen Himmel. Die nackte Frau vertraute eher den Zeigern ihrer eigenen Uhr. Ihr Körper wirkte wunderschön weich im Licht der Kamera, und doch konnte man erkennen, dass sich die Haut schon etwas länger gegen die Schwerkraft wehrte. Es war ausgesprochen still im Besprechungsraum. Selbst auf dem Monitor zogen diese Bilder ihre Betrachter in den Bann. Dann folgten die Gästefotos. Praktisch war, dass sich Franz am Fuß der Rollbahn postiert und jeden der geladenen Besucher abgelichtet hatte. Keiner verwehrte ihm das. Wer wollte schon die Gelegenheit verpassen, sich vielleicht in der Zeitung zu sehen? Alle hatten sich in Schale geworfen, die Herren trugen Anzüge, und die Damen hatten glamouröses Make-up aufgetragen, wobei die eine oder andere dadurch eher einer Dragqueen glich. Hauptsache sehen und gesehen werden. Auffallen um jeden Preis. Die Grazer Haute Voliere wollte glänzen, wie in anderen Metropolen auch. Doch im Mikrokosmos Graz wirkte es eher plump und lächerlich. Franky und Branner kommentierten abwechselnd, wer auf den Fotos zu sehen war. Branner kannte wirklich viele Leute und steuerte so manchen Tratsch und Klatsch bei. Oberst Kreuzofner hatte Marlene bei ihrer Einführung den Branner Fred vorgestellt als den Kollegen, der in Graz Gott und die Welt kennt, worauf Fred selbst sarkastisch eingeworfen hatte: »Na ja, Gott ist ein wenig übertrieben. Ich würde eher sagen, ich kenne so manchen Teufel und die Welt.«

Johannes zeigte plötzlich auf den Bildschirm. »Da ist Alexandra Walfrad, das Mordopfer, und ihr Freund, Konrad Kahlenberger. Kennt ihr den?«

Franky und Branner schüttelten beide die Köpfe.

»Von den Models und deren Anhängen kannte ich niemanden. Der Zierach hat sich die Frauen wirklich aus dem gemeinen Volk geholt. Doch alle sind waschechte Grazerinnen. Das hat die Stadt ihm vorgeschrieben«, erklärte Franky.

»Spannend. Die Stadt Graz schreibt dem Künstler etwas vor?«, fragte Johannes.

»Klar, die Stadt und ihre Kulturbeauftragten haben sich ja den dicken Fisch geangelt, um international mal wieder Schlagzeilen zu machen. Seit dem Kulturhauptstadt-Jahr 2003 ist es etwas ruhig um Graz geworden. Doch Graz will weiterhin mitmischen. Was ist da besser, als die hohe Kunst der Fotografie mit nackten weiblichen Vorzügen zu nutzen. Schon gar, wenn man so einen berühmten Künstler hat. Graz zahlt und schreibt ihm nur vor, dass es richtige Grazerinnen braucht, und Zierach tut den Rest. Ich muss leider neidlos anerkennen, dass er sein Handwerk versteht. Für mich ist er der Michelangelo der Neuzeit.« Franky kam richtig ins Schwärmen.

»Nur dass Michelangelo lieber nackte Jungs malte und skulpturierte«, warf Marlene ein.

Franky grinste breit: »Was mir persönlich ja noch viel lieber ist.«

»Die Geschichte vom Kahlenberger stimmt übrigens.« Branner wurde ungeduldig. Mit den hohen Künsten hatte er es weniger. »Er kam circa um ein Uhr morgens ins Brot und Spiele, trank zwei doppelte Jäger-Colas, saß allein an der Bar und torkelte dann ziemlich besoffen nach Hause. Die Kellnerin konnte sich gut an ihn erinnern, weil er mit einem Fünfziger bezahlte und nicht auf sein Wechselgeld wartete. Das war ein feines Trinkgeld.«

Marlene rümpfte die Nase: »Was ist den Jäger-Cola?«

»Jägermeister mit Cola!«, ereilte sich Franky wie der Klassenprimus als Erstes zu antworten.

Marlene schüttelte angewidert den Kopf. »Was ist aus einem guten alten Whiskey-Cola geworden?«

»Das trinken heute nur noch Dinosaurier. Heute bist du hipp, wenn du Gin Tonic, Wodka-Bull oder eben Jäger-Cola trinkst. Ich sehe schon, wir müssen mal wieder weggehen. Ich werde dich in die Grazer Szene rückeinführen.« Franky legte ihr mitfühlend den Arm um die Schultern.

»Schluss damit, Franky!« Marlene schüttelte seinen Arm ab. »Alles zu seiner Zeit. Weiter jetzt! Hast du irgendetwas Auffälliges beobachtet an dem Abend?«

»Einiges!« Franky war kurz etwas beleidigt und streichelte seine Hand, als würde er ein getretenes Kätzchen beruhigen. »Also unser fescher Landesrat da hat sich auffallend lange mit einem Kellner unterhalten. Es wirkte, als würden sich die beiden besser kennen. Er schien ein wenig erregt, während der Kellner gelassen blieb und ihn nur anstierte. Unser Bürgermeister wirkte wie frisch in seine Frau verliebt. Er klebte an ihr wie eine Klette und betatschte sie ständig ganz zärtlich. Also entweder zweiter Frühling, oder er hatte ein schlechtes Gewissen. Sie schien es auf jeden Fall zu genießen. Der Klingenbach spielte sich auf wie der allergrößte Kunstzampano und versuchte andauernd, auf meine Bilder zu kommen. Er stellte sich ständig dazu und machte auf *best friend* mit allen. Völlig übertrieben und affektiert. Unser Herr Landeshauptmann schaute recht peinlich berührt auf die Nacktfotos, und ich hörte, wie er beim Bürgermeister nachfragte, wann der Zierach diese Fotos geschossen und ob er eine Genehmigung dafür bekommen habe. Er murmelte irgendwas von »Erregung öffentlichen Ärgernisses«. Der Bürgermeister hat beschwichtigend auf ihn eingeredet. Das habe ich aber nicht verstanden ...«

Marlene unterbrach ihn, indem sie die Hand hob. »Gibt es auch irgendetwas Fallrelevantes? Den Tratsch kannst du dir für dein Käseblatt aufheben. Was kannst du uns über Alexandra Walfrad sagen?«

Franky schnaubte übertrieben durch die Nase. »Leider

schreibe ich für ein Werbeblatt, das sehr darauf bedacht ist, seine Kundschaft nicht zu verunglimpfen, sondern bestmöglich darzustellen. Ich könnte unendlich aus dem Nähkästchen plaudern. Bei euch sage ich ja nur aus, weil es meine Pflicht ist als Bürger dieser Stadt.«

Nun konnte Marlene nicht anders und lächelte. Franky musste man einfach gernhaben, und sie freute sich sogar ein wenig darauf, mit ihm Zeit zu verbringen. Sie wusste, jetzt, da sie sich nach so vielen Jahren wiedergefunden hatten, würden sie sich nicht mehr entkommen. Dafür war die Stadt zu klein und die Freundschaft damals zu groß.

Sie haben also endlich wieder Kontakt zu einem Freund von früher?

Sozusagen, ja. Zufrieden?

Ich hoffe, Sie sind zufrieden. Ich denke, es ist ein guter Anfang, und es wird Ihnen guttun.

Sehr lieb von Ihnen, dass Sie sich so um mich sorgen.

Sehr zynisch von Ihnen, dass Sie sich so gegen mich sträuben.

Trifft Sie das persönlich?

Nein. Mein Job ist es, die Probleme bei meinen Klienten zu lassen.

Dann lassen Sie doch meine Probleme bei mir.

Ich meine damit, dass ich nicht mit meinen Klienten mitleide. Denn das hilft ihnen nicht. Das Leid wird dadurch nur noch größer.

Dann leiden Sie nicht mit mir?

Leiden Sie denn?

Ich bin es leid, ständig gefragt zu werden, wie es mir geht. Jedes Kleinkind kann sich vorstellen, dass es nicht schön ist, was ich erleben musste.

Stimmt. Kleinkinder haben oft noch mehr Empathie als Erwachsene. Wie geht es Ihnen, wenn Sie einem Hinterbliebenen die Todesnachricht überbringen müssen?

Das sind schlimme Augenblicke, und die schafft man nur, wenn man sich professionell distanziert.

Und eben diese Distanziertheit muss auch ich anwenden. Das heißt trotzdem nicht, dass ich mich den Themen entziehen kann. Sonst wäre ich kein Therapeut. Sie dürfen sich nach dem Überbringen der schrecklichen Nachricht mit dem Versprechen aus dem Staub machen, alles zu tun, um den Mörder zu finden. Ich hingegen arbeite mit den Menschen, nachdem die Mörder ihrer Lieben bereits verurteilt wurden.

Augen auf bei der Berufswahl!

Hat Ihr neuer, alter Freund das auch mal gesagt?

Was?

Na ja, als Mordermittlerin zu arbeiten, ist kein typischer Frauenberuf.

Sie werden doch jetzt nicht sexistisch. Das wäre höchst unprofessionell.

Dann zurück zu Ihrem Freund. Franky, heißt er?

Eigentlich Franz Teller.

Sie mögen ihn gerne?

Ja.

Waren Sie einmal ein Paar?

Haha, schwer möglich. Doch es war praktisch, ihn manchmal als meinen Freund auszugeben.

Warum war es schwer möglich? Sie werden sehr weich, wenn wir auf ihn zu sprechen kommen.

Gut möglich.

Und warum waren Sie nie ein Paar?

Weil er schwul ist. Darum hat das auch mit der Freundschaft so gut funktioniert.

Wenn die erotische Komponente wegfällt, wird oft einiges leichter. Haben Sie nie daran gedacht, sich bei ihm zu melden, als Sie wieder nach Graz kamen?

Natürlich. Ich hatte aber nie die Zeit dazu.

Und jetzt ist er Ihnen quasi in den Schoß gefallen.

Ja.

Das geschah nicht ohne Grund.

Oh, jetzt kommen Sie mir aber nicht mit Schicksal, oder?

Ein gewisses Maß an eine übergeordnete Macht zu glauben, halte ich für durchaus hilfreich.

Geht es jetzt wieder um meinen Glauben?

Danke, nein, auf diese Diskussion verzichte ich heute. Erzählen Sie mir von Franky?

Franky und ich kennen uns seit der ersten Klasse im Gymnasium. Er war nicht der typische Bub und ich kein typisches Mädchen. Ich denke, das haben wir gespürt und uns immer gut verstanden. Wir sind gemeinsam durch die ganze Jugend. Wir haben gemeinsam herausgefunden, dass er schwul ist, und er durfte an mir sogar probieren, ob er sich nicht davon heilen kann. Ich nahm ihn mal mit auf eine Hochzeit bei uns auf dem Land, und wir spielten ein Liebespaar. Dabei hatten wir einen Mordsgaude.

Warum hatten Sie so lange keinen Kontakt?

Ich bin nach Wien gegangen. Ich hatte meine Ausbildung, verliebte mich, Franky hatte seinen ersten Freund. Wir brauchten uns nicht mehr so dringend. Irgendwann ist so viel Zeit vergangen, dass man sich nicht mehr traut, einfach anzurufen und zu fragen, wie es dem anderen geht.

Das höre ich häufig. Da baut sich eine Hemmschwelle auf, und man hat Sorge, dass der andere vielleicht keinen Kontakt mehr haben möchte. Wie ist es Ihnen ergangen, als er plötzlich vor Ihnen stand?

Komisch. Ich habe mich echt gefreut und hätte ihn am liebsten umarmt, doch war der Zeitpunkt total unpassend. Der Fall, die Kollegen ...

Wichtig ist, dass Sie Freude empfunden haben. Weiß er irgendetwas über Ihre Geschichte?

Nein, ich denke nicht. Wobei es ihm zuzutrauen wäre, dass er etwas rausgefunden hat.

8

Franky dachte kurz nach und klicke sich schneller durch die Fotos. »Diese Walfrad Alexandra war schon der Star unter den Models. Ihr Bild wurde als Titelbild für die internationale Werbekampagne ausgewählt. ›pure – nude – GRAZ‹ heißt die Aktion und soll Touristen aus der ganzen Welt anlocken.«

»Die glauben dann alle, dass wir in Graz nur nackert rumlaufen, oder was?«, brummte Branner und schüttelte den Kopf.

»So ähnlich!«, lachte Franky. »Es soll halt die pure, reine Stadt und ihre Lebensqualität zeigen. Auf jeden Fall wurde sie sehr ins Rampenlicht gedrängt. Jeder wollte ein Foto mit ihr vor ihrem Ausstellungsbild machen.«

»Wie war sie? So als Mensch?«, fragte Johannes.

Franky suchte nach Worten. »Sehr sympathisch. Sie wirkte natürlich und zeigte deutlich, dass sie stolz war. Und doch war sie nicht darauf vorbereitet. Sie wurde interviewt und gefragt, wie sie das Fotografieren empfunden habe, und sie hat völlig unverblümt darüber gesprochen. Dabei war sie hinreißend echt. Sie war ein Glücksgriff für den Künstler, für den Veranstalter und für die ganze Kampagne.«

»Ist dir irgendetwas aufgefallen. Hat jemand ihre Nähe gesucht?« Marlene fixierte Alexandra auf dem Monitor, als könnte sie von ihr eine Antwort erhalten.

»Nicht unbedingt. Ihr Freund stand etwas verloren herum, blieb aber stets in ihrer Nähe. Der Zierach schwärmte von ihr, wie von allen anderen Models auch.

Er machte da keinen Unterschied, sondern hob sie alle gemeinsam auf das Podest. Er ist so berühmt, er kann sich das leisten, und zudem macht es ihn sympathisch. Nein, mir ist nichts Außergewöhnliches aufgefallen, was Alexandra betrifft.«

»Sonst noch irgendetwas?« Marlene wusste, dass jede noch so kleine Beobachtung von Wert sein könnte.

»Schwierig. Ich weiß nicht, wie ich es sagen soll, aber der Klingenbach und der Zierach können sich, glaube ich, nicht riechen. Ich kenne den Klingenbach von anderen Ausstellungseröffnungen, und er hängt normalerweise an den Künstlern wie eine läufige Hündin. Dem Zierach hingegen hat er nur das Minimum an Aufmerksamkeit geschenkt. Bei dessen Berühmtheit hätte ich erwartet, dass er ihm die Füße küsst.« Franky betrachtete die Gesichter der Ermittler, als würde er in ihnen lesen können, ob seine Beobachtungen wichtig für sie waren.

»Ja, das klingt komisch. Wir werden sicher noch das eine oder andere Mal mit Klingenbach zu tun haben. Danke dir vorerst, Franky. Hast du deine Kontaktdaten hinterlassen, falls wir noch Fragen haben?« Marlene hätte ihn gerne persönlich rausgeführt, um ein paar Minuten mit ihm allein sein zu können, doch angesichts des Dunklen, in dem sie noch tappten, musste sie weiterarbeiten. Sie reichte ihm die Hand, und er lächelte sie freudig an, als er spürte, dass sie ihm gleichzeitig eine zusammengefaltete Visitenkarte in die Hand drückte.

»Gern geschehen, Frau Polizistin!« Er zwinkerte ihr zu.

»Für dich immer noch Marlene!« Ein kurzes warmes Lächeln umspielte ihr Gesicht, was einzig und allein Johannes auffiel.

Sie setzte sich an ihren Platz am Besprechungstisch und rieb ihre Hände, um wieder an die Arbeit zu gehen, als es an der Tür klopfte, die sich gerade erst hinter Franky geschlossen hatte.

»Kreuzofner wünscht sofortige Berichterstattung.« Der Beamte schaute dabei Marlene an, um klarzumachen, dass der Polizeidirektor ausschließlich von der leitenden Ermittlerin über den Stand der Dinge aufgeklärt werden wollte.

Sie ließ die anderen zurück mit den Aufträgen, der KTU etwas Dampf zu machen, vor allem, was die Spermaprobe anging, und dass sie sich die Fotos des Abends nochmals genauer durchsehen sollen. Dann raffte sie ihre Schultern, um zu ihrem Vorgesetzten zu gehen. Sie durchschritt die kahlen weißen Gänge und holte tief Luft, bevor sie an die Tür des Polizeidirektors klopfte. Anton Kreuzofner hatte es noch ganz ehrlich und ohne Protektion vom kleinen Dorfgendarmen zum Oberst und damit zum Leiter des Landeskriminalamts geschafft. Sein beachtlicher Bauchumfang war eine Folge des sitzenden Büroalltags. Sein Hemd spannte. Einer Frau hätte man die nahende Geburt von Zwillingen attestiert, doch bei einem Mann sechzig plus zeugte es von Wohlstand, Maßlosigkeit und einer unglücklichen genetischen Disposition, auf die sich Wampenträger gerne beriefen. Ansonsten zeugten wache helle Augen von enormer geistiger Vitalität. Er bat Marlene freundlich und doch nervös, Platz zu nehmen. Fachlich fragte er nach ersten Ergebnissen und schüttelte den Kopf, als Marlene ihm alles erklärte. Sie hatten bisher weder eine Spur noch irgendwelche Ergebnisse. Kreuzofner jammerte über die Medien und lobte den zuverlässigen Pressesprecher der Polizei, der sich bemühte, Zuversicht zu verbreiten. Weitere Schritte wurden besprochen, und Marlene wollte bereits gehen, als Kreuzofner sie eindringlich ansah und plötzlich einen weniger professionellen, sondern vielmehr vertrauen Ton anschlug.

»Marlene, schaffst du das?«

Marlene wusste, worauf er hinauswollte, und nickte.

Kreuzofner berührte kurz ihre Hand. »Du nimmst deine Therapietermine nicht regelmäßig war, und nun noch dieser Fall. Ich mache mir ernsthaft Sorgen um dich!«

»Ich glaube eher, du machst dir Sorgen um deinen Posten.« Marlenes Stimme klang trotzig.

»Ach herrje, Marlene, das ist es nicht, und das weißt du. Ich dachte nur, durch die Therapie würdest du schneller Fortschritte machen. Und nun dieser unglaubliche Mord. Vielleicht war es doch keine so gute Idee, dir die Leitung zu geben. Branner könnte übernehmen und …«

Marlenes Augen funkelten so zornig, dass er den Satz nicht zu Ende sprach. »Das hättest du dir früher überlegen müssen, Toni. Ich verspreche dir, dass es mir gut geht und ich das schaffe. Wenn du mir den Fall wegnimmst, dann nimmst du mir alles, was mich noch aufrechthält. Bitte vertrau mir und lass Branner aus dem Spiel. Ich leite diesen Fall, und dabei bleibt es.«

Die Tür zum Büro wurde aufgerissen, und Johannes stob herein. »Christine Herand ist verschwunden!«

»Und wer ist diese Christine Herand?«, fragte Marlene überrascht.

»Die Frau auf dem Murinsel-Bild!«

»Wer hat sie vermisst gemeldet?«

»Ihr Mann. Als er das mit Alexandra Walfrad in den Nachrichten gehört hat, hat er sofort angerufen. Wir haben es hier doch nicht mit einem Serienmörder zu tun?« Johannes sprach aus, was in diesem Moment alle dachten.

Marlene schaute Kreuzofner an. »Ich werde viele Leute brauchen.«

Der Direktor nickte betroffen und schlug wieder einen

professionellen Ton an: »Nehmen Sie sich, was Sie brauchen. Ich erteile volle Befugnis.«

Marlene und Johannes rannten zurück in den Besprechungsraum.

Branner telefonierte konzentriert und schaute Marlene und Johannes bedeutungsvoll an. Als er auflegte, zischte er leise: »Scheiße! Das war der Mann von Christine Herand. Sie ist gestern Abend weggegangen und noch nicht zurückgekehrt. Als er die Nachrichten gehört hat, hat er sofort angerufen. Er ist außer sich vor Sorge.«

»Sofort eine Fahndung rausgeben. Johannes, du rufst den Zierach an und lässt dir sämtliche Daten seiner Fotomodels geben.«

»Polizeischutz für alle?«, fragte Johannes.

Marlene schüttelte den Kopf. »Ich denke, es reicht, wenn sie informiert werden und jede einen verdeckten Polizisten in der Nähe hat.«

»Zwei wären besser. Erhöht die Chance, den Täter zu schnappen, wenn er sich die Nächste holen will«, warf Branner ein.

»Gut, dann arrangiere das! Und ruft den Ehemann von dieser Christine Herand noch mal an, dass er stillhält und Ruhe bewahrt. Es darf auf keinen Fall in die Presse kommen. Was glaubt ihr, was da für eine Panik ausbricht! Die Leute machen gleich einen Massenmörder daraus, und der Täter ist gewarnt. Hoffentlich sind wir nicht zu spät. Ich muss los.«

Marlene wollte bereits zur Tür raus, da fragte Johannes nach: »Was machst du?«

Sie stutzte und erinnerte sich dann daran, dass sie angesichts der dramatischen Wendung nicht die weiteren Ermittlungsschritte besprochen hatten. »Ich fahre ins Kunsthaus. Ich habe einen Spürhundeführer bekommen und hoffe, damit feststellen zu können, wohin unser Treppenengel gegangen ist.«

»Vielleicht ist sie ja weggeflogen!«, feixte Branner.

Marlene verdrehte die Augen. »Deswegen habe ich ja auch einen Flughund angefordert.« Retourkutschen auf dem gleichen Niveau hatte sie bereits in der Volksschule beherrscht. Branner hob beinahe bewundernd die Augenbrauen.

Johannes verfolgte die Szene genervt, die Anspannung stand ihm ins Gesicht geschrieben. »Soll ich nicht mitkommen?«

Nun war es an Branner, die Augen zu verdrehen. »Glaubst du, sie hat Angst vor dem bösen Wauwau?«

»Branner! Weibach! Ich verpasse euch gleich einen Maulkorb. Was fällt euch ein? Ihr habt meine Anweisungen gehört. Ausführen, aber auf der Stelle! Ich brauche euch jetzt hier und werde allein ins Kunsthaus fahren. Ich will sofort über jedes Detail informiert werden. Wir haben volle Befugnis. Schickt lieber mehr Leute raus als zu wenig. Ich möchte es nicht verantworten, sollte noch eine Frau verschwinden, und ich bete verdammt noch mal, dass Christine Herand noch lebt und wir sie finden.«

Marlene wartete keine Reaktionen der beiden mehr ab, sondern stob aus der Tür. Sie überlegte, während sie zwei Stufen auf einmal nehmend die Treppe hinunterjagte, ob sie mit dem Fahrrad fahren oder nicht doch ein Dienstauto nehmen sollte. Sie entschied sich für das Fahrrad, da sie sich erst einen Autoschlüssel organisieren müsste, und trat energisch in die Pedale. Der Wind umwehte ihren Kopf, und sie stellte sich dabei vor, dass er sämtliche im Moment unwesentlichen Gedanken aus ihrem Gehirn blasen würde. Übrig blieb nur der volle Fokus auf jedes Detail des Falls. Sie dachte an die Frau auf dem Bild mit der Murinsel, die nun verschwunden war. Das Foto war, wie alle anderen auch, sehr atmosphärisch, denn der Ort war einzigartig auf dieser Welt. Die Murinsel war wie das Kunsthaus ein Projekt, das dem Kulturhauptstadtjahr der Stadt Graz entsprang. Das futuristische, muschelähnliche Gebäude schwamm förmlich auf der Mur und war von beiden Uferseiten über einen Steg begehbar. Zierach hatte sein Fotomodel nicht auf der Murinsel platziert, sondern sie in ein kleines, schäbiges Ruderboot inmitten der dichten Uferböschung gesetzt. Ihr trauriger, doch entschlossener Blick war von der Murinsel abgewandt, was den Betrachter dazu veranlasste, darüber nachzudenken, ob sie von der Insel geflohen war oder was sie dort erlebt haben könnte. Auch hier stand die Nacktheit der Frau nicht im Vordergrund. Ein Fuß von Christine Herand war ins Flusswasser getaucht, der andere war im Boot. Ihr Oberkörper war von der Seite abgelichtet und zeigte ihre weiblichen Rundungen im Profil. Langes dunkelbraunes Haar fiel in leichten Wellen über ihre Schultern. Es war nicht auszumachen, ob sie ins Boot steigen oder es verlassen wollte. Jetzt war die Frau verschwunden.

9

Marlene fuhr nach einer rekordverdächtigen Viertelstunde über den Südtiroler Platz und klopfte an die Scheibe des geschlossenen Kunsthaus-Cafés, da sie einen Beamten drinsitzen sah. Der stand eiligst auf und öffnete ihr die Tür. Dabei tippte er sich kurz an seine Kappe: »Frau Chefinspektor, Inspektor Stockinger zu Diensten!«

Marlene hatte den blutjungen Kollegen noch nie gesehen und schätzte, dass er noch im ersten Dienstjahr sein musste. »Der Name verpflichtet!«, spielte sie im Vorbeigehen auf den berühmten österreichischen Fernsehermittler an. »Ist mein angeforderter Rex schon da?«

Als der Mann sie verwirrt anschaute, wurde ihr bewusst, dass er wahrscheinlich zu jung war. Marlenes Nonna hatte diese Fernsehserie geliebt, in der der titelgebende Star ein Deutscher Schäferhund war, mit dessen Hilfe alle Kriminalfälle gelöst wurden. Die Serie war eine der international erfolgreichsten, die das österreichische Fernsehen je zustande gebracht hatte. Der Assistent des Hauptermittlers, der Angst vor Hunden hatte, hatte Stockinger geheißen, und Marlene konnte ihre Nonna in ihrer Erinnerung über den komischen Kauz lauthals lachen hören.

Es klopfte wieder an der Scheibe, und davor stand ein Mann mit einem Hund. Ein sehr großer Hund, um genau zu sein. Der junge Inspektor wurde sichtlich nervös.

»Jetzt sagen Sie bloß, Sie haben Angst vor Hunden? Sie sind ja wirklich wie der Stockinger.« Marlene konnte es kaum glauben und musste lachen.

Der arme Kerl schaute sie nur noch verwirrter an: »Wovon sprechen Sie, Frau Chefinspektor?«

»Googlen Sie mal *Kommissar Rex*.« Marlene öffnete dem Hundeführer und seinem vierbeinigen Kompagnon die Tür. »Toll, dass Sie so schnell kommen konnten. Ich weiß, dass Sie derzeit eigentlich im Urlaub sind, und schätze es deswegen umso mehr. Kranz, ich heiße Marlene Kranz und leite die Ermittlungen. Oberst Kreuzofner hat Sie empfohlen und rekrutiert.«

Der Hundeführer lächelte Marlene freundlich an. »Jaja, der Toni traut sich was, aber der darf das. Wir waren früher Revierkollegen und sind seit vielen Jahren befreundet. Während er die Karriereleiter rauf ist, habe ich mich in die Hunde verliebt. Darf ich vorstellen: Siegfried Hohenzollern und Axel Mühlenau.«

Der riesige Belgische Schäferhund stand artig neben seinem Herrchen und machte bei der Vorstellung einen Schritt nach vorn und schnupperte an Marlenes Hand.

Sie lächelte freudig und kraulte ihn zwischen den Ohren. »Na, Axel, was ist? Hast du Lust, mir zu helfen? Ich brauche dich und deine Supernase ganz dringend.«

Der Hundeführer schmunzelte: »Also ich habe Lust drauf, und der Siegfried sicher auch, wie ich ihn kenne. Gell, Siggi, wir helfen doch gerne, oder?« Dabei klopfte er dem Hund das Fell. »Um welche Fährte geht es? Lebend oder Leiche?«

Marlene war kurz peinlich berührt, doch merkte sie gleich, dass Axel Mühlenau ihr die Verwechslung nicht übelnahm. »Wir wissen nicht, ob das Opfer das Kunsthaus lebend oder tot verlassen hat. Aufgrund des geschätzten Todeszeitpunkts wäre es möglich, dass die junge Frau in der Nähe umgebracht worden ist. Die Spurensicherung konnte keine verwertbaren Spuren sicherstellen, da zwischen dem Verschwinden der Frau und dem Auffinden der Leiche hier im Kunsthaus ein Großputz stattgefunden hat. Blutspuren gibt es ebenfalls keine, da sie stranguliert wurde. Ich hoffe nun, dass der liebe Siggi trotz der Putzmittel noch etwas erschnüffeln kann.«

»Keine Sorge, wenn es etwas zu riechen gibt, dann riecht er das auch. Gell, Siggi?« Der Hund bellte wie zur Bestätigung einmal kurz auf.

»Das klingt vielversprechend. Ich konnte leider nur die Seile organisieren, mit denen die Leiche bei der Doppelwendeltreppe befestigt worden ist. Reicht das für Siggi?«

Axel Mühlenau wischte Marlenes Bedenken mit einer Handbewegung weg. »Keine Sorge. Der Siggi ist der derzeit einzige Kombihund in der ganzen Hundestaffel. Das heißt, er kann Vermisste finden, die noch am Leben sind, und auch als Leichenspürhund eingesetzt werden. Ebenso ist er ein Wasserspürhund. Siggi verfügt über einen derartigen Spieltrieb und ist so talentiert, dass er mehrere Aufgabenbereiche abdeckt. Solche Hunde bräuchten wir öfters. Gell, Siggi?« Wieder bellte dieser auf Kommando.

Marlene kramte aus ihrem Rucksack einen durchsichtigen Plastiksack heraus, in dem die Seile aufbewahrt wurden.

Axel Mühlenau hob die Augenbrauen. »Haben Sie die Genehmigung erhalten, das Beweismittel aus der Kammer zu nehmen?«

Marlene hob ihr Kinn. »Kreuzofner hat es mir mündlich erlaubt. Die schriftliche Anordnung hole ich mir beizeiten.«

»Sie wissen schon, dass Sie gerade riskieren, dass dieses Beweismittel vor Gericht keine Anerkennung mehr erhält, wenn es ohne Genehmigung für Ermittlungszwecke benutzt wurde?« Er sah sie eindringlich an.

»Ich weiß, doch die Zeit drängt. Ich muss den Täter finden, und wenn er gesteht, sind die Seile vor Gericht nicht mehr notwendig. Im schlimmsten Fall müssen wir unseren heutigen Einsatz auf später datieren, oder?« Sie lächelte ihn verschwörerisch an.

Axel Mühlenau hob beide Hände und zog die Schultern hoch. »Ich weiß von nichts und mache nur, worum ich gebeten wurde. Gell, Siggi?«

»Wuff!«

Ich sollte mir auch einen Hund zulegen, der alles, was ich sage, bestätigt, dachte Marlene amüsiert.

Axel Mühlenau griff sich den Sack mit den Seilen. Dann hockte er sich neben Siggi, streichelte ihn, murmelte ihm etwas ins Ohr und klopfte auf eine Tasche an seinem Hosenbein. Der Hund bellte kurz und leckte seine Lefzen. Axel Mühlenau öffnete den Sack und hielt ihn an die Nase des vierbeinigen Ermittlers. Siggi schnüffelte.

»Exi!« Axel Mühlenau flüsterte den Befehl kaum hörbar, doch schon machte sich Siggi auf den Weg. Wie von einem unsichtbaren Faden gezogen, steuerte Siggi schon bald die Treppe zum Keller an. Axel Mühlenau und Marlene folgten ihm. Unten bellte er eine verschlossene Tür an.

»Stockinger, bringen Sie uns bitte den Zentralschlüssel!«, rief Marlene.

Stockinger kam, drückte ihr den Schlüssel in die Hand und drehte schnell wieder um. »Ich muss auf meinen Posten«, teilte er noch pflichtbewusst mit.

Siggi konnte es kaum erwarten, dass die Tür geöffnet wurde, und sprang sofort in den Raum. Der erwies sich als riesiges Lager und Werkstatt. Die Wagen des Reinigungsunternehmens parkten in Reih und Glied. Palettenweise Gipskartonplatten, Verpackungsmaterial, Kartonagen und anderes Zeug waren meterhoch an den Wänden gestapelt. Regale, die bis an die Decke reichten, waren ziemlich ordentlich bestückt. An einer Wand hingen an Haken Arbeitsmäntel, Jacken und mehrere Kopfbedeckungen. Daneben mehrere Rollen mit Ketten und Seilen in verschiedenen Stärken. Teilweise waren wohl auch demontierte Kunstwerke dabei, wobei bei so manchem Objekt nicht zuzuordnen war, ob es ein Kunstwerk war oder einfach Müll. Auch nicht, ob es zerlegt worden war oder so dastand, wie es vom Künstler gedacht war. Doch um darüber nachzudenken, blieb keine Zeit, denn Siggi bellte einen Transportwagen an. Es war ein Handschubwagen mit einer Grundplatte von circa einem Quadratmeter. An zwei gegenüberliegenden Seiten ragten Metallgitter mannshoch nach oben und wurden mittels verstellbarer Rohre daran gehindert, zur Seite zu klappen. Jeder Supermarktzulieferer verwendete solche Wagen. Siggi bellte ihn an, als würde er sich bedroht fühlen. Axel Mühlenau redete beruhigend auf ihn ein und wollte ihn loben, doch Siggi drehte um und schnellte weiter in Richtung der Gipskartonplatten. Zwischen zwei der Stapel begann er wieder zu bellen.

»Braver Hund! Toll gemacht, Siggi!«

Doch Siggi war noch nicht fertig. Er sauste durch den Raum und hielt seine Nase ab und zu auf den Boden. Er wurde wieder ausgebremst, diesmal von einer Lifttür.

»Das ist der Lastenlift. Der führt in jedes Stockwerk und zur Anlieferung hinter dem Kunsthaus in der Mariahilfer Straße. Ich denke, wir wissen nun, dass Alexandra Walfrad im Kunsthaus ermordet und ihre Leiche mit einem der Transportwagen weggebracht worden ist. Wohin, das wissen wir auch. Doch wer ist so krank und tut so etwas?«

»Der Siggi bräuchte mal eine Pause. Darf er?«, unterbrach Axel Mühlenau Marlenes Gedanken.

»Ja, klar. Danke. Siggi, du warst super!«, antwortete Marlene mechanisch.

Der Hund verstand sie trotzdem und bedankte sich artig für das Lob mit einem »wuff«. Gedankenverloren kraulte

Marlene ihn zwischen den Ohren, doch Siggi wandte sich lieber seiner Belohnung zu. Axel Mühlenau zog einen in Plastik gepackten braunen, verschrumpelten Stiel aus seiner Hosentasche und wickelte ihn aus. Sofort machte sich ein beißender Geruch breit. Marlene rümpfte die Nase.

»Echter Ochsenzipf! Darauf steht der Siggi!«

Als Marlene ihn groß ansah, fühlte Axel Mühlenau sich bemüßigt, die Hundedelikatesse zu erklären.

»Das ist ein getrockneter Ochsenschwanz, also Penis … Den braucht ja keiner, doch die Hunde mögen die gerne.« Diese Erklärung war unnötig, denn Siggi saß wie hypnotisiert mit Blick auf den Penis da, und an seinen Lefzen bildeten sich Speicheltropfen, die an Fäden herunterhingen. Axel Mühlenau hielt das Stinkeding dicht an die Hundeschnauze, doch alles, was sich rührte, war der Speicheltropfen, der mit einem leisen Plopp auf den Boden tropfte. Ohne ein Wort nickte Axel Mühlenau kaum merklich und blinzelte gönnerisch. Der Wimpernschlag dauerte länger als das Schnappen des Hundes. Siggi grub seine Zähne in den Kaustiel, und die Geräusche erinnerten Marlene an das Tranchieren eines Brathuhns.

»Äh, Frau Chefinspektor?« Stockinger rief unsicher durch den Lagerraum. »Entschuldigen Sie, aber da wünscht Sie jemand zu sprechen.«

Marlene runzelte die Stirn, setzte sich jedoch in Bewegung. »Wer denn? Es hat doch keiner Zutritt!«

Stockinger trat von einem Bein auf das andere, als müsste er pinkeln. »Der Herr meint, er sei hier der Direktor und dürfe immer in sein Haus. Er hatte einen eigenen Schlüssel. Ich wollte ihm den Zutritt verwehren, doch er ließ sich nicht abschütteln. Es tut mir leid.« Hektisch zappelte er neben Marlene die Treppe hoch.

Kaum waren sie oben angekommen, polterte Direktor Klingenbach auch schon los. »Was fällt Ihnen ein, mir den Zutritt zu meinem Haus zu verwehren!« Sein kahler Kopf war hochrot.

»Auch Ihnen einen schönen Sonntag, wünsche ich.« Marlene blieb betont ruhig, was Klingenbach noch rasender machte. Seine Brust hob sich, als er für die nächste lautstarke Beschwerde Luft holte, doch Marlene kam ihm zuvor. Timing war oft alles.

»Erstens ist es nicht *Ihr* Haus, sondern das der Stadt Graz. Sie wurden lediglich zum Direktor bestellt. Da es in diesem Haus derzeit polizeiliche Ermittlungen zu tätigen gilt, darf ich, als exekutive Instanz, dieses Haus so lange schließen und in Beschlag nehmen, wie ich es für nötig halte. Und wenn Sie nicht auf der Stelle Ihren Umgangston mir und meinen Kollegen gegenüber ändern, lasse ich das Kunsthaus bis zu Ihrer Pensionierung schließen.«

Der Direktor schnaubte. Stockinger machte große Augen und stellte sich breitbeiniger hin. Axel Mühlenau, der erst die Treppe hochkam, schmunzelte bewundernd, und Siggi bellte kurz.

Das ließ Klingenbach erschreckt hochfahren. »Was soll dieser Köter hier? Das ist nicht erlaubt. Das ist ein Kunsthaus mit wertvollen Ausstellungsstücken.«

»Den Hund habe ich angefordert, und er bleibt hier.« Marlenes gesamter Ausdruck ließ keinen Widerspruch zu, und Klingenbach verstummte. »Was machen *Sie* eigentlich hier? Es ist Sonntag, und wir haben das Kunsthaus noch nicht freigegeben.«

Klingenbach blies sich wieder auf: »Ich bin der Direktor. Und wir haben sonntags normalerweise geöffnet. Ich darf doch wohl ...«

»Sagen Sie mal, sind Sie schwer von Begriff? Wir wissen

mittlerweile, dass Sie hier der Direktor sind. Sie erwähnen es bei jeder Gelegenheit, und doch gelten für Sie die gleichen Regeln wie für alle anderen auch.« Marlene blieb ruhig. Die Blasiertheit, mit der manche Zeitgenossen glaubten, sich über die Gesetze erheben zu können, kannte sie nur zur Genüge aus Wien. Und die Grazer waren da offenbar auch nicht anders.

»Ich werde mich bei Ihrem Vorgesetzten beschweren«, versuchte der Mann es nun auf diese Tour.

»Ich gebe Ihnen seine Nummer. Gerne wende ich mich auch an Ihre höherstehenden Gremien und erzähle ihnen, dass Sie die Ermittlungen in einem Mordfall verhindern. Dank des *Köters*, wie Sie sagen, wissen wir, dass Alexandra Walfrad hier im Kunsthaus getötet wurde.«

Klingenbach beruhigte sich augenblicklich, und sein hochroter Kopf erblasste zusehends. »Hier, in mei… im Kunsthaus?!«, wiederholte er sichtlich nervös.

»Ja, die junge Frau wurde hier in *Ihrem* Haus ermordet. Das steht fest. Dazu gleich mal eine Frage. Ihr Lagerraum im Keller, war der am Abend der Vernissage versperrt? Wie viele Schlüssel gibt es, und wer hat einen?«

Stockinger zog plötzlich eifrig einen Notizblock à la Columbo aus seiner Brusttasche und begann mitzuschreiben. Marlene stutzte kurz, ließ ihn jedoch machen.

Klingenbach dachte nach und streckte seine Finger der Reihe nach weg, um mitzuzählen. »Es gibt vier Zentralschlüssel. Einen habe selbstverständlich ich, einen hat der Hausmeister, einen der Putztrupp, und einer liegt an der Information.«

»Gibt es Schlüssel, die nur den Lagerraum schließen?«

Klingenbachs Augen blickten kurz schräg nach oben. Ein Indiz dafür, dass der Befragte nachdachte. »Nein, der Lagerraum ist nur mit einem Zentralschlüssel betretbar.«

»Zeigen Sie mir Ihren!«, befahl Marlene, und Klingenbach griff in seine Hosentasche. Er förderte einen Schlüsselbund zutage. Als er den richtigen Schlüssel fand, hielt er ihn Marlene hin. Marlene gab den Schlüsselbund an Stockinger weiter: »Überprüfen Sie bitte, ob dieser Schlüssel die Lagerraumtür sperrt.«

Stockinger schaute überrascht und eilte glücklich die Treppe hinunter.

Klingenbach echauffierte sich bereits wieder: »Ich werde doch wohl den Schlüssel von ...«

»... *Ihrem* Haus kennen. Natürlich weiß ich das, doch Kontrolle ist in jedem Fall besser als Vertrauen.« Marlene verzog ihr Gesicht kurz zu einem süffisanten Lächeln, um sofort wieder eine ernste Miene zu machen. Klingenbach war ihr so sympathisch wie ein Grottenolm. Ihr Handy klingelte, der Hund bellte kurz, und Stockinger eilte eifrig die Treppe herauf und deutete mit dem Daumen nach oben. Marlene hob ab, dankte gleichzeitig dem jungen Kollegen mit einem Kopfnicken und bedeutete Axel Mühlenau, dass sie ihn nicht vergessen hatte. Dann drehte sie sich weg. »Was gibt es, Johannes?«

»Alle Einheiten sind alarmiert. Ich habe da aber was entdeckt. Während ich telefonierte, habe ich mir die Fotos durchgesehen, und da ist mir ein Typ aufgefallen. Der ist auf mehreren Bildern zu sehen. Er hält sich immer im Hintergrund und scheint zu keinem anderen Besucher zu gehören. Vielleicht ist es nur irgend so ein Kunstexzentriker, aber sicherheitshalber schicke ich dir die Fotos aufs Handy. Okay?«

»Ja, mach das. Wir müssen jeder Spur folgen. Ach ja, Alexandra Walfrad wurde im Kunsthauslagerraum ermordet und zur Doppelwendeltreppe gebracht.« Sie lauscht kurz, verabschiedete sich und wandte sich an Axel Mühlenau. »Wie schaut es aus mit Siggi? Könnte er mir noch erschnüffeln, welchen Weg unsere Leiche genommen hat?«

Axel Mühlenau schaute Siggi an, der erwartungsvoll hechelte. »Ich denke, das sollte er schaffen. Gell, Siggi?«

»Wuff.«

Marlenes Handy verkündete den Eingang einer Nachricht. »Stockinger, können Sie Herrn Mühlenau und Siggi begleiten und den Weg genau dokumentieren? Ich halte hier die Stellung und unterhalte mich noch ein wenig mit unserem Direktor.«

Stockinger war so überschwänglich in seiner Freude, an den Ermittlungen beteiligt zu sein, dass Marlene kurz befürchtete, er würde sich vor ihr verneigen wie ein Diener. Klingenbach stöhnte und setzte sich auf den Stuhl hinter dem Informationsstand. Marlene schaute konzentriert auf ihr Handy und betrachtete die Fotos, die Johannes ihr geschickt hatte. Erst auf den zweiten Blick fiel der eigenartige Mann im Hintergrund auf. Er trug eine Brille mit getönten Gläsern, sodass seine Augen nicht zu erkennen waren. Seine dunklen krausen Haare waren etwas zerzaust. Er trug Jeans und über dem schwarzen Hemd eine Lederjacke. Johannes hatte recht. Er erweckte einen eigenartigen Eindruck.

Sie zoomte näher heran, sodass nur noch dieser Mann auf ihrem Handybildschirm zu sehen war, und hielt ihn Klingenbach vors Gesicht. »Kennen Sie den?«

Klingenbach schaute sich das Bild an, dann schnaubte er trotzig: »Was weiß denn ich, wer das ist. Glauben Sie, ich kenne jeden persönlich, der bei der Vernissage war?«

»Eigenartig. Ich habe nicht gesagt, dass der Mann bei der Vernissage war, und auf dem Ausschnitt ist das auch nicht zu erkennen. Also, was wollen Sie mir nicht sagen?«

Klingenbach druckste verlegen herum. »Ich weiß nicht, wer das ist. Ja, ich habe ihn auf der Vernissage gesehen. Am besten fragen Sie den Zierach, wer das ist.«

Marlene hob die Augenbrauen. »Wieso?«

»Weil ich gesehen habe, dass sie sich sehr ... sagen wir mal, intensiv unterhalten haben. Ich denke, die beiden kennen sich. Zierach schien nicht sehr begeistert gewesen zu sein, dass er da war.«

»Und wer ist es?«

»Das weiß ich nicht. Ich kann mich doch nicht um jeden einzelnen kümmern, der in mein Hau... der ins Kunsthaus kommt.«

»Fühlen Sie sich immer gleich persönlich betroffen, Herr Direktor? Das ist aber nicht gesund«, stellte Marlene ruhig fest.

Klingenbach atmete tief ein, um etwas zu entgegnen, ließ es aber bleiben und stieß die Luft langsam wieder aus.

»Welches Verhältnis haben Sie eigentlich zu Zierach?«

Klingenbach stutzte. »Ich habe gar kein Verhältnis zu Zierach«, knurrte er.

Marlene ließ nicht locker: »Na ja, immerhin sind Sie der Kurator seiner Ausstellung. Auch das ist ein Verhältnis.«

»Wie Sie mir bereits scharfsinnig erklärt haben, ist das hier nicht *mein* Haus, ergo kann ich nicht gänzlich frei bestimmen, wer hier ausstellen darf. Ich muss mich auch an Weisungen halten«, fauchte Klingenbach Marlene an.

»Heißt das, Sie hätten Gustav Zierach keine Ausstellungsfläche geboten?«

»Dieser billigen Kommerzkunst hätte ich niemals eine Plattform gegeben. Er hätte in Amerika bleiben sollen, wo er hingehört. Aber das verstehen Sie nicht.«

Marlene hätte ihm zugetraut, dass er auf den Boden spuckt, so viel Gift und Galle schwang in seinen Worten mit. »Sie meinen, ich kann mir nicht vorstellen, was es heißt, eine weltberühmte Galerie zu leiten? Das Gefühl zu haben, dass es das eigene Kind ist? Sich selbst und den eigenen Wert nur über den Erfolg des Hauses zu definieren? Doch, ich glaube, ich weiß, wovon Sie reden, doch ich denke, es ist gefährlich für das Ego, sich einer Sache zu verschreiben und sich dabei selbst aus den Augen zu verlieren.«

Klingenbach blieb ausnahmsweise still, schaute ihr in die Augen und wandte sich seinen Unterlagen zu.

Als sich Marlene auf ihr Fahrrad schwang, stand die Sonne bereits hoch am Himmel und strahlte, als hätte hier niemals ein grausamer Mord stattgefunden. Wie fast jede andere gepflegte Stadt zeigte sich die historische Grazer Innenstadt an einem solchen Tag von ihrer schönsten Seite. Jeder Tourist schwärmte von Graz, wenn er die Stadt bei solchem Prachtwetter erleben durfte. Marlene schloss kurz die Augen und reckte für einen Moment der Entspannung ihr Gesicht in den gleißenden Glanz.

Stockinger hatte sie angerufen und Bericht erstattet. Siggi, der Spürhund, hatte dem Geruch folgend den Weg über den Mursteg genommen. Damit konnte der Transport nur zu Fuß erfolgt sein, denn die schmale Brücke über den breiten Fluss, der die Stadt in zwei Hälften teilte, war Fußgängern und Radfahrern vorbehalten. Zu Fuß brauchte man höchstens zehn Minuten vom Kunsthaus bis zur Doppelwendeltreppe. Mit einer Leiche würde es sicher länger dauern. Marlene stellte sich vor, dass der Mörder am Samstag in der Früh eine Leiche die steile Sporgasse hinaufgeschoben haben musste. Ausgerechnet an ihrer Wohnung vorbei. Wäre sie früh morgens aufgestanden, um laufen zu gehen, wäre sie ihm vielleicht begegnet. Hätte sie etwas bemerkt? Wahrscheinlich nicht. Samstagmorgen wurden die Läden der Sporgasse beliefert, und der Rest des feierwütigen Volkes torkelte durch die Gasse. Der Mörder war dreist und hat seelenruhig den Karren vor sich hergeschoben. War er seelenruhig? Eher war er getrieben und vielleicht euphorisiert? Was bringt jemanden dazu, eine Frau zu töten und dann wie ein Kunstwerk zu platzieren? Marlenes Gedanken wurden mal wieder von ihrem Handy unterbrochen.

Johannes war dran. »Wie sieht es aus bei dir? Wir hören hier nichts. Was gibt es Neues?« Marlene schien, als hörte sie einen leicht vorwurfsvollen Ton. Oder war es ihr schlechtes Gewissen?

»Ich wollte dich gerade anrufen. Ich bin auf dem Weg zu Zierach. Klingenbach meinte, ich soll ihn fragen wegen des Unbekannten auf den Fotos.«

»Soll ich auch zu Zierach kommen?«, fragte Johannes. Immerhin sollten solche Befragungen wenn möglich stets zu zweit getätigt werden, nach dem Vier-Augen-und-vier-Ohren-Prinzip. Marlene wusste das, doch vergaß sie es manchmal, wenn sie sich ganz auf einen Fall fokussierte.

Was heißt das, Sie sind dann in Ihrem Element?

Dass ich alles andere vergesse. Ich bin so konzentriert, dass alles um mich herum Nebensache ist. Ich weiß auch nicht, warum das so ist. Andererseits erkläre ich mir auch so meine hohe Aufklärungsrate.

Das mag sein, doch sollte man sich nicht zu weit von sich wegbewegen. Damit man sich selbst nicht verliert.

Möglich. Das war mir ab dem Zeitpunkt bewusst, als mir mein Kollege in Wien ein Frühstück brachte und ich keine Ahnung hatte, wie spät es war. Ich habe durchgearbeitet, ohne an Essen oder Schlaf zu denken.

Da hatten Sie ja einen aufmerksamen Kollegen. Doch wer hat darunter leiden müssen?

Läuft es darauf hinaus, dass ich mir jetzt Schuldvorwürfe machen soll?

Nein, keine Vorwürfe. Sie dürfen verstehen, inwieweit Ihre Gabe dazu beigetragen hat, in welcher Situation Sie sich heute befinden. Schuldzuweisungen sind nicht sinnbringend.

Ich mache mir genug Vorwürfe. Und von einer Gabe würde ich nicht sprechen. In dem Fall war es ein Fluch.

Es kommt immer auf die Seite an, von der aus man etwas betrachtet. Für Ihre Ermittlertätigkeit war es eine Stärke, auf das Privatleben hat es andere Auswirkungen gehabt.

Ja, und er hat das auch immer verstanden. Er wusste, dass ich so war, und ich war ja nicht dauernd in akute Mordermittlungen involviert. Selbst in Wien gibt es nicht so viele Tötungsdelikte, und die meisten sind innerhalb von 24 Stunden geklärt.

Aber ein kleiner Junge kann das nicht verstehen.

Aber er war doch nie allein. Er war immer gut versorgt. Und dazwischen habe ich ganz viel Zeit mit ihm verbracht. Ganz intensive Zeiten waren das.

Doch eine sensible Kinderseele kann ihr Urvertrauen verlieren, wenn die Mutter in einem entscheidenden Moment nicht da ist.

Ich dachte, unsere intensiven Zeiten würden das schon abfangen. Ich war einfach zu jung.

Ich denke nicht, dass es an Ihrem Alter lag. Sie haben doch stets Ihr Bestes gegeben. Und die Zerrissenheit von berufstätigen Müttern ist allgegenwärtig. Ich denke nicht, dass Sie sich einen Vorwurf machen sollten. Wie bereits gesagt, es dient nur dem Verständnis, warum die Dinge derzeit so sind, wie sie sind.

Werden sie sich denn jemals ändern?

Auf jeden Fall. Sie dürfen Ihre Haltung dazu verändern. Und der Rest wird sich auch weisen. Auch die anderen werden ihre Haltung irgendwann verändern, und wir werden sehen, was daraus erwächst.

10

Marlene und Johannes trafen sich vor dem noblen Neubau in der Innenstadt, in dem Zierach wohnte. Johannes kam mit einem Dienstwagen, da Marlene nach dem Gespräch die anderen Frauen persönlich aufsuchen wollte, um sie zum Abend der Vernissage zu befragen. Zwar hatte Marlene die Protokolle der Befragungen gelesen, doch ersetzten die ihre Fragen und ihr Gespür für Menschen nicht.

Zierach wirkte erfreut, Marlene wiederzusehen, und ließ sie in die Wohnung. »Ich dachte im ersten Moment, Sie wollten mein Angebot annehmen.«

Marlene lachte geringschätzig auf. »Genau danach steht mir jetzt der Sinn. Herr Zierach, wir haben da noch Fragen an Sie.«

»Ja, ich auch an Sie, doch danach steht Ihnen jetzt sicher nicht der Sinn. Die klären wir, wenn diese unselige Geschichte ein Ende hat. Es ist so schrecklich und wirft kein gutes Licht auf meine Arbeit!« Zierach strich sich eine unsichtbare Haarsträhne aus dem Gesicht.

»Das ist Ihre Sorge? Dass Sie schlecht dastehen? Haben Sie schon mal an die Hinterbliebenen von Alexandra Walfrad gedacht? Ein Todesfall in der Familie ist schon Tragödie genug, doch wenn es sich um einen Mord und in diesem Fall um Leichenschändung handelt, erhöht das die Dramatik ziemlich.« Da hatte Zierach wohl Johannes' Nerv getroffen. Marlene musste schnell reagieren, damit das Gespräch nicht zu emotional wurde.

»Herr Zierach, kennen Sie diesen Mann?« Sie zeigte ihm den Ausschnitt des Fotos, auf dem nur das Gesicht des Unbekannten zu sehen war.

Zierach nickte: »Ich habe ihn auf der Vernissage gesehen.«

»Und wer ist das?«

»Ich sagte, ich habe ihn gesehen, und nicht, dass ich ihn kenne.«

»Sie wurden aber dabei beobachtet, wie Sie mit ihm geredet haben.«

»Nur weil ich mit jemandem rede, heißt das nicht, dass ich ihn kenne. Überhaupt, wer kennt wen schon wirklich?« Zierach lächelte milde.

»Schluss mit dem Philosophieren. Sie machen sich nicht weniger verdächtig, wenn Sie sich jetzt schon wie ein Häfenpoet aufführen.« Marlene war heute nicht mehr ganz so angetan von Zierachs Persönlichkeit. Lag wahrscheinlich daran, dass er versuchte, vom Thema abzulenken. Marlene musste dranbleiben. »Was haben Sie mit ihm besprochen? Schien nicht ganz angenehm gewesen zu sein!«

»Sagt wer?«

»Direktor Klingenbach hat Sie beobachtet.«

»Der gute alte Direktor Klingenbach. Das hätte ich mir denken können.« Zierach lächelte wissend, und doch konnte er nicht gänzlich verstecken, dass er genervt war. »Und hat er keine Erklärung dafür gehabt?«

»Er meinte, ich solle Sie fragen, was ich hiermit tue. Wer ist das, und warum hat es Ihnen nicht geschmeckt, dass er anwesend war?«

Zierach seufzte und setzte sich. Mit einer eleganten Handbewegung bedeutete er den beiden Beamten, es ihm gleichzutun.

»Mein Bruder kam höchstpersönlich vorbei. In dieser lächerlichen Aufmachung. Als hätte er sich vor mir verstecken können. Das auf dem Foto ist Ferdinand Zierach. Mein kleiner, großer Bruder.«

»Warum kleiner und großer?«

»Wir sind Zwillinge. Er wurde vor mir geboren, und doch wuchs ich körperlich über ihn hinaus.«

Marlene schaute Zierach in die Augen. »Und warum das angespannte Verhältnis? Ich dachte, Zwillinge seien sehr innig miteinander.«

Zierach machte eine theatralisch wegwerfende Geste und stöhnte: »Klischees, Klischees, überall diese Klischees. Zwillinge habe es schwer, denn sie werden stärker miteinander verglichen und aneinander gemessen als normale Geschwister. Dabei zieht immer einer den Kürzeren. In unserem Fall ist es Ferdinand.« Bei diesen Worten schwang Genugtuung mit.

»Weil Sie der berühmte Künstler sind?«, versuchte Marlene zu verstehen.

»Wenn es nur das wäre. Wir waren sehr verschieden. Ich der extrovertierte Kreative, er der introvertierte Nichtssagende. Wir sehen uns nicht ähnlich, und wir sind es auch nicht. Oft stießen wir auf Verwunderung, wenn wir als Zwillinge vorgestellt wurden. Unsere Mutter ließ es irgendwann auch bleiben. Auf jeden Fall flogen mir stets die Herzen zu, und mein Bruder kämpfte damit, sich neben mir beweisen zu müssen. War sicher nicht leicht für ihn, doch was sollte ich tun? Mich verstecken und verstellen?« Er schaute Johannes und Marlene an, als würde er sich Absolution erhoffen.

»Schön und gut. Doch was wollte Ihr Bruder auf der Vernissage? Wer hat ihn überhaupt eingeladen?«, fragte Johannes ungeduldig.

»Ich natürlich! Ich komme so selten in meine Heimatstadt, und da dachte ich mir, es wäre doch nett, ihn zu treffen.« Zierach wirkte fast kindlich naiv in seiner Verwunderung über diese Frage.

»Um Salz in die Wunde zu streuen?« Marlene verbarg nicht, wie sie darüber dachte.

Zierach erregte sich zunehmend. »Nein! Hätte ich ihn nicht eingeladen, wäre er gekränkt gewesen. Ich dachte, er würde so oder so nicht kommen.«

»Aber er kam«, vervollständigte Marlene die Sachlage.

»Ja.« Zierach verzog seinen Mund. »Er hat sich maskiert, damit ihn keiner als meinen Bruder erkennt, doch ich erkannte ihn natürlich sofort. Und dann wollte er auch noch Geld von mir. Als hätte er nicht schon genug bekommen.«

Sie sprachen noch eine Weile über Ferdinand und erfuhren, dass er in einer Großtischlerei arbeitete und in einer kleinen Wohnung im Osten von Graz nahe dem Schloss Eggenberg wohnte. Dieses Stadtviertel war mal eine noble Gegend gewesen, denn das mittlerweile zum Weltkulturerbe erhobene Schloss am Stadtrand warf seinen Glanz auf die umliegenden Bauten, doch durch die Ansiedelung von Gastarbeitern und deren Familien wurde die Lage immer weniger beliebt. Das rechte Murufer hatte es stets schwerer, sich zu etablieren, als das linke. Wollte man als Grazer jemand sein, dann wohnte man auf der richtigen Seite des Flusses.

11

Marlene und Johannes fuhren als Erstes zu Ferdinand Zierach, doch der war weder zu Hause anzutreffen noch telefonisch erreichbar. Marlene rief Branner an, damit er eine Fahndung rausgab und einen Beamten abstellte, der die Wohnung observierte. Marlene wollte den ominösen Zwilling unbedingt sprechen. Derweil fuhren sie von Model zu Model, um die Frauen zu befragen. Es wurde bereits dunkel, als Johannes Marlene bei ihrem Fahrrad absetzte und sie sich verabschiedeten. Auf dem Heimweg fuhren ihre Gedanken Karussell angesichts der verschiedenen Reaktionen der Frauen, die durch den Umstand verbunden waren, dass sie sich für eine Fotoausstellung ausgezogen haben.

Caroline Ermanner, eine kleine rothaarige Mittdreißigerin, zeigte ihnen eifrig ihr Ausstellungsfoto, das sie sich bereits großformatig ausgedruckt hatte. Sie stand an der kunstvoll geschmiedeten gusseisernen Brunnenlaube im Landhaushof, hielt sich an zwei Säulen fest und lehnte sich mit gestreckten Armen in die Mitte des Brunnens. Ihren Kopf neigte sie so weit nach hinten, dass ihre langen Haare wie ein orangeroter Wasserstrahl in den Brunnen fielen. Der dreigeschossige Arkadenhof bildete den atemberaubenden Hintergrund. Marlene dachte sich beim Anblick dieses Bildes, wie blind sie eigentlich durch ihre Stadt lief und diese unglaublichen Bauten kaum mehr wahrnahm.

Caroline Ermanner wollte am liebsten nur über ihr Bild und seine Entstehung sprechen, wurde in ihrem Redefluss jedoch ständig von Marlenes Fragen unterbrochen. Ihre Wahrnehmungen am Abend der Vernissage waren derart egozentrisch, dass sie keinerlei verwertbare Informationen über andere Besucher geben konnte.

Anders war es bei Friederike Selk, der weit über Sechzigjährigen, die vor der großen Turmuhr auf ihre Armbanduhr blickte. Sie erzählte ziemlich gelassen und in sich ruhend von einem für sie sehr aufregenden Abend. Sie beschrieb die Vernissage als einen brummenden und summenden Bienenschwarm, der sich von Eitelkeit nährte. Damit meinte sie jedoch nicht die Models, denn die waren eher ein Nebengeräusch, sondern die Initiatoren, Veranstalter und Sponsoren des Events. Sie habe sich auch als eine der Ersten verabschiedet und sei nach Hause gegangen. Bereuen würde sie die Erfahrung jedoch nicht, denn Zierach habe ihr eine lange verloren gegangene Weiblichkeit wiedergegeben, und dafür sei sie ihm sehr dankbar.

Auch sehr merkwürdig für Marlene und Johannes war es, mit Daniela Friedrich zu sprechen. Sie trug auf dem Foto schwarze Tanzschuhe und lange schwarze Ballhandschuhe. Sie stand auf der Schlossbergtreppe und zog sich ihre Lippen nach. Ihr Gesicht war dabei nur in dem kleinen Ausschnitt des Taschenspiegels zu sehen, da sie von hinten fotografiert worden war. Sie unterschied sich von den anderen Frauen vor allem durch ihre raspelkurzen weißblonden Haare. Johannes meinte, dass Frauen mit solch kurzen Haaren auf ihn stets sehr selbstbewusst wirkten. Daniela Friedrich war nicht nur selbstbewusst, sondern auch klatschsüchtig. Sie hatte viele interessante Beobachtungen gemacht und behauptete Dinge gesehen zu haben, die, würden sie an die Öffentlichkeit geraten, einen Skandal auslösten. Auf Marlenes Nachfragen meinte sie verschwörerisch: »Der Polizei kann ich es nicht vorenthalten, doch ich konnte ganz deutlich sehen, dass unser Nationalratsabgeordneter Herr …«, sie flüsterte den Namen kaum hörbar, »im Vorbeigehen die Hand von der Frau des Bürgermeisters berührt hat. Sie hat ihn daraufhin ganz verliebt angelächelt. Ich schwöre, da läuft etwas. Ich spüre so was.« Sie erzählte auch davon, dass der Grazer Starfriseur sicherlich schwul sei und seine Kinder nicht seine leiblichen seien. »Die muss man nur anschauen, und man weiß, dass die nicht von ihm sein können.« Marlene und Johannes suchten schnell das Weite und beleidigten Daniela Friedrich fast ein wenig damit, dass sie sich nicht für ihre Neuigkeiten interessierten. Die Sache mit der Alexandra Walfrad sei wirklich tragisch, doch dafür gebe es sicher einen politischen Hintergrund, meinte sie verschwörerisch, denn immerhin sei da ja ganz viel Steuergeld in die Hand genommen worden, was dem einen oder anderen Stadtpolitiker sicher nicht passe. Sicher war es ein Auftragsmord und als Warnung gedacht. Sie selbst fürchte nicht um ihr Leben, denn immerhin sei sie in der Grazer Szene bekannt und kenne viele wichtige Leute. An ihr würde sich sicher niemand vergreifen. Auch der komische Typ, den Marlene ihr am Handy zeigte, sei ihr nicht aufgefallen. Wahrscheinlich war das ein verdeckter Bodyguard oder der Auftragsmörder.

Die Damen waren ob der Möglichkeit, selbst ins Visier des Mörders zu geraten, unterschiedlich besorgt. Friederike Selk nahm es gelassen und scherzte sogar, dass es ein Kompliment wäre, würde sie den jüngeren Frauen vorgezogen werden. Sie fühle sich sicher mit den Beamten in Zivil im Auto vor ihrer Haustür. Andere fühlten sich durchaus beunruhigt. Caroline Ermanner konnte nicht verbergen, dass sie sich fast geschmeichelt fühlte bei dem Gedanken. Sabine Sabritnik hingegen, die Frau, die die riesige Skulptur des Hackher-Löwen am Schlossberg ritt, war völlig hysterisch, hatte schon ihre Familie zusammengetrommelt und wollte sich krankmelden, bis der »Serienmörder« verhaftet wurde. Johannes und Marlene hatten große Mühe, sie zu beruhigen und darauf hinzuweisen, dass jegliche Panik unterbunden werden musste, damit die Ermittlungen nicht gestört wurden. Sie beschworen die Familie, die Sache nicht an die große Glocke zu hängen, zumal es nicht sicher sei, ob das Verschwinden Christine Herands überhaupt etwas mit dem Mord zu tun hatte.

Der Nachmittag war also eine ziemliche Zeitverschwendung gewesen. Die Models kannten sich untereinander nicht, da sie sich am Vorabend der Vernissage das erste Mal getroffen hatten, als es eine kurze Besprechung bezüglich der Auftritte gab.

Kein Hinweis, kein Ferdinand Zierach, keine Christine Herand. Marlene hob ihr Fahrrad, um es über die zwei Stufen zu tragen, die vom Gehsteig zu der kleinen Nische mit ihrem Hauseingang führten, und erschrak fast zu Tode, als sie eine Stimme aus der Finsternis begrüßte.

»Hallo, Kranzi! Na endlich. Ich dachte schon, du wohnst doch nicht hier.« Franky, der auf dem Boden gesessen hatte, erhob sich und strahlte Marlene an, als könnte ihr in diesem Moment nichts Besseres passieren, als ihn zu treffen.

Marlene war hin- und hergerissen. Am liebsten hätte sie sich in seine Arme geworfen und geweint, doch das konnte sie sich nicht erlauben. Sie riss sich zusammen, dankte der einbrechenden Dunkelheit und dem nachlässigen Hausmeister, dass er das Nischenlicht nicht reparierte, und hoffte, Franky würde ihr nicht mehr so wie früher alles vom Gesicht ablesen können.

»Franky! Sag mal, stalkst du mich? Ich rufe gleich die Polizei!«

Beide lachten. Marlene stellte ihr Fahrrad ab, und sie umarmten sich. Franky schob sie dann eine Armlänge von sich, um ihr prüfend ins Gesicht schauen zu können. Er murmelte etwas von »Scheißbeleuchtung« und dann: »Schön, dich zu spüren. Hast du schon gegessen?«

Marlene schüttelte den Kopf. Jetzt, da Franky sie brutal aus ihrem Fall gerissen hatte, fiel ihr auf, dass sie den ganzen Tag nichts gegessen hatte.

»Du hast sicher einen Mordshunger? Lass uns etwas essen gehen. Wir haben viel zu bereden.«

Marlene konnte sich des Lachens nicht erwehren. »Mordshunger? In meiner Branche eher einen Aufklärungshunger. Wo gehen wir hin?«

»Kirbys!«

»Kirbys?«

»Gleich oben am Karmeliterplatz. Die machen super Burger!« Franky deutete die Sporgasse hinauf, und Marlene entsann sich, den Laden schon mal gesehen zu haben.

Nachdem sie ihr Fahrrad im Abstellraum verstaut hatte, legte Franky seinen Arm um ihre Schulter und marschierte los. Marlene fühlte sich wie in eine andere Zeit zurückkatapultiert. In eine Zeit, in der noch alles in Ordnung gewesen war. Wo es *ihn* noch gar nicht in ihrem Leben gegeben hatte. Wo nur sie und Franky Graz unsicher machten.

»So, meine Liebe. Jetzt erzähl mal schön von Anfang an. Wie geht es dir? Warum bist du wieder in Graz? Und vor allem: Warum hast du dich nicht bei mir gemeldet?« Franky schnaubte gespielt beleidigt durch die Nase.

Marlene wurde nervös. »Franky, bitte lass es. Ich bin erst seit Kurzem wieder da und musste mich eingewöhnen. Ich habe sogar schon daran gedacht, mich bei dir zu melden, doch die Arbeit, du verstehst?« In ihr tobte ein Kampf zwischen dem Wunsch, hier auf der Stelle alles auszukotzen, und der Erfordernis, standhaft zu bleiben.

»Bist du allein nach Graz gekommen?«, mutmaßte Franky. »Was ist denn mit Nik …«

Marlene blieb abrupt stehen und riss ihn herum. Sie schaute ihm ernst und tief in die Augen. »Franky, bitte. Ich werde dir alles erzählen, wenn die Zeit dafür gekommen ist. Wenn du mich jetzt noch einmal fragst, drehe ich mich um, gehe heim, und wir sehen uns nie wieder. Verstanden?«

Franky schaute sie betroffen an und prüfte ihr Gesicht. In Marlenes Augen glitzerten Tränen. Franky zog sie fest an sich, umarmt sie und küsste sie auf ihr Haar.

»Alles klar«, murmelte er. »Schön, dass du da bist. Hast mir echt gefehlt.« Er lächelte sie an und zog sie weiter die steile Gasse hinauf. »Lass uns essen gehen!« Seine Stimme klang bestimmt und heiter.

Marlene drückte sich dankbar an ihn und hörte Nonna sagen. »Also, dieser Franky ist ein Schatz, meine Taube. Schade, dass er schwul ist, sonst würde ich dir sofort raten, ihm einen Heiratsantrag zu machen. Mein Cousin Gerhard war ja auch ein Schokoritter, und den wollten alle Mädchen damals haben, weil er so ein Lieber war. Und ein Feschak obendrein. Du meine Güte, der hat allen Mädchen den Kopf verdreht. Der arme Kerl hat dann heiraten müssen, weil damals hat das ja noch keiner zugeben dürfen. Die arme Nannerl. Zuerst hat sie sich riesig gefreut, dass er sich für sie entschieden hat. War dann wohl doch eher enttäuschend, nehme ich an. Jaja, richtig schade, wenn die besten Männer schwul sind.« Nonnas Blick auf die Welt und ihre Menschen war für ihr Alter äußerst tolerant und gleichzeitig politisch unkorrekt.

Sie bestellten Bier, Burger und frittierte Zucchinispalten. Marlene griff zu und ließ sich von Franky erzählen, wie es ihm ergangen war. Sein langjähriger Lebenspartner hatte ihn verlassen, und seitdem hatte er mehr oder weniger glückliche Beziehungen geführt. »Weißt du, für einen Schwulen ist Graz zu klein für die große Liebe.«

»Hast du dein Journalismus-Studium je beendet?«

»Nein, das habe ich geschmissen. War damals recht erfolgreich mit dem Fotostudio, doch seit es an jeder Ecke einen Fotografen gibt und sich alle im Internet alles bestellen können, läuft es schlechter. Die Ladenmiete wurde auch stets teurer, da habe ich halt den Job beim *Grazer* angenommen. Jetzt bin ich ›Franky, der Story-Teller‹ und rase von einer Veranstaltung zur nächsten. Meistens sind es Geschäftseröffnungen, Firmenjubiläen oder Partys. Die spektakulärste Story der letzten drei Monate war die, als die Grazer Feuerwehr die Katze unseres Dompfarrers von einem Baum im Stadtpark holen musste. Der Pfarrer hat die Feuerwehrmänner dann gesegnet.«

»Also weit weg vom investigativen Journalismus.«

Franky lachte auf. »Eher werde ich schwanger, als dass ich für den *Grazer* einen spannenden Artikel schreiben kann. Aber es ist gutes Geld und eigentlich ein gemütlicher, abwechslungsreicher Job. Und solltest du etwas über die Grazer High Society wissen wollen, dann frag mich.«

»Gerne, wenn ich es beruflich brauche, doch vom Grazer Klatsch habe ich heute schon genug gehört.«

»Wie läuft es mit eurem Fall? Schon irgendeine Spur?«

Franky senkte seine Stimme und schaute vorsichtig zum Nebentisch, ob das verliebte Pärchen sich wohl noch immer mit Blicken verschlang. Die beiden nahmen keine Notiz von Marlene und Franky und fütterten sich lachend mit Pommes.

Marlene seufzte und rieb sich die Stirn. »Nein, leider nicht wirklich. Es ist echt sehr bizarr, und zu allem Überfluss ist jetzt noch eine Frau, die Zierach für die Ausstellung fotografiert hat, verschwunden. Wir haben intern gerade Alarmstufe rot, und die Geschichte wird sich bald wie ein Lauffeuer verbreiten.«

Franky machte große Augen. »Wer ist verschwunden?«

»Christine Hernand. Ihr Mann hat sie vermisst gemeldet.«

»Welches Bild?«

»Die Frau im Boot vor der Murinsel. Kennst du sie?«

»Nicht persönlich. Aber das Bild kenne ich und kann mich an sie erinnern. Die hat einen Mann? Der war aber nicht auf der Vernissage. Sie war mit einer Frau da. Ich würde auf ihre Schwester tippen.« Frankys Stirn runzelte sich stark, während er nachdachte.

»Wow, Franky, noch immer so ein gutes Gedächtnis. Alle Ehre. Das Bild sollten wir uns ansehen.« Marlene zückte ihr Handy und rief bei Johannes an. »Oh, du bist schon im Bett? Entschuldige.« Marlene schaute auf die Uhr und dann peinlich berührt zu Franky. Es war später, als sie gedacht hatte. »Tut mir leid, das hat Zeit bis morgen. Gute Nacht.«

Nachdem sie aufgelegt hatte, murmelte sie, dass die Zeit zu schnell verging und dass sie auch besser ins Bett sollte. Sie zahlten, und Franky brachte Marlene bis vor ihre Tür. Er nahm sie bei ihren Händen und schaute ihr trotz der Finsternis tief in die Augen.

»Schön, dich wieder in der Nähe zu wissen. Und wenn du mal jemanden zum Reden brauchst: Du weißt, ich bin für dich da.«

Marlene nickte, drückte ihn an sich und ihre Lippen fest auf beide seiner Wangen. »Danke, das bedeutet mir viel. Schön, auch dich wieder zu haben. Ich melde mich, doch jetzt muss ich diesen Fall lösen.«

Sie ließ ihn los und verschwand. Franky schaute auf die ins Schloss fallende Tür, als würde er ihr durch sie hindurch nachschauen können. Sein Blick war ernst, und er sog Luft tief in seine Lungen ein und stieß sie langsam und hörbar wieder aus. Er fühlte Mitleid mit seiner alten wiedergefundenen Freundin, obwohl er keine Begründung dafür kannte. Derweil lehnte Marlene im Inneren des Hauses an der Wand, hielt ihren Atem an und widerstand dem Impuls, die Tür nochmals aufzureißen und Franky hinterherzujagen. Ihm könnte sie alles erzählen. Bei ihm wäre ihre Geschichte sicher. Doch die Angst, durch das bloße Erzählen den Schmerz wieder durchleben zu müssen, siegte.

12

Das Wetter passte sich dem unliebsamen Montagmorgen an. Es war bewölkt, und es roch nach Regen, der noch am Vormittag die Stadtluft von ihrem Feinstaub reinwaschen würde. Marlene war froh, dass sie den Spürhund gestern bekommen hatte. Stockinger hatte ihr bereits um sechs Uhr in der Früh einen detaillierten Bericht über den Einsatz gemailt. Eifriger Mann, dachte sich Marlene. Wie es aussah, wollte der mehr als normaler Streifenbeamter werden.

Marlene war als Erste im Büro und las gerade den Bericht, als Branner und Johannes eintrafen.

Branner war sichtlich aufgebracht und müde. »Die blöde Herand hat doch glatt ihr Handy daheimgelassen. Man kann sie nicht orten.« Ein strenger Blick von Marlene reichte, und er begann etwas förmlicher von vorne. »Christine Herands Handy liegt zu Hause. Es ist ausgeschaltet, weswegen wir etwas länger gebraucht haben. Nur gut, dass der Fall dringlich ist und wir gleich mit dem vollen Programm orten konnten. Wir haben keine Spur.«

»Hast du mit ihrem Mann gesprochen? Was sagt der?«, fragte Marlene.

»Na, das Übliche. Er macht sich große Sorgen, und wenn er den verrückten Kerl erwischt, dann kann der was erleben und so weiter.«

»Und er hat nicht gesehen, dass ihr Handy zu Hause liegt?«

»Nein, er hat sie ja ständig angerufen, doch ihr Handy war ausgeschaltet.«

»Aber er hat es nicht zu Hause herumliegen sehen?«

»Nein, scheinbar nicht, sonst hätte er sie ja nicht angerufen.« Fred Branner war genervt.

Marlene kniff die Augen zusammen. »Gib mir bitte die Adresse. Ich fahre hin.«

Branner schaute sie fragend an. »Warum? Glaubst du, sie sitzt mit ihrem Handy im Schrank?«

»Nur so ein Gefühl. Die Adresse bitte. Was gibt es sonst Neues?«

Johannes meldete sich. »Wir wissen, mit wem Alexandra Walfrad kurz vor ihrem Tod Sex hatte.«

»Also ein Bekannter?«, murmelte Branner.

»Ja, das Sperma ist von Konrad Kahlenberger. Ihrem Freund.«

»Ach, davon hat er nichts erzählt«, fühlte Branner sich bemüßigt zu erwähnen.

»Vielleicht konnte er sich nicht mehr dran erinnern«, mutmaßte Marlene.

Branner nickte. »Gut möglich, immerhin war der ganz schön besoffen, wenn man der Kellnerin im Brot und Spiele glauben kann.«

»Das fragen wir ihn am besten selbst. Bestellt ihn mir bitte her. Gibt es etwas Neues von Ferdinand Zierach? Ist der aufgetaucht?«

Branner und Johannes schüttelten die Köpfe.

»Steht ein Kollege vor seinem Haus?«, fragte sie sicherheitshalber nach.

Beide nickten.

Marlene überlegte kurz. »Fragt mal nach, ob wir da nicht den Kollegen Stockinger hinschicken könnten. Der ist recht ehrgeizig und eifrig. Das ist mir in dem Fall lieber als ein amtsmüder Schläfer.«

Johannes nickte und zückte sein Handy, um zu telefonieren, doch in diesem Moment bekam er einen Anruf. »Das war die KTU. Es sind weitere Testergebnisse eingelangt. Die Hautpartikel auf den Seilen stammen von Gustav Zierach und Doris Kochram«, teilte er ihnen mit.

»Welche ist noch mal diese Kochram?«, fragte Marlene.

Branner wusste Bescheid. »Den Namen kenne ich. Das ist eine der zwölf Models.«

»Welches Bild?«, fragten Marlene und Johannes wie aus einem Mund.

»Moment!«, erbat sich Branner und drehte den Laptop zu sich.

»Eifersuchtsmord unter den Models?«, stellte Johannes in den Raum.

Marlenes Blick zeigte, dass sie an dem Motiv zweifelte, doch sie könnte ja auch irren.

»Hab's!« Branner drehte ihnen den Laptop zu, und mit einem Blick war diese Spur wieder kalt. Das Foto wurde in den Schlossbergbühne-Kasematten aufgenommen. Das riesige historische Kellergewölbe, das heute als stimmungsvoller Veranstaltungsort genutzt wurde, war ursprünglich ein Vorratskeller, der zudem auch als Gefängnis genutzt worden war. Die Geschichte, die den Grazern am besten gefiel, denn der Mensch ist ja im Allgemeinen dem Grauen recht zugetan. Vor Jahrhunderten eingelagertes Gemüse war so fad, wie altes Gemüse schmecken konnte. Doch Kerker und Gräueltaten boten mehr Vitamine für Spekulationen, Sagen und Märchen. Gustav Zierach bediente sich dessen, indem er Doris Kochram mit Seilen umwickelt in einem der zahlreichen mit Klinkerziegln gemauerten Gewölbebögen gestellt und auf den Auslöser gedrückt hatte.

»Hat was von Sadomaso!«, murmelte Branner.

Marlene fesselte dieses Bild ebenso wie die anderen. »Ich sehe da eher eine Märtyrerin. Sie wirkt doch stolz.«

Johannes brachte die Fakten auf den Punkt: »Auf jeden Fall schauen die Seile genauso aus wie die, mit denen Alexandra Walfrads Leiche angebunden wurde. Und der Mörder hat sicher Handschuhe getragen.«

»Wahrscheinlich. Trotzdem werden wir Zierach mal fragen, wo er denn die Seile nach dem Fotografieren gelassen hat. Lass uns jetzt fahren.« Marlene nickte Branner zum Abschied zu und eilte zur Tür.

13

Familie Herand lebte in einer großzügigen Wohnung in einer Neubausiedlung im Osten der Stadt. Manfred Herand öffnete ziemlich besorgt die Tür und fragte sofort, ob sie seine Frau schon gefunden hätten.

Nachdem sich Marlene nochmals die Geschichte von Christine Herands Verschwinden erzählen lassen hatte, fragte sie nach. »Wo war das Handy Ihrer Frau?«

Herr Herand schaute fragend drein. »Das lag in ihrer Nachtischlade.«

»Und es war ausgeschaltet?«

»Ja.«

»Hat Ihre Frau das öfter gemacht?«

»Was?«

»Das Handy zu Hause gelassen. Die meisten Menschen haben ihr Handy immer und überall dabei.«

»Weiß nicht so genau. Eigentlich hat sie es immer dabei.«

»Also ist es eher ungewöhnlich, dass sie ihr Handy nicht mithatte, als sie aus der Wohnung ging?«

»Schon.«

»Herr Herand, wieso haben Sie Ihre Frau nicht zu der Vernissage begleitet?« Marlene manövrierte plötzlich in eine andere Richtung.

Herand wurde etwas verlegen. »Sturmkarten ...« Sicher war ihm bewusst, dass eine Frau nicht verstehen würde, dass er ein Spiel des größten steirischen Fußballclubs der einzigartigen Vernissage vorzog, bei der seine Frau eine große Rolle spielte.

»Sind Sie Dauerkartenbesitzer?«, bohrte Marlene weiter.

»Ja! Aber das war ein Cupspiel. Da gilt sie nicht. Ich habe ein Ticket von meinem Kollegen bekommen. Der war krank.«

»Gegen wen haben sie gespielt?«

Herand begann zu strahlen. »Sie haben Mattersburg aus dem Cup geschossen. Drei null!«

»Das freut das Sturmherz. Ihre Frau wird davon weniger begeistert gewesen sein, nehme ich an. Teil einer solchen Ausstellung zu sein, ist schon etwas Besonderes. Hätte sie nicht lieber Sie dabeigehabt als ihre Schwester?« Marlenes Stimme klang kalt.

Herand druckste herum. »Ja, schon. Aber sie weiß auch, wie wichtig das Spiel ist.«

»Jaja, die sturmschwarze Seele lebt für jedes Spiel. Da ist so eine Vernissage schon mal Nebensache, oder?«

Herand fühlte sich in seiner Fan-Ehre gekränkt. »Ich wollte ja nach dem Spiel nachkommen.«

»Aber? Der Sieg musste gefeiert werden?«, provozierte Marlene.

»Ja. Wir haben gefeiert!«, platzte Herand heraus. »Was soll ich auch dort bei den Schickimickis? Da passe ich nicht hin. Soll sie machen, was sie will. Die blöde Fotografiererei!«

»Hat Sie das gestört, was Ihre Frau da gemacht hat?«

»Na, aber das ist halt nichts für mich. Mit den Leuten«, gab er kleinlaut zu.

»Haben Sie schon mit Ihrer Schwägerin gesprochen?«, fragte Marlene nun nach.

»Die hebt nicht ab«, erklärte er, als wäre das normal.

»Könnte Ihre Frau bei ihrer Schwester sein?«

»Nein, da war ich, bevor ich mich bei Ihnen gemeldet habe. Sie war nicht da.«

Marlene ließ sich von Manfred Herand die Adresse und Telefonnummer von Christines Schwester geben und nickte Johannes zu, der sich verabschiedete und draußen die Kollegen informierte, auch nach der Schwester zu suchen.

Marlene schaute Herrn Herand durchdringend an: »Wir finden Ihre Frau.«

Johannes legte bereits wieder auf. »Sie machen eine Handyortung. Denkst du das Gleiche wie ich?«

»Dass das nicht nach Entführung durch einen Serienkiller klingt?«, zweifelte auch Marlene.

»Ja!«

»Trotzdem gibt es erst Entwarnung, wenn wir Christine Herand gefunden haben.« Marlene machte sich auf zum Auto.

»Wie würde es dir gehen, wenn du so einen besonderen Auftritt hast und dein Partner bevorzugt ein Fußballspiel?«, fragte Johannes.

Marlene hatte plötzlich Bilder im Kopf, wie sie durch die Tür ihrer Wohnung in Wien schritt, und der Gang war von Kerzenlicht erhellt. Auf einem großen Schild stand in roten Lettern: *Schuldig im Sinne der Anklage, Frau Chefinspektor. Herzliche Gratulation zur Beförderung! Ich warte im Schlafzimmer auf dich.* Er hatte sie nie abschätzig behandelt. Er wäre mit zwei gebrochenen Beinen zu jeder noch so kleinen Veranstaltung gekommen, bei der sie eine Rolle spielte. Marlene war froh, dass Johannes hinter ihr ging und ihr Gesicht nicht sehen konnte. »Kann mir nicht passieren. Ich hätte niemals so einen Partner.«

Johannes wollte nachfragen, doch ihr Tonfall hielt ihn davon ab. Marlene war froh über einen Anruf, in dem ihr mitgeteilt wurde, dass Konrad Kahlenberger im Präsidium eingetroffen war. »Wir sind unterwegs.«

Kurz bevor sie dort eintrafen, bekam Marlene abermals einen Anruf. »Hier spricht Inspektor Stockinger, Frau Chefinspektor Kranz.«

Marlene war überrascht. »Stockinger, was gibt es?«

Sie hörte die Aufregung in Stockingers Stimme. »Ich observiere in Ihrem Auftrag die Wohnung von Ferdinand Zierach. Es ist alles unauffällig, doch habe ich mich mit Nachbarn unterhalten, und eine Frau hat mir erzählt, dass sich Zierach im Keller des Hauses eine Art Werkstatt eingerichtet hat und da viel Zeit verbringt. Soll ich mal nachschauen?«

Marlene schaute Johannes kurz an: »Warten Sie auf uns. Wir sind in zehn Minuten da.«

14

Stockinger wartete aufgeregt und in Zivil vor dem mehrstöckigen Haus. Marlene wunderte sich über seine Aufmachung, prangte doch ein riesiger, mit Strassssteinchen besetzter Totenkopf auf seinem Oberteil, das er zu Jeans trug, die der Mode entsprechend zerrissen waren, als hätte er mehrere Kampfhandlungen damit gehabt.

Stockinger bemerkte Marlenes Musterung und bemühte sich sofort um Klärung. »Das Gewand habe ich von meinem jüngeren Bruder. Ich wollte unauffällig sein.«

»Was tragen Sie sonst, wenn Sie das hier für unauffällig halten?«, schmunzelte Marlene.

Stockinger schaute verwirrt an sich herunter. »Äh, Hose und Hemd. Ist sicher zu förmlich, oder?«

Johannes sprang für den Kollegen ein. »Stimmt, da hätte sich jeder gefragt, was der hier verkaufen will. Ein gestylter Prolet fällt in der Gegend weniger auf.«

Stockinger warf ihm einen dankbaren Blick zu. »Das mit dem Proleten sage ich meinem Bruder lieber nicht.«

In diesem Moment wurde ein Fenster im Erdgeschoss geöffnet, und eine schneidende Männerstimme fragte: »Guaten Tog, die Herrschoften. Kaunn i Ihanen behülflich sein?«

Marlene, Johannes und der Stockinger drehten sich zu dem Mann um. »Wie suchen den Herrn Ferdinand Zierach, der soll hier wohnen.«

»Wer wüll des wiss'n?«

Marlene blieb höflich, zog ihren Dienstausweis aus der Tasche und hielt ihn hoch. »Die Polizei! Und Sie sind?«

Der Mann zuckte kurz, fing sich jedoch rasch wieder. »Da Krenner Kurtl. I wohn do. Mei Frau hot schun dazöuhlt, dass sie do ana noch'n Zierach Ferdl g'frogt hot. Drum pass i do jetzt guat auf.«

Herrlich, dachte sich Marlene. Es gibt sie noch, die selbsternannten Haus- und Wachtmeister. Doch darf man die nie unterschätzen. Diese Leute bekommen oft viel mit, und Marlene wurden in ihrer Karriere schon viele hilfreiche Hinweise von Personen gegeben, deren Lebenssinn darin bestand, ihre Mitmenschen zu beobachten.

»Na, da hat es Ihre Nachbarschaft ja gut erwischt mit Ihnen, Herr Krenner. Was können Sie mir über den Herrn Zierach berichten?« Marlene versuchte, ihn auf ihre Seite zu ziehen, wissend, dass Unhöflichkeit mit mangelnder Kooperationsbereitschaft quittiert werden konnte.

»Was wollns denn vom ihm wissen? Is a ruhiger Typ. Follt net weiter auf. Hot ka Famülie und huckt ouft in seim Köller.« Der Krenner Kurtl fühlte sich geehrt, dass jemand sein Wissen zu schätzen wusste, doch blieb er vorsichtig.

»Welcher Keller denn?«

»Jo, des hot mei Frau eh schun dem Buam dazöullt.« Mit dem Kinn deutete er zu Stockinger.

»Können Sie uns diesen Keller zeigen?«, fragte Marlene, und als sie bemerkte, dass der Krenner Kurt unsicher war, fügte sie hinzu. »Es wäre wirklich wichtig. Für uns und für den Herrn Zierach.«

»Hot er wos augstöllt?« Krenners Neugier wuchs ins Unermessliche und würde über seine Bedenken siegen, da war Marlene sicher und musste nun mitspielen.

»Nein, wir glauben nicht. Wir haben eher Sorge, dass mit ihm was angestellt wurde, und müssen ihn jetzt unbedingt finden.« Sie setzte eine ernsthafte Miene auf.

»Asou. Jo, aba in seim Köller is er net. Der is am Soumstog zu Mittog weg g'foahn und seitdem niama do gweis'n.«

Marlene und Johannes sahen sich an.

»Und wohin könnte er gefahren sein?« Johannes stellte diese Frage.

»Des was i net. Vielleicht auf sei Hitt'n! Do is er öfters amol fia a poa Tog.«

»Wo ist diese Hütte?«

»Sou genau was i des net. Irgendwou auf das Hintaseitn vom Schöckl. Durt wou ma fost ka Sunn hot.«

Johannes rief einen Kollegen an, der im Grundbuch nachsehen sollte, ob es eine Berghütte gab, die in Besitz von Ferdinand Zierach war.

Marlene wollte sich trotzdem nicht mit dieser Auskunft zufriedengeben. Sie wollte mehr wissen über den ominösen Zwillingsbruder. »Danke, das war sehr hilfreich. Trotzdem wäre es sehr wichtig, dass wir in die Wohnung und den Keller des Herrn Zierach schauen könnten. Sie als Hausmeister haben doch sicher sämtliche Schlüssel, oder?«

Johannes kannte den schmeichelnden Tonfall in ihrer Stimme noch nicht und blickte überrascht auf. Chefinspektorin Kranz hatte ganz schön was auf dem Kasten und verstand es, zu den Leuten eine Beziehung aufzubauen. Eine wichtige psychologische Gabe in der Ermittlungstätigkeit, die man nur bis zu einem gewissen Grad erlernen konnte.

Kurt Krenner schaute etwas verlegen drein. »Na jo, i bin net da Hausmaster do. I hob kanne Schlissl'n, aba i was, wo das Zierach sein Köllerschlissl vasteckt. Des kaun i ihana schun zag'n.«

»Das wäre eine große Hilfe, Herr Krenner!« Marlene schenkte ihm ein Lächeln.

»Kummans!« Herr Krenner verschwand von seinem Fenster, und Sekunden später summte der automatische Türöffner.

Stockinger war als Erstes dort und hielt ergeben die Tür für die höherrangigen Kollegen auf. »Soll ich hierbleiben oder darf ich mitkommen?«, fragte er.

»Kommen Sie nur mit, Stockinger. Sechs Augen sehen mehr als vier.«

Im Gänsemarsch stiegen sie die Treppe hinunter, vorbei an Kellerabteilen bis zur letzten Feuerschutztür.

»Des is eigentlich da Öultankraum g'wesen, aber seit ma an die Fernwärme aungschlossn san, is der Plotz frei. Da Zierach hot daun olle gfrogt, ob er do drin orbeitn kaun. Hot si kana beschwert, und wir hobn a olle wos Scheines kriagt. Der kaun schun wos, der Zierach.« Während seiner Erklärung tastete er mit der Hand auf einem an der Decke freiliegenden Rohr herum, bis er den Schlüssel fand, nach dem er gesucht hatte. Er sperrte die Tür auf, öffnete sie, schaltete das Licht ein und schaute die Herrschaften von der Polizei an, als würde er jetzt ein Lob erwarten. Ein »Danke« von Marlene musste genügen, schon waren die Beamten in dem Raum verschwunden.

Kellerräume hatte aufgrund ihrer geringen Raumhöhe und dem fehlenden Tageslicht stets etwas Unbehagliches an sich. Ferdinand Zierach hatte ganz schönen Aufwand betrieben, um sich diesen Raum herzurichten. Nur noch die Anschlussleitungen in der Wand zeugten davon, dass hier mal ein riesiger Heizöltank gestanden hatte. Diesen zu demontieren, war sicher kein leichtes Unterfangen gewesen. Marlene bezweifelte auch, dass dies überhaupt erlaubt war, und fragte nicht nach einer Genehmigung, denn das ging sie nichts an. Zierach hatte für gutes Licht gesorgt, und als Marlene und ihre Kollegen sahen, woran hier gearbeitet wurde, blieben ihnen die Münder offen stehen. Anscheinend war nicht nur Gustav Zierach ein Künstler, sondern auch sein Bruder. Doch dieser bannte seine Kunst nicht auf Fotopapier und Leinwand, sondern in Holz. Fein säuberlichste Intarsienarbeiten zeigten sich ihnen. Auf geölten Holzplatten waren in unterschiedlichen Holzsorten graphische Muster, Landschaften und gar Porträts im Andy-Warhol-Stil zu sehen.

»Cooooooool!«, kam es leise aus Stockingers Mund. Johannes und Marlene nickten in ihrem Staunen. Sie sahen sich genau um.

»Also ein Killerkeller ist das nicht«, entfuhr es Johannes.

Marlene zischte beschwichtigend und war erleichtert, als sie merkte, dass der Krenner nichts gehört hatte. »Nein, definitiv nicht, aber wer weiß, was der in seiner Hütte so treibt.«

Johannes schaute auf sein Handy, da er den Rückruf des Kollegen erwartete. »Verdammt, kein Empfang. Ich muss nach oben.«

Noch während sie die Treppe hinaufstiegen, ertönte aus Stockingers Hosentasche die Titelmelodie von *Magnum*, einer beliebten TV-Serie aus den Achtzigern. Marlene zog die Augenbrauen hoch und schaute Stockinger an. »Sind Sie dafür nicht zu jung?«

Stockinger errötete und drückte den Anrufer weg. »Nicht, wenn man nach der Hauptfigur benannt wurde«, gestand er.

»Dann heißen Sie Tom? Tom Stockinger?«, fragte Marlene leicht belustigt.

Stockinger lächelte: »Das denken alle, aber meine Mutter war ein Fan von Higgins. Dem Butler.«

»Der hieß doch … Warten Sie, wie hieß der noch mal?« Marlene dachte angestrengt nach, doch es wollte ihr nicht einfallen.

»Jonathan!« Stockinger beobachtet Marlenes Gesicht, das sich erhellte.

»Spannend, wie Kinder so zu ihren Namen kommen.«

»Meine Freunde nennen mich John oder Johnny.«

»Und wie soll ich Sie nennen?«

»Wie alle Kollegen. Mit dem Nachnamen«, erbat sich Stockinger.

Johannes grinste: »Also Higgins!«

Das Lachen aller drei wurde durch Marlenes Handyläuten unterbrochen. Kaum dass sie abgehoben hatte, läutete auch Johannes' Handy, und so stand Stockinger zwischen den beiden Telefonierenden und versuchte sowohl dem einem wie auch dem anderen zu lauschen.

»Es gibt eine Hütte im Besitz von Ferdinand Zierach. Sie ist am Jägerwirtweg. Da fährt man am besten über Semriach rauf.« Johannes gab zuerst seine Informationen weiter.

Marlene wurde blass. »Jägerwirtweg sagst du? Die haben mich gerade informiert, dass sie dort in der Nähe das Handy von Christine Herands Schwester geortet haben. Los!« Im Laufschritt tippte sie in ihr Handy.

»Darf ich mitkommen?«, fragte Stockinger aufgeregt.

»Sie müssen!«, rief Marlene über die Schulter und sprach dann hektisch ins Telefon. »Sind Ihre Leute schon unterwegs? … Wir haben keine Ahnung, mit wem wir es hier zu tun haben, also volle Verstärkung … Keine Ahnung, ob er bewaffnet ist … Es deutet nichts darauf hin, doch wir waren bloß in seiner Kellerwerkstatt … Cobra-Einheit … möglicherweise überzogen … Das liegt in Ihrem Ermessen. Auf jeden Fall warten Sie mit dem Zugriff auf uns. Geben Sie mir einen Treffpunkt durch. Okay.«

Das Blaulicht erleichterte das Vorankommen in der Stadt. Alle drei saßen angespannt da.

»Die schicken die Cobra?«, fragte Johannes trotz voller Konzentration auf den Verkehr.

Marlene zuckte mit den Schultern. »Sicher ist sicher. Wir wissen zu wenig, und doch hängt alles irgendwie zusammen. Der Mord, der Zwillingsbruder, das Verschwinden zweier Frauen, und dann orten sie das Handy von der einen ausgerechnet in der Nähe der Hütte von Zierach. Das lässt sich die Cobra nicht entgehen. Mir ist auch wohler dabei.«

Wie beschreiben Sie Ihren Zustand während Ermittlungsarbeiten?

Voll konzentriert und fokussiert.

Gut, doch es gibt ja verschiedene Arten von »konzentriert sein«. Die einen, die nur noch in ihrem Fokus sind, und die anderen, die durchaus andere Wahrnehmungen zulassen und sich dessen bewusst werden.

Ich denke, ich gehöre zu den Ersteren. Ich weiß auch nicht, warum. Das ist auch nur, wenn ich in Ermittlungen stecke, sonst gar nicht. Da gehöre ich voll und ganz dem Fall, bis er gelöst ist. Das sind ja auch meistens nur ein paar Tage.

Hat sich da was verändert, seit Sie in Graz sind?

Schwer zu sagen. Ich hatte noch keinen relevanten Fall zu klären.

Hätten Sie gerne einen?

Klar, das ist ja meine Arbeit, mein tägliches Brot.

Das heißt, Sie wünschen sich, dass ein Mord begangen wird?

Nein, natürlich wünsche ich niemandem, ermordet zu werden.

Aber ohne Mord keine Ermittlungen.

Nein, aber ein Unfallchirurg, der gerne operiert, wünscht ja auch niemandem schwere Verletzungen. Und doch will er operieren.

Nur seine Intention ist es, Leben zu retten.

Ich rette auch Leben. Das Leben der Hinterbliebenen von Mordopfern ist die Hölle, und die Überführung des Täters ist die wichtigste Voraussetzung, sich mit dem Schicksal irgendwie und irgendwann arrangieren zu können.

Das heißt, auch Sie retten Leben?

Ja, irgendwie schon.

Weil Sie Ihres nicht retten konnten?

Und schon drehen wir den Scheinwerfer wieder auf die Wunde, und Sie wollen den Schorf runterkratzen.

Um zu sehen, ob die Haut darunter schon heilt.

Dazu muss man den Schorf lassen und warten, bis er von selbst abfällt. Das tut er in der Regel, wenn sich die Haut darunter nachgebildet hat.

Gut, dann beschreiben Sie mir Ihren Hautzustand unter dem Schorf. Konnten Sie Ihr eigenes Leben schon retten?

Nicht im Zusammenhang mit meiner Arbeit, denn in diesem Fall gab es nichts zu ermitteln. Wenn der Mörder gleichzeitig das Opfer ist, kann man den Fall schließen. Fertig.

Und dann davonlaufen.

Es war meine einzige Chance, sonst hätte sich die Wunde infiziert. Ich muss sie heilen lassen, damit ich wieder leben kann und damit er zu mir zurückkommen kann.

Das ist die wichtigste Intension für Sie, oder?

Ja, das ist das Wichtigste. Wenn Sie mir dabei helfen können, dann können Sie Kreuzofner sagen, dass ich geheilt bin und meinen Dienst ohne Bedenken und ohne Gefahr für andere leisten kann.

Ich will Ihnen helfen. Darauf liegt der Fokus meiner Arbeit. Das ist meine Art, Leben zu retten.

15

Sie rasten eine unebene Bergstraße hinauf, und Johannes bremste stark, als plötzlich nach einer uneinsichtigen Kurve die Fahrzeuge des Einsatzkommandos der Cobra auftauchten. Sechs schwer bewaffnete Beamte standen neben dem gepanzerten Mannschaftstransportwagen und überprüften ihre StG77er-Maschinengewehre. Ein Anblick, den der Durchschnittsbürger nur aus Filmen kannte und der hier in der friedlichen Natur durchaus grotesk wirkte.

Der Einsatzleiter durchschritt eiligst die Distanz zu den Ankömmlingen und meldete gehorsam: »Wir wurden angefordert und sollen uns bei Ihnen melden, Chefinspektor Kranz.« Blöd nur, dass er sich an Johannes wandte.

Marlene trat einen Schritt vor, und als wäre nichts passiert, meinte sie: »Sie wollten mit mir sprechen. Chefinspektor Kranz.« Den peinlich berührten Gesichtsausdruck konnte unter der Vermummung durch den Schutzhelm keiner sehen, und Marlene fuhr gleich fort. »Ein in einem Mordfall verdächtiger Mann befindet sich in der Hütte, die sein Eigentum ist. Es ist möglich, dass er zwei Frauen als Geiseln hält, wobei dies ein reiner Verdacht ist und sich kaum auf Indizien stützt. Aufgrund der ungeklärten und unsicheren Umstände wurden Sie angefordert. Die Hütte sichern und jegliche Personen unbeschadet aus der Hütte bringen, lautet der Befehl.«

Der Kommandant nickt und reichte Marlene ein Funkgerät. »Hier, zum Mithören. Und wenn Sie uns etwas sagen möchten, drücken Sie …«

»Ich weiß, wie ein Funkgerät funktioniert. Das hier ist nicht mein erster Einsatz dieser Art.« Marlene konnte grundsätzlich gut damit umgehen, dass sie als Frau in dieser Position zuerst nicht wahrgenommen oder gar belächelt wurde, doch wenn einer schon mal in die Scheiße gegriffen hat, soll er es doch tunlichst vermeiden, gleich nochmals einzutauchen. Sie konnte ihren aufsteigenden Ärger kaum unterdrücken. »Los jetzt!«, befahl sie und drehte das Funkgerät auf volle Lautstärke, damit Johannes und Stockinger mithören konnten.

Die Cobra-Leute schlichen lautlos in den Wald. Die Hütte befand sich gut zweihundert Meter von ihnen entfernt und war nicht zu sehen. Marlene, Johannes und Stockinger schauten ihnen angespannt nach.

Stockinger atmete tief ein und hörbar wieder aus. Auf die Blicke von Marlene und Johannes kommentierte er nur erregt: »Das ist ja so aufregend. Das ist es, was ich auch mal machen möchte.« Er strahlte sie dankbar an.

Marlene lächelte, da sie durchaus Verständnis dafür hatte. »Überlegen Sie sich das gut, Kollege Stockinger. Der Job hat auch Schattenseiten.« Dann blickte sie wieder in den Wald, wo die Cobras aus ihrem Blickfeld verschwunden waren, als hätten sie sich in Luft aufgelöst. Es war so still, dass nur die Anwesenheit des Transporters daran erinnerte, was gerade vor sich ging.

Plötzlich ein knarrendes, knisterndes Geräusch aus dem Funkgerät. »Hütte in Sichtweite. Wir haben uns rundum verteilt. Aufklärung startet jetzt. Alle Mann geben Rückendeckung aus dem Hinterhalt.«

Die drei Zuhörer am Funkgerät hielten die Luft an.

Wieder die knarrende Stimme. »Späher sieht im Untergeschoss einen Mann kochend am Herd. Keine weiteren Personen zu sehen. Es führt eine Treppe ins Obergeschoss.

Kein Sichtkontakt dorthin. Überraschungsangriff mit geringem Risiko möglich. Zugriff jetzt!«

Dann waren nur noch Geräusche und ein Aufschrei zu hören, aus denen Marlene und Johannes schließen konnten, wie es ablief. Die Beamten der Cobra drangen von zwei Seiten zugleich ein. Ob durch Türen oder Fenster, war dieser Einheit egal. Wichtig war das Überraschungsmoment und die Absicherung, dass der Verdächtige nicht flüchten oder zu einer Waffe greifen konnte. Sobald dieser festgehalten wurde, stürmten weitere Cobras ins Obergeschoss und durchsuchten die Räume. Das alles passierte in Sekunden.

Durchs Funkgerät hörten sie krachendes Holz, einen erstickten Schrei, Kommandos und zuletzt noch weibliche Aufschreie. Marlene und Johannes schauten sich vielsagend an und setzten sich augenblicklich in Bewegung. Stockinger folgte und blieb brav hinter ihnen, obwohl er sie locker überholen hätte können, da er regelmäßige Waldläufe machte und mit den unebenen Bedingungen sehr gut zurechtkam. Obwohl die Distanz kurz war und alle drei körperlich fit waren, kamen sie völlig außer Atmen an, als die Beamten gerade einen Mann und zwei Frauen aus der Hütte brachten. Dem Mann waren die Hände mit Handschellen am Rücken fixiert, den Frauen wurde ein Platz auf der Holzgarnitur vor der Hütte angeboten, doch sie blieben beide stehen und starrten die Beamten völlig geschockt an.

Marlene zog ihren Dienstausweis aus der Tasche und hielt ihn dem Mann vors Gesicht. »Ferdinand Zierach, nehme ich an?«

Der Mann schaute sie verwirrt an. »Sagen Sie mal, was soll denn das?«

»Herr Zierach, Sie sind ein Verdächtiger in einem Mordfall und in dieser Entführung.« Dabei deutete Marlene mit dem Kinn auf die beiden Frauen, die sich mittlerweile verschreckt auf die Bank gesetzt hatten und mit großen Augen versuchten, das Geschehen einzuordnen.

Johannes begab sich zu ihnen und sprach die eine an. »Christine Herand, nehme ich an? Und Sie sind dann wahrscheinlich Frau Herands Schwester Johanna Schmarhofer, oder? Keine Angst, es ist vorbei. Sie sind in Sicherheit.«

Die beiden Schwestern nickten, schauten sich gegenseitig fragend an, um dann Johannes anzusehen, als hätte er nicht alle Tassen im Schrank.

»Ist das hier die versteckte Kamera, oder was? Sie haben uns zu Tode erschreckt. Das ist doch nicht witzig!«, brachte Johanna Schmarhofer als Erste heraus.

Johannes schaute kurz zu Marlene. »Dann hat dieser Mann Sie nicht entführt?«

»Entführt?«, brach es aus Ferdinand Zierach heraus, und er begann lauthals zu lachen.

Da lächelten auch die beiden Frauen und schüttelten ihre Köpfe.

»Chefinspektor Kranz. Ich darf vermelden, dass wir die beiden Frauen lesend bzw. schlafend in einem unversperrten Raum im Obergeschoss gefunden haben. Es deutete nichts auf ein unfreiwilliges Festhalten durch den Hüttenbesitzer hin«, schaltete sich der Cobra-Kommandant ein.

»Danke. Sie dürfen sich zurückziehen«, presste Marlene durch ihre Lippen.

»Rückzug. Einsatz beendet«, grölte der Einsatzleiter, als würden sich noch Männer kilometerweit entfernt verstecken, und marschierte los.

Marlene hielt sich kurz ihr Ohr zu und verdrehte die Augen. Sie nahm Ferdinand Zierach die Handschellen ab.

»So, ich denke mal, Sie sind uns eine Erklärung schuldig«, fauchte Zierach, und die Schwestern nickten.

Marlene war genervt. »Zuerst sind Sie uns eine Erklärung schuldig. Warum in Gottes Namen sind Sie auf dieser Hütte? Graz steht Kopf, in den Medien kursieren Mördergeschichten und noch mehr Theorien dazu. Sie sind der Zwillingsbruder des Fotografen, und Sie sind eines der Models der Ausstellung – quasi eine Kollegin des Mordopfers –, und da fragen Sie mich, warum wir hier anrücken?« Marlene war kurz davor, die Nerven zu verlieren.

In allen Gesichtern breitete sich Unbehagen aus.

»Welches Mordopfer?«, fragte Christine leise und mit Entsetzen im Gesicht.

Marlene nahm ihr die Unwissenheit ab. Nichts rührte sich in ihrem Bauch. Kein ungutes Gefühl. Kein »Nimm dich in Acht« kam aus ihrer Körpermitte. Marlene seufzte.

Johannes bot an, gemeinsam ins Kommissariat zu fahren, um in Ruhe darüber zu sprechen.

Marlene lehnte ab, bat ihn jedoch darum, die Kollegen zu informieren und von ihren Posten abzuziehen, da die verschwundene Christine Herand wohlbehalten aufgefunden wurde. »Und sie sollen die Pressemeldungen kontrollieren und notfalls ein Dementi rausgeben, sollte es schon durchgesickert sein und die Stadtbevölkerung bereits in jedem Nachbarn einen Serienmörder sehen.« Marlene seufzte, weil die Anspannung des Cobra-Einsatzes von ihr abfiel und sich nun Erschöpfung und Enttäuschung breitmachten. In diesem Fall lag es an ihr, zuerst Auskunft zu geben über die Ereignisse, von denen diese drei Personen scheinbar keine Ahnung hatten. Sie setzten sich alle bis auf Johannes, der etwas abseits telefonierte, zu den beiden Damen. Ein zufällig vorbeikommender Wanderer, dessen Ziel wahrscheinlich das Gipfelplateau des Grazer Hausbergs war, grüßte freundlich im Vorbeigehen und ohne Ahnung, dass er gerade Zeuge einer höchst ungewöhnlichen Zusammenkunft wurde. Marlene erläuterte die Sachlage, erklärte, wie es zu diesem spektakulären Einsatz gekommen war.

Es war Johanna Schmarhofer, die zuerst das Wort ergriff. »Ohne diesen tragischen Hintergrund wären diese Zufälle eigentlich lachhaft, doch so gleichen sie eher einer Schicksalssatire.«

Marlene, Johannes und Stockinger lauschten dann der Geschichte der drei. Die begann damit, dass die ungebundene Johanna ihre gekränkte Schwester auf die Vernissage begleitete, weil deren »unsensibler Arsch von einem Ehemann« nicht ein einziges Mal von seinem Fußball absehen konnte. Dort lernte sie Ferdinand Zierach kennen, und sie fanden sich sofort ausgesprochen sympathisch. Es wurde sogar über Liebe auf den ersten Blick gesprochen, aber auf Seelenebene, denn immerhin hatte er ja eine komische Perücke auf, worauf ihn Johanna auch angesprochen hatte. Er erklärte es mit Halbwahrheiten und machte sich damit noch interessanter. Sie verabredeten sich für den Samstagmorgen zu einer gemeinsamen Wanderung auf den Schöckl. Er versprach ihr auch, ihr seine Hütte zu zeigen. Für die gestandene Frau mit über einem halben Jahrhundert an Jahren auf dem Buckel ein spätpubertäres Abenteuer und die Hoffnung, nicht allein in Pension gehen zu müssen. Ihre Schwester jedoch war durch den durchschlagenden Erfolg, den die Ausstellung hatte, noch böser auf ihren Ehemann und wollte ihm einen Denkzettel verpassen. Es traf sich gut, dass das gemeinsame Kind zu einem einwöchigen Schulausflug aufgebrochen war. Sie wollte ihrem Mann klarmachen, was er an ihr hatte und dass sie sich mehr Aufmerksamkeit wünschte. Als Christine Herand am Samstagmorgen ihrer Schwester von ihren Racheplänen erzählte, lud diese sie sofort ein, sie zu dem ominösen Treffen mit diesem aufregenden Kerl zu begleiten. Immerhin würde ihr Mann als Erstes seine Schwägerin fragen, wo seine Frau sei. Sie schmiedeten einen Plan. Christine ließ bewusst ihr Handy daheim, um nicht erreichbar zu sein. Johanna war es wohler zumute, dass ihre Schwester in der Nähe sein würde, und sie rief Ferdinand Zierach an. Aus einem wunderschönen Samstagnachmittag wurde ein wunderschöner Abend, eine Nacht, und am Sonntag verlängerten sie spontan bis Dienstag. Christine hatte sowieso für mehrere Tage gepackt, und Johanna hatte die gleiche Größe wie ihre Schwester. Zierach war in seiner Hütte stets für mehrtägige Aufenthalte gerüstet. Zierach und Johanna machten Spaziergänge, und Christine las sich durch das Bücherregal in der Hütte, während sie sich fragte, wie es ihrem Mann gerade erging. Manchmal zweifelte sie an ihrem Plan, dann wieder genoss sie ihre Vorstellung davon, wie er reumütig ob seiner mangelnden Wertschätzung gegenüber seiner Frau den lieben Gott anflehte, sie möge gesund zu ihm zurückkehren. Manchmal übertrieb es ihre Phantasie, und er kniete in Gedanken vor ihr und schwor ihr, dass sie die liebste, beste und schönste aller Ehefrauen wäre und dass er sie nicht verdient hätte. Ein Wechselbad aus Genugtuung und Zweifel. Die Hoffnung, noch einmal Schwung in diese Ehe zu bringen, der seit Jahren der Gewohnheit und Selbstverständlichkeit Platz gemacht hatte. Das Schicksal von so vielen Ehen und Beziehungen.

Wäre die Situation nicht so bitter, hätten alle Beteiligten darüber lachen können, doch so war es für die Ermittler ein Rückschlag.

Marlene wusste, dass Zierach nicht der Mörder von Alexandra Walfrad war, und doch musste sie ihn fürs Protokoll fragen. »Herr Zierach, wann sind Sie von der Vernissage weggegangen und wohin?«

Ferdinand Zierach lächelte und schaute etwas verlegen zu

Johanna. Diese wiederum wurde rot und grinste etwas beschämt ihre Schwester an.

Christine Herand verstand: »Was? Du bist doch nicht gleich die erste Nacht mit ihm mitgegangen, oder?« Empörung paarte sich mit Bewunderung, und auch ein wenig Neid war herauszuhören.

Johanna nickte und lächelte Zierach an. »Was habe ich in meinem Alter schon zu verlieren?«

Stockinger hatte schon seit Langem den Mund offen stehen und schaute nur von einer Person zur nächsten. Der ganz normale, durchaus menschliche Wahnsinn spielte sich gerade vor seinen Augen ab, vor einer Berghütte mitten im Wald. Geschichten, die man sonst nur im Film sah und über die man den Kopf angesichts der Phantasie des Drehbuchschreibers schüttelte.

»Also hat er ein Alibi?«, hauchte er fragend.

»Kann das jemand bestätigen?«, fragte Johannes.

Zierach lachte. »Ganz sicher bin ich mir nicht, aber an der Frau Krenner kommt man selten vorbei, ohne dass sie was merkt. Die schläft sehr schlecht, weil sie Sorge hat, etwas im Haus zu verpassen. Die wäre ein guter Spion für Sie. Fragen Sie sie mal.«

Johannes stand sofort auf, um zu telefonieren. Die Schwestern tuschelten und kicherten wie Teenagerinnen. Zierach schaute Johanna liebevoll dabei zu, und Marlene fragte sich wie schon öfter in ihrem Leben, wie es möglich war, sich in so kurzer Zeit zu verlieben und Nähe zuzulassen. Ihr ist das nie gelungen. Für Männer war sie stets eine harte Nuss, die geknackt werden musste. Sie wusste nicht, woher das kam, doch für sie fühlte es sich immer richtig an. »Herr Zierach, Sie wurden uns von Ihrem Bruder als introvertierter Einzelgänger beschrieben. Auch der Krenner hat eher von einem Eigenbrötler als einem Frauenhelden gesprochen. Das passt irgendwie schwer zusammen.« Marlene war daran interessiert. Fallrelevant oder nicht. In diesem Moment brach an diesem Tag das erste Mal die Sonne durch die Wolkendecke, und die Umgebung erhellte sich.

Zierach lächelte: »Nur weil ich nicht ganz so exaltiert bin wie mein Bruder, macht er mich zum Introvertierten. Für ihn gibt es nur die Extreme. Wahrscheinlich hat er mich als den talentlosen, unintelligenten Bruder dargestellt, den er gerne hätte. Zudem hat er mich ausgelacht, weil ich es mit meiner Kunst nie zu etwas gebracht habe. Er drückt auf den Auslöser und kassiert. Ich arbeite tagelang an einem meiner Werke. Und meine Nachbarschaft lasse ich nur so viel von mir wissen, wie es mir lieb und recht ist. Außerdem bin ich kein Schürzenjäger und bringe ständig Frauen mit. So was passiert mir altem Trottel ja auch nicht alle Tage.« Er schaute Johanna an, als würde er sich wundern, dass sie wirklich neben ihm saß.

Johannes kehrte zurück und vermeldete offen: »Also diese Frau Krenner weiß wirklich viel. Sie konnte auf die Minute genau sagen, wann er daheim eingetroffen ist.«

»Wann sind Sie nach Hause gekommen?«, fragte Marlene Zierach und Johanna.

Die beiden sahen sich an. »So zwischen ein und zwei Uhr«, meinte Zierach zaghaft, und Johanna nickte zustimmend.

»Es war auf jeden Fall nach ein Uhr fünfzehn, denn da sind wir ins Taxi gestiegen. Da habe ich auf den Taxameter geschaut.«

»Es war laut Frau Krenner ein Uhr vierunddreißig«, beendete Johannes den Punkt.

Zierach lachte. »Ja, auf die Krenner ist Verlass.«

Die Sonne verschwand wieder hinter den Wolken, die schon den ganzen Tag Regen verkündeten und doch keinen hergaben. Marlenes Handy kündigte einen Anruf von Kollegen Branner an. »Ich habe schon von eurem Blindschlag auf dem Schöckl gehört. Da wäre ich gerne dabei gewesen.«

Marlene hörte ein wenig Häme aus seinen Worten heraus. »Wolltest du mir das jetzt nur unter die Nase reiben, oder gibt es auch etwas Wichtiges?«

»Ach ja, der Kahlenberger wartet jetzt schon ziemlich lange auf eure Befragung und wird langsam ungeduldig. Eigentlich ist er stinksauer«, berichtete Fred und stellte damit gleichzeitig die Frage, was er ihm sagen sollte.

»Schick ihn heim. Wir fahren bei ihm vorbei und befragen ihn dort. Sag ihm aber nichts davon, okay?«, orderte Marlene an.

»Okay, alles klar.«

»Und Fred!«, beeilte Marlene sich noch zu sagen, bevor Branner auflegen würde. »Wie läuft es mit dem Abzug unserer Personenschützer? Ist etwas an die Presse durchgesickert?« Sie schickte ein Stoßgebet gen Himmel, dass dem nicht so sei.

»Alles gut. Das ging reibungslos. Alle sind erleichtert und manche gar enttäuscht, dass es vorbei ist. Da sind schon welche dabei, die ihr Abenteuer darin gesehen haben. Auf jeden Fall wird es nicht groß in den Medien erwähnt, und wir haben auch alle Beteiligten eindringlich davor gewarnt, irgendwo irgendwas dazu zu posten. Aus ermittlungstechnischen Gründen.«

»Danke Fred, gut gemacht!«

Sie legte auf und wandte sich noch mal der Runde zu. »Eine Frage habe ich noch.«

Alle warteten gespannt. »Was wollten Sie wirklich in dieser Nacht von Ihrem Bruder?«

Jetzt wurde Zierach richtig verlegen. »Ich war neugierig und wollte ihn sprechen. Ich hatte Sorge, dass er mich, wie schon öfter, wenn er in Graz war, versetzte. Zudem war ich natürlich neugierig auf seine Werke und das Tamtam, das um ihn gemacht wurde.«

»Worüber wollten Sie mit ihm sprechen und wofür die Perücke?«

»Weil ich nicht von allen erkannt werden wollte.«

»Von wem denn? Sie sehen Ihrem Bruder nur bedingt ähnlich.« Marlene runzelte die Stirn.

»So unbekannt bin ich dann doch nicht. In der Grazer Handkunstwerkszene kennt man sich. Klingenbach kennt mich gut, und vor dem Kunstkuratorium der Stadt habe ich schon vorgesprochen. Ich wollte nicht zum Erfolg meines Bruders befragt werden.« Zierach fühlte sich wieder sicher.

Doch Marlene ließ sich nicht ablenken. »Und was wollten Sie von Ihrem Bruder?«, wiederholte sie die eigentliche Frage.

Zierach presste verärgert die Lippen aufeinander und warf Johanna einen entschuldigenden Blick zu. »Geld. Es geht um Geld. Familienerbe und dessen Aufteilung. Hätte schon längst stattfinden sollen, doch mein Bruder hat ja keinen Nerv dafür. Na ja, er hat ja auch genug Geld. Reicht das?« Er war sichtlich in Sorge, dass diese Offenbarung etwas mit Johannas jungen Gefühlen für ihn machte und schaute sie zerknirscht an. »Ich werde es dir erklären.«

Marlene erhob sich von der Bank. »Dafür haben Sie jetzt gleich Zeit. Wir haben hier alles. Herr Zierach, Sie bleiben bitte die nächsten Tage in der Stadt. Dies dient nur der Sicherheit und falls wir noch Fragen an Sie haben. Guten Tag.«

Stockinger stand auf und eilte ihr hinterher. Da drehte sie sich noch einmal um.

»Ach ja, übrigens …« Die drei schauten sie erwartungsvoll an, und in Marlenes Kopfkino verglich sie sich kurz mit Columbo, dem berühmten Fernsehkommissar, der über drei Jahrzehnte Fälle löste und ganze Familien vor dem Fernseher vereinte. Er verließ einen Verdächtigen nie, ohne sich noch einmal umzudrehen und etwas zu fragen. »… rufen Sie bitte Ihren Mann an und beenden Sie dieses Theater.«

»Sie meinen, ich soll ihn verlassen?«, fragte Christine Herand.

»Das habe ich dir schon immer gesagt«, zischte Johanna ihr zu.

Marlene war verdutzt. »Nein, Sie sollen ihm sagen, dass es Ihnen gut geht und Sie nicht entführt wurden. Und dann reden Sie mit ihm oder gehen zu einer Eheberatung. Das sind Sie Ihrem Kind schuldig.«

16

Als wäre das Zuschlagen der Autotür das Kommando, öffneten die Wolken ihre Schleusen. Der Scheibenwischer quietschte rhythmisch zum Tropfengetrommel auf dem Autodach. Kurze Zeit schwiegen alle drei, bis Stockinger es wagte, die Stille nach dem großen verpatzten Akt zu durchbrechen.

»Was mich wundert, ist, dass die drei nichts von dem Mord mitbekommen haben. Lesen die keine News oder so?«

»Ach Stockinger, auch wenn Sie das ungerne hören: Dafür sind Sie zu jung«, seufzte Marlene, und Johannes nickte, als er Stockingers verwunderten Blick im Rückspiegel sah. Marlene drehte sich in ihrem Sitz, um Stockinger anzusehen. »Das ist eine andere Generation. Zierach und die Schmarhofer sind nicht in dem Alter, in dem sie ständig auf ein Smartphone glotzen. Außerdem hat der Liebesgott sie total blind gemacht für ihre Umgebung. Sie sind aufgebrochen, kurz nachdem die Leiche entdeckt wurde. In der Zeitung stand das erst am Sonntag, und Zierach lässt sich sicher keine auf seine Berghütte liefern. Ihnen ist eigentlich kein Vorwurf zu machen. Und die Herand hatte ihr Handy nicht dabei. Ich denke, ihr Mann hat auch nur deswegen so früh Alarm geschlagen, weil er sehr wohl von dem Mord an einer Modelkollegin seiner Frau wusste. Und er hielt es wohl für wahrscheinlicher, dass seine Ehefrau von einem Serientäter entführt wurde, als dass sie ihn verlassen hatte.«

Marlene drehte sich wieder um, als sie sah, dass Stockinger über ihre Worte nachdachte. Doch nicht lange, da fragte er sie: »Haben Sie damit Erfahrung? Ich meine, mit langen Beziehungen? Meine Eltern sind auch geschieden und ganz viele Eltern meiner Freunde. Selbst die Eltern meiner Freundin leben nicht mehr zusammen, verstehen sich jedoch noch gut, und wir fragen uns oft, wie das geschehen kann, und schwören uns, dass uns das nicht passieren wird.«

Johannes biss sich auf die Lippen, als könnte er damit Stockingers verschließen, und beobachtete Marlene aus den Augenwinkeln.

»Stockinger! Sie haben eine Freundin? Gratuliere. Ich weiß nicht, ob ich ein Rezept für die Liebe für Sie habe. Aber ich halte nichts von Versprechungen, die über eine Lebensspanne gehen. Ich denke, man kann nur versprechen, dass man sich bis zuletzt um eine Beziehung bemüht. Man verändert sich mit dem Alter und dem eigenen Lebensweg. Da kommen so viele Sachen dazwischen, die man nicht vorausgesehen oder geplant hat und auf die man dann reagieren muss. Also gerade, wenn man so jung ist wie Sie und Ihre Freundin …«

»Sie ist ein Jahr älter als ich«, erklärte Stockinger, als wäre das ein besonderes Verdienst.

»Und wie alt sind Sie?« Johannes versuchte, das Gespräch in eine andere Richtung zu lenken, obwohl Marlene bis jetzt souverän reagiert hatte.

»Zweiundzwanzig.« Auch das klang, als wäre er stolz darauf, nach seinem einundzwanzigsten Geburtstag den zweiundzwanzigsten erreicht zu haben.

»Wow, da haben Sie aber keine Zeit vergeudet, oder?«, lobte Johannes.

»Nein. Matura an der HIB Liebenau, Bundesheer und beim ersten Anlauf die Aufnahmeprüfung in die Polizeischule geschafft. Und jetzt Pflichtdienst, bis ich eine weitere Ausbildung machen kann«, sprudelte es nur so aus Stockinger raus.

»Und ihn welche Richtung soll es gehen?«, fragte nun Marlene.

Da stockte Stockinger und schaute verwundert drein. »Sonderermittler natürlich. Am liebsten in der Mordkommission.«

»Wenn Sie so weitermachen, kriegen Sie von uns eine Empfehlung.« Marlene nickte Johannes zu.

Stockinger klatschte freudig in die Hände. »Das würden Sie machen? Danke schön!«

Seine kindliche Freude breitete sich im Auto aus und steckte Johannes und Marlene an. Alle drei gaben sich einen Moment der Ausgelassenheit und Distanz zu dem Fall hin. Die naturnahe Umgebung und der alles reinwaschende Regen trugen ihres dazu bei.

Marlenes Handy klingelte. Eine unbekannte Nummer. Stockinger und Johannes verstummten augenblicklich, damit sie ungestört telefonieren konnte.

»Chefinspektor Kranz?« Ihre Stimme klang streng, autoritär und fragend. Als sie eine Antwort bekam, wich ihr das Blut aus dem Gesicht. »Jannik, hallo«, hauchte sie und wedelte hektisch mit der Hand, um Johannes anzuzeigen, dass er stehen bleiben soll. »Bitte, bleib kurz dran.«

Johannes bemerkte den veränderten Tonfall, konnte ihn jedoch nicht zuordnen. Marlene atmete schneller, wirkte unsicher, und ihre Stimme klang flehentlich bittend. Er blieb an einer Bushaltestelle stehen, und Marlene sprang aus dem Auto. Noch bevor sie die Autotür zuknallen konnte, hörten Johannes und Stockinger sie noch sagen: »Schön, von dir zu hören. Hast du eine neue Nummer?«

Stockinger machte Anstalten, etwas sagen zu wollen, doch Johannes hob bestimmt die Hand, und der junge Kollege verkniff sich seine Frage. Johannes beobachtete Marlene genau. Sie stand gebeugt da und presste das Handy fest an ihr Ohr. Dass sie der Regen durchnässte, schien sie in diesem Moment nicht zu stören. Sie wirkte höchst nervös, erfreut und besorgt zugleich. Sie setzte mehrmals an, um etwas zu sagen, presste jedoch ihre Lippen wieder zusammen und lauschte. Sie lächelte, doch es war wehmütig. Man musste nicht viel Menschkenntnis haben, um das zu erkennen. Selbst Stockinger musste bemerken, dass dieser Anruf Marlene zutiefst aufwühlte, dachte sich Johannes. Marlene legte auf und starrte noch eine Weile auf ihr Handy, als hoffte sie, dass der Anrufer sich noch einmal meldete, oder um zu verarbeiten, was sie gehört hatte. Sie schüttelte sich kurz und schaute zum Auto. Ihr Blick verriet, dass sie gerade aus einer anderen Gedankenwelt zurück ins aktuelle Geschehen finden musste. Sie raffte ihre Schultern und kam zurück zum Auto.

»Keine Fragen!«, zischte Johannes noch schnell, bevor Marlene einstieg.

Sie lächelte etwas gekünstelt und entschuldigte sich für die kurze Unterbrechung. Den Rest der Fahrt wurde nichts von Belang gesprochen. Marlene schaute aus dem Fenster, ohne etwas zu sehen.

Sie hören nicht oft von ihm?

Selten.

Melden Sie sich regelmäßig?

Nein.

Warum nicht?

Ich will mich nicht aufdrängen.

Sie empfinden es als aufdringlich, sich bei ihm zu melden?

Ja, er ist gerade in einer schwierigen Phase, und er steht stark unter dem Einfluss seiner Großeltern. Ich kann es ihm auch nicht verdenken.

Was denn?

Dass er mir die Schuld für alles gibt.

Fühlen Sie sich schuldig?

Weiß nicht. Irgendwie schon. Obwohl ich weiß, dass es seine Entscheidung war. Trotzdem frage ich mich immer wieder, warum ich es nicht bemerkt habe.

Haben Sie wirklich nichts bemerkt?

Doch, schon. Natürlich wusste ich Bescheid. Aber nicht, wie weit er schon war. Ich wollte es einfach nicht wahrhaben. Ich dachte, wir schaffen das. Ich dachte, uns passiert so was nicht. Blöd, gell?

Nichts ist blöd. Das ist menschlich. Würden wir ständig über unsere Sterblichkeit nachdenken, würden wir nicht vorankommen im Leben.

Ich dachte niemals daran, dass er uns verlassen würde.

Hegen Sie ihm gegenüber Groll?

Ehrlich?

Bringt es etwas, unehrlich zu sein?

Manchmal könnte ich ihn dafür umbringen.

Auch paradoxe Gefühle sind in dieser Situation legitim.

Paradox, weil er schon tot ist? Ich meine, diese unbändige Wut, die manchmal in mir hochkriecht, wie ein Monster aus seiner Höhle. Vergleichbar mit einer Mordslust.

Das klingt, als könnten Sie die Mörder verstehen, mit denen Sie es beruflich zu tun haben.

Manchmal. Wenn man die Psychologie eines Mörders studiert, kommt man meist auf zutiefst menschliche Beweggründe, die in einem kurzen Moment außer Kontrolle geraten sind.

Hatten Sie es schon mal mit Mördern zu tun, für die Sie Sympathie und volles Verständnis für ihre Tat hatten?

Sie brauchen das, um mich bei Kreuzofner anzuschwärzen?

Nein, ich werde Sie nicht anschwärzen. Das ist mir meine Lizenz nicht wert. Ich habe Schweigepflicht. Es dient uns therapeutisch dazu, Parallelen zu Ihrer persönlichen Geschichte herzustellen und Ihnen aufzuzeigen.

Okay.

Also, gab es Mörder, die Sie ungerne verhaftet haben, da Sie ihre Beweggründe verstanden haben?

Ja.

Viele?

Einige.

Erzählen Sie mir einen Fall.

In Wien gab es einen alten Mann, der seine schwer kranke Frau umgebracht hat, weil er sie nicht mehr leiden sehen konnte und mit der Pflege überfordert war.

Und Sie mussten ihn verhaften?

Ja, der Fall war nach den toxikologischen Untersuchungen klar. Er hatte sie vergiftet. Er nahm seine Verhaftung mit Würde und meinte, er gehe gerne ins Gefängnis. Hauptsache seiner Frau gehe es jetzt gut.

Was hätten Sie gerne gemacht, gäbe es keine ethische Begrenzung?

Ich hätte ihm am liebsten kondoliert und ihn in seiner Wohnung sitzen gelassen. Er war ja trotzdem traurig und allein, so ohne seine Frau.

Sie denken, er hat es nur für seine Frau getan, und nicht, um sich das Leben zu erleichtern?

Nein, ich glaube wirklich, er hat es für sie getan.

Doch Sie brachten ihn hinter Gitter.

Die er nur drei Tage überlebt hat.

Was ist geschehen?

Er hatte einen Herzinfarkt und ging zu seiner Frau.

Das hat etwas Versöhnliches.

Stimmt. Ich denke, seine Tat hat sein Gewissen beruhigt, aber auch sein Herz gebrochen. Ich war irgendwie froh, als ich davon erfuhr.

Ja, Ihr Beruf beschäftigt sich mit den tiefsten Abgründen, aber auch mit den menschlichsten Bedürfnissen.

Das stimmt. Darum tue ich mir mit den grauslichsten Gewaltverbrechen fast leichter. Diesen Tätern jage ich verbissen hinterher, nur damit ich sie einsperren lassen kann. Damit die Menschheit vor ihnen sicher ist.

Das kann ich verstehen. Deswegen fällt es Ihnen auch schwer, mit den Beweggründen Ihres Mannes umzugehen.

17

Konrad Kahlenberger öffnete seine Wohnungstür und grüßte verwundert. Er hatte nicht mit dem Besuch der Beamten gerechnet, nachdem er stundenlang vergeblich auf dem Polizeipräsidium gewartet hatte.

»Guten Tag, Herr Kahlenberger. Es tut uns leid, dass wir sie heute so lange warten lassen mussten, doch es gab einen dringlichen Verdacht, dem wir nachgehen mussten«, begann Marlene das Gespräch.

»Haben Sie das Schwein endlich, das Alexandra das angetan hat?«

»Nicht direkt. Dürfen wir kurz reinkommen?«, fragte Marlene und schaute an ihm vorbei in die Wohnung.

Der Mann öffnete zögerlich die Tür und gab den Weg frei. »Bitte, geradeaus ins Wohnzimmer.«

Marlene ging voraus und scannte mit ihrem Blick alles, was sie erspähen konnte. Im Wohnzimmer bot ihnen Kahlenberger Platz und ein Getränk an. Sie setzten sich, lehnten jedoch ein Getränk ab. Kahlenberger ging dennoch in den offenen Kochbereich, um sich ein Glas Wasser einzuschenken. Marlene und Johannes entging dabei nicht, dass er versuchte, unauffällig eine Flasche Schnaps in den Schrank zu stellen. Alkohol war ein übliches Mittel, um Trauer zu bewältigen.

Irgendetwas kam Marlene komisch vor in dieser Wohnung, nur wollte ihr nicht ins Auge stechen, was es genau war. Wie meistens stellte sich ein vages Gefühl bei ihr ein. Sie nickte Johannes kurz zu, und er übernahm. Marlene war nicht ganz bei der Sache. Sie fühlte sich abgelenkt und aus dem Gleichgewicht gebracht. Ihr Fokus galt nicht mehr Kahlenberger allein. Als Johannes das Wort ergriff und Konrad Kahlenberger eine Frage stellte, registrierte Marlene zum ersten Mal, wie aufmerksam Johannes auf sie reagierte und dass sie ein gutes Ermittlungsteam abgaben. Normalerweise brauchten Männer ewig, um sich auf einen neuen Partner einzustellen, doch Johannes spielte das Spiel, als hätten sie nie etwas anderes gemacht. Doch selbst diesen Gedanken musste sie jetzt abschütteln.

»Darf ich bitte Ihre Toilette benutzen?«, fragte sie plötzlich und überraschte die beiden Männer, die gerade mitten im Gespräch waren.

»Gleich rechts neben der Eingangstür. Bei der Garderobe.«

»Danke«, murmelte Marlene, während sie sich rasch erhob.

Johannes schaute ihr kurz hinterher, widmete sich jedoch sofort wieder Konrad Kahlenberger, um diesem nicht das Gefühl zu geben, dass etwas mit der Kollegin nicht stimmte.

Marlene verzog angeekelt das Gesicht, als sie beim Öffnen der Tür einer hochgeklappten Toilettenbrille ansichtig wurde. »Der Klodeckel muss immer geschlossen sein. Da kommt sonst schlechte Energie rauf. Immerhin geht da der ganze menschliche Abfall runter, und dieser schlechten Energie öffnet man Tür und Tor, wenn man den Deckel nicht zumacht. Niemand will eine Toilette betreten und gleich in den Schlund eines Kanals schauen. Pfui. Und Männer, die nach dem Pinkeln die Brille nicht runtergeben, sind respektlos gegenüber Frauen. Wenn du einen Mann kennenlernst, dann geh nach ihm aufs Klo und schau, ob er die Brille oben gelassen hat. Ist sie oben, suche das Weite. Ist sie unten, gib ihm eine Chance. Hat er den Klodeckel auch hinter sich zugemacht, kannst du ihn heiraten, meine Taube.« In dieser Hinsicht hatte Nonna immer recht gehabt, fand Marlene. Zu Janniks Anruf, Johannes' gutem Gespür und der Frage, was in dieser Wohnung nicht stimmte, kamen jetzt noch Nonnas Weisheiten hinzu. Marlene nahm sich ein Blatt Toilettenpapier, fasste damit die Klobrille samt Deckel und klappte sie runter. Sie setzte sich drauf, öffnete ihren Knoten und durchkämmte sich mehrmals mit ihren Fingern die Haare. Dabei rieb sie sich die Kopfhaut und ließ ihren Kopf kurz in ihre Hände gestützt ruhen. Sie versuchte, ruhig zu atmen und sich auf Kahlenberger zu konzentrieren. »Nonna, bitte hilf mir. Was stimmt hier nicht?«, dachte sie flehentlich, bevor sie aufstand, ihre Haare zusammenband und ihre Hände wusch. Vor der Toilettentür, gegenüber der Garderobe, war ein Spiegel angebracht. Sie schaute kurz hinein, ob ihre Haare alle fest im Griff des Haargummis waren, und wollte sich schon abwenden, als ihr im Spiegelbild etwas auffiel. Hinter ihr hingen mehrere Jacken und Kurzmäntel. Dahinter lehnten Bilderrahmen, die dort verkehrt herum hingestellt worden waren. Sie zog sie ein wenig hervor und lugte dahinter. Es waren drei große Leinwandfotos: einmal das Foto von Alexandra auf der Doppelwendeltreppe, eines, auf dem sie auf einer Wiese spazierte und über ihre Schulter in die Kamera blickte, und auf dem dritten war sie mit Konrad Kahlenberger zu sehen. Ein Schnappschuss an einem Sandstrand. Marlene runzelte die Stirn. Warum hatte Kahlenberger die Bilder weggeräumt? Neugierig öffnete sie den Garderobenschrank einen Spaltbreit. Auf den meisten Regalen standen Schuhe, ein wenig Krimskrams und dazwischen ein Stapel kleinerer Bilderrahmen. Auf dem obersten erkannte Marlene ebenfalls, dass es sich um ein Urlaubsfoto von Alexandra und Konrad handelte. Sie schloss die Kastentür leise und ging zurück ins Wohnzimmer.

»Wann wird sie zur Beerdigung freigegeben?«, fragte Konrad Kahlenberger in diesem Moment.

Johannes antwortete ihm, dass dies von den Ermittlungen abhing und er sich noch gedulden müsse. Marlene schaute sich um und erkannte, was sie gestört hatte. Es fand sich kein Zeichen und keine Erinnerung an Alexandra in der Wohnung. Dies war für Hinterbliebene eher untypisch. In den meisten Fällen wurden viele Fotos hergeräumt, und manchmal standen brennende Kerzen neben Bildern der Getöteten. Doch Konrad Kahlenberger hatte alles weggeräumt. Während die beiden Männer weitersprachen, studierte Marlene Kahlenbergers Gesicht. Er wirkte gezeichnet. Dunkle Augenringe zeugten von mangelndem Schlaf, seine Gesichtsfarbe wirkte fahl, und seine geschwollenen Tränensäcke deuteten auf viele Tränen oder den erhöhten Konsum von Alkohol hin. Seine Hände wirkten zittrig und glänzten schweißnass. Alles Anzeichen für Trauernde, jedoch auch von Nervosität. Schwer zu unterscheiden.

»Herr Kahlenberger?« Marlenes Stimme klang schneidender, als sie eigentlich vorhatte.

Er wandte sich ihr erschreckt zu. »Ja?«

»Warum haben Sie kein Foto Ihrer Freundin hier herumstehen?«

Kahlenberger wirkte verwirrt und sah sich um, als müsste er sich erst von Marlenes Feststellung überzeugen. Johannes beobachtete Kahlenberger genau. Es war Marlene nicht klar, ob es ihm auch schon aufgefallen war. Zumindest hatte er es noch nicht zur Sprache gebracht.

»Ich habe sie alle abgehängt, damit ich sie … damit …«, er wusste keine rechte Antwort.

»Aus den Augen, aus dem Sinn?«, fragte Marlene und ließ keinen Zweifel offen, dass sie dies für unüblich hielt.

»Irgendwie schon. Es tut so weh, sie ständig zu sehen.«

Er vergrub seinen Kopf in den Händen. Plötzlich hob er ihn wieder und schaute sie durch schmale Augen an. »Was wollen Sie eigentlich von mir? Warum sind Sie hier? Haben Sie schon eine Spur? Haben Sie Ihre Sachen gefunden oder sonst irgendetwas?«

Johannes ergriff das Wort. »Wir gehen jeder Spur nach und können über den derzeitigen Ermittlungsstand nicht mit Ihnen sprechen. Ihre Kleidung und ihre Handtasche konnten wir nicht finden. Wir gehen davon aus, dass der Täter sie in die Mur geworfen hat, was ein Auffinden sehr erschwert, wenn nicht gar unmöglich macht.«

»Das heißt, Sie haben nichts?«, giftete Kahlenberger Johannes vorwurfsvoll an und schaute zu Marlene, ob sie dies bestätigte.

Marlenes Blick blieb ausdruckslos. »Warum haben Sie uns verschwiegen, dass Sie noch Sex mit Alexandra hatten?«

Kahlenberger schnappte nach Luft, Schweißperlen traten auf seiner Stirn hervor. Er stotterte empört herum und versuchte sich zu erklären. »Was geht Sie denn das an? Man darf doch noch Sex haben mit seiner Freundin. Immerhin hatte sie ihren großen Abend, und wir haben das vor dem Weggehen genossen. Das wird doch noch erlaubt sein.«

»Natürlich. Nur, dass Sie uns gerade belügen. Sie hatten vielleicht vor dem Weggehen Sex. Das ist gut möglich. Doch Sie hatten auch kurz vor ihrem Tod Sex, das heißt, kurz bevor sie ermordet wurde. Das hat die Obduktion ergeben.« Johannes führte das Gespräch weiter, da er es begonnen hatte und somit leitete.

Marlene beobachtete jede Regung Kahlenbergers. War er anfangs noch erzürnt, sackte er jetzt langsam in sich zusammen. Er wusste, dass eine weitere Lüge seine Lage nur verschlimmern würde. »Ja, es stimmt. Wir hatten Sex.«

»Wo?«

»Auf der Herrentoilette«, flüsterte er.

»Aha, im öffentlichen Raum. Törnt sie das an?« Marlene schaltete sich wieder ein.

Kahlenberger lief rot an. »Nein, normalerweise nicht. Aber durch die ganze Geschichte mit der Fotografiererei hat sich Alexandra verändert.«

»Das haben Sie schon einmal erwähnt.« Marlene erinnerte sich an jedes Wort ihres ersten Gesprächs.

»Ja, schon, aber sie hat sich auch noch anders verändert, so ... so sexuell«, druckste er herum.

»Jetzt kommen Sie schon auf den Punkt«, drängte Johannes.

»Geil war sie!«, brach es aus ihm heraus. »Total geil war sie die ganze Zeit. Ab den ersten Fotos, die sie mit dem Zierach gemacht hat, war sie ständig scharf. Wir haben es dauernd getrieben. Und es war am Anfang echt toll, weil sie so enthemmt war.«

»Und dann? Dann war es nicht mehr toll?«, fragte Johannes mit erhobenen Augenbrauen.

»Schon, aber sie wollte dann so abgefahrene Sachen ausprobieren. Und sie redete auch immer davon, wo sie überall Sex haben wollte. Sie hätte es gerne in der Öffentlichkeit getrieben, immer mit dem Reiz, erwischt zu werden. Ich wollte da nicht mitmachen.«

»Das war Ihnen zu viel?«

Kahlenberger nickte.

»Doch in der Nacht der Vernissage war es Ihnen dann doch nicht zu viel?« hakte Johannes nach.

»Na ja, wir hatten getrunken. Und sie kam nach, als ich auf die Toilette gegangen bin, und hat mich von den Pissoiren weggezogen. Rein in die Kabine. Sie war voll aufgedreht und hat mir die Hose runtergezogen.« Er sah Johannes und Marlene an.

»Und danach?«, fragte Johannes.

»Ich bin als Erstes aus der Kabine raus, um zu sehen, ob sonst jemand da war. Dann habe ich noch auf den Gang geschaut und ihr ein Zeichen gegeben, dass sie rauskann. Sie ist dann gleich wieder nach oben gegangen, und ich bin ein paar Minuten später hinterher. Doch da habe ich sie nicht mehr gesehen.«

»Das heißt, Sie haben Alexandra Walfrad das letzte Mal lebend auf der Herrentoilette gesehen.« Johannes' Stimme klang härter als zuvor.

Kahlenberger nickte und senkte den Blick.

»Und da beschweren Sie sich, dass wir noch keinen Mörder haben? Wenn nicht mal Ihre Aussage stimmt!« Johannes Augen funkelten verärgert. Den Ausdruck kannte Marlene noch nicht an ihm.

»Ich hatte Sorge, dass wir uns damit strafbar gemacht haben«, warf Konrad Kahlenberger kleinlaut ein.

»Das ist ein Fall für die Sitte. Für uns heißt es nun, weiterhin den Mörder Ihrer Freundin zu suchen.« Johannes schaute Marlene kurz an, ob sie noch etwas dazu zu sagen hatte. Sie bedeutete ihm, dass sie hier vorerst fertig waren.

18

Marlene ließ sich in den Beifahrersitz fallen, lehnte den Kopf nach hinten und stöhnte hörbar. Johannes startete das Auto noch nicht, sondern schaute sie an.

»Wir haben nichts. Einfach gar nichts«, klagte sie enttäuscht.

»Immerhin wissen wir, dass unser Treppenengel durch das Fotografieren ihre nymphomane Seite entdeckt hat.« Johannes grinste Marlene ermunternd an.

Marlene tat ihm den Gefallen und lächelte kurz. »Ja, herrlich, oder? Wäre das die Lösung, würden viele Männer ihre Frauen zu Nacktfotoshootings schicken.«

»Ich denke, für heute war es genug. Ich fahre dich heim.« Johannes machte Anstalten, den Motor zu starten.

»Wieso? Wir können noch nicht aufhören. Wir haben zu wenig«, sträubte sich Marlene.

»Und was sollen wir tun? Herumlaufen und fragen, ob jemand jemanden kennt, der gerne Frauen umbringt und sie dann wie auf einem Foto aufstellt?« Er wusste auch nicht weiter.

»Na ja, ich frage mich, ob wir einen Zeugenaufruf starten sollten. Irgendjemandem muss der Mörder doch begegnet sein, als er die Leiche zur Doppelwendeltreppe gefahren hat.« Johannes überlegte, als sich sein Magen lautstark bemerkbar machte. »Entschuldigung«, murmelte er und rieb sich den Bauch.

Marlene griff sich ebenfalls an den Bauch, als müsste sie ertasten, ob sie auch hungrig war. »Lass uns etwas essen gehen. Ich kann mittlerweile das Kirbys empfehlen. Kennst du das?«

Johannes grinste sie an. »Gute Idee!«

Sie kämpften sich meterweise durch den Feierabendverkehr und fuhren in die Innenstadt.

»Da lobe ich mir mein Fahrrad«, meinte Marlene gerade und schreckte hoch, als ihr Handy klingelte. Sie zog es eilig aus der Tasche und schaute hoffend auf das Display. *Chef* stand drauf. Marlene seufzte. »Kreuzofner will wohl einen Zwischenbericht.« Sie behielt Recht und telefonierte die ganze Autofahrt mit ihm. Sie fragte ihn, ob sie einen Zeugenaufruf in der Zeitung starten sollte, doch er verneinte, da er in Sorge war, dass sie damit ihren mangelnden Ermittlungserfolg preisgeben würden. Sie dürfe aber einige Beamte losschicken, die die Bewohner der Sporgasse befragten, ob sie denn nicht etwas Auffälliges bemerkt hätten. Beide versprachen sich davon nicht viel, hatten aber keine bessere Idee. Marlene wollte sich im Rathaus bei den Politikern umhören, doch Kreuzofner war strikt dagegen. »Lass mir bitte unsere Stadtregenten aus dem Spiel, solange es keine Hinweise gibt, die sie in Verbindung mit dem Mord bringen. Das bade ich dann wieder aus«, flehte Kreuzofner förmlich.

»Na ja, einige waren immerhin auf der Veranstaltung, auf der dieser Mord verübt wurde. Das wäre Verbindung genug.«

»Marlene, lass das bitte sein.«

»Ja, schon gut. Aber wenn sich herausstellt, dass wir aufgrund Ihrer Befangenheit den Täter erst spät fassen, werde ich nicht lügen«, drohte Marlene, beleidigt, dass sie in ihrer Wirkungsvollmacht beschnitten wurde.

Der wunderbare Geruch, der ihnen beim Betreten des Burgerlokals in die Nasen strömte, ließ ihren Hunger eskalieren. Ihre Gemüter waren dennoch gedämpft. Sie hatten kaum Anhaltspunkte und diskutierten leise über den Fall, da die Tische eng beieinanderstanden, jeder voll besetzt war und diejenigen, die schon aßen, recht ruhig waren.

»Was sagst du zu Zierach?«, fragte Marlene.

»Welchen meinst du? Den philosophischen Künstler oder den frisch verliebten Einzelgänger?«

Marlene lachte auf. Johannes beobachtete, wie sich ihre angespannten Gesichtsmuskeln lösten und kurz einen Blick auf eine ganz andere Marlene zuließen. Ihm gefiel, was er sah. Ihr Lachen wirkte sehr frei, natürlich und unterstrich ihre Schönheit.

»Stimmt, wir haben ja zwei.« Sie streckte zur Bestätigung zwei Finger weg. »Ich finde beide interessant und eigenartig. Irgendwie hat uns der Zierach, also der ›Fotozierach‹, ein unstimmiges Bild von seinem Bruder gezeichnet.«

»In seinem Fall würde ich meinen, er hat ein Foto seines Bruders falsch belichtet.« Johannes wollte um jeden Preis Marlene lächeln sehen.

Marlene tat ihm den Gefallen nicht, sondern sinnierte weiter. »Aber wieso hat er das gemacht? Kennt er seinen Bruder so schlecht? Wollte er uns bewusst auf eine falsche Fährte locken? Dachte er, wir wären so blöd und würden uns davon beeinflussen lassen? Er muss doch geahnt haben, dass wir ihn aufsuchen werden.«

»Hast du Geschwister?«, fragte Johannes aus dem Bauch heraus und biss sich sofort auf die Zunge. Er schaute bemüht gelassen auf den Werbeständer auf dem Tisch, der ein besonders schmackhaftes neuartiges Craft-Bier anpries. Neben der riesigen Puntigamer-Brauerei entwickelte sich in Graz und Umgebung eine rege Szene von kleinen Brauereien mit exklusiven Eigenkompositionen.

Marlene schaute hoch, da hinter Johannes der Kellner mit den Getränken auftauchte.

»Einen Bruder«, murmelte sie noch, nahm ihr Bier entgegen und bedankte sich. Der Kellner fragte nach ihren Essenswünschen.

Johannes wartete, ob Marlene noch etwas hinzufügen würde, doch es kam nichts. Er wollte es dabei belassen und führte aus, was er eigentlich sagen wollte. »Ich denke einfach, dass der Zierach in seinem Künstlerdasein ganz schön verkopft ist. Wir kennen die ganze Familiengeschichte nicht, und die Wahrnehmung, wie sich Geschwister gegenseitig sehen, ist meist emotional sehr verzerrt.«

Marlene nahm einen großen Schluck. »Möglich, aber eigenartig. Und was sagst du zu Kahlenberger, der die ganzen Fotos seiner ermordeten Freundin abgehängt hat. Auch eher unüblich, oder?«

Johannes hob sein Glas kurz an, um ihr zuzuprosten, dann stillte auch er seinen Durst. »Stimmt. Meist bauen die Leute richtige Altäre auf. Aber ich kann den Schmerz schon nachempfinden. Ob er allerdings gelindert wird, indem man sich die Fotos nicht mehr anschaut? Mir hätte das damals nicht geholfen.«

Marlene horchte auf: »Wann damals?«

»Meine Mutter starb früh. Ich war gerade mal siebzehn.« Johannes nahm wieder einen Schluck, und Marlene tat es ihm nach. Beide schauten sich über den Rand ihrer Gläser an und schauten verlegen weg, als sich ihre Blicke trafen.

»Tragisch. Ich kann mich an meine Mutter kaum erinnern, so früh starb sie.« Marlene sprach leise zur Tischplatte.

Die eigene Mutter zu verlieren, in einer Zeit, in der man bei Weitem noch nicht erwachsen, geschweige denn selbstständig ist, können nur Betroffene im vollen Ausmaß nachvollziehen. Eine unerwartete und zugleich schicksalhafte Gemeinsamkeit.

Der Kellner stellte knusprig frittierte Zucchinispalten

zwischen die beiden und unterbrach den stillen Moment. »Burger kommen sofort!«, fügte er hinzu und drehte auf dem Absatz um. Marlene griff sich sofort eine Spalte und schob die Schale zu Johannes. »Probier mal. Die sind urgut!«

»Urgut?« Johannes grinste und Marlene ebenfalls.

»Echt guat, meine ich!«, verbesserte sie sich und biss ab. Die Spalte war eindeutig noch zu heiß, und Marlene prustete und schnaufte, um das Stück in ihrem Mund abzukühlen. Es gelang ihr nicht, und sie musste den Bissen aus ihrem Mund in die Serviette fallen lassen. »Scheiß-heiß!«, zischte sie noch, bevor sie ihre verbrannte Zunge kühlte, indem sie sich einen Eiswürfel aus ihrer Sodazitrone fischte und zu lutschen begann. »Solly«, brachte sie nur heraus, da ein Eiswürfel im Mund das Rollen eines Rs unmöglich machte.

Johannes musste sich arg zusammennehmen, damit er nicht laut loslachte.

Marlene schaute ihn an, schüttelte über sich selbst den Kopf und meinte gespielt streng: »Kein Wort darüber, verstanden? Sonst hast du morgen Innendienst, und ich nehme Branner mit.«

Johannes tat empört und schlug vor, die überhitzte Serviertemperatur bei der Polizei zu melden. Das grenze immerhin an Körperverletzung.

Ein unwissender Beobachter würde Freunde vermuten, die Spaß miteinander hatten. Die Stimmung blieb ausgelassen und fröhlich. Sie redeten über den Fall und vermieden Persönliches. Sie genossen ihre Burger ohne weitere Verletzungen, und Marlenes Zungenschmerz heilte mit dem wohligen Sättigungsgefühl. Zum Abschluss tranken beide ein neues Craft-Bier, das ihnen der Kellner empfahl, und Marlene gewöhnte sich an den durchaus angenehmen Gedanken, dass sich der ereignisreiche Tag damit dem Ende zuneigte.

Sie verabschiedeten sich voneinander und vereinbarten, dass Johannes sie am nächsten Morgen mit dem Auto abholen würde, da es regnen sollte und Marlenes Fahrrad noch im Präsidium war. Johannes wollte sie zu ihrer Wohnung begleiten, doch sie lehnte den Polizeischutz dankend ab.

19

Marlene steckte ihre Hände in die Hosentasche, zog den Kopf ein wenig ein, da es wieder leicht zu nieseln begann, und marschierte die Sporgasse hinunter zu ihrer Wohnung. Sie war fast angekommen, da sah sie ihn, trotz ihres gesenkten Blickes. Anders als alle anderen Fußgänger, die sich mit raschen Schritten dem nassen Wetter entziehen wollten, ging er aufrecht, langsam und würdevoll. Er trug einen Hut, der ihn schützte, und sein Blick war nach vorne gerichtet. Er bog in die Hofgasse Richtung Burgtor ein. Marlenes Instinkt sagte ihr, ihm zu folgen. Sie zog sich ihr Haargummi vom Zopf und wuschelte ihr Haar durch. Es fiel ihr nun ins Gesicht, und sie fühlte sich damit getarnt. Mit angemessenem Abstand ging sie hinter ihm her. Was macht er hier? Er wird doch nicht zur Doppelwendeltreppe gehen? Der Vorstellung, ein Mörder kehre stets an den Tatort zurück, konnte sie schon früh nichts abgewinnen, zumal die Treppe ja auch nicht der Tatort war. Ohne sich umzusehen, bog er ab, durchschritt den Innenhof der Burg und hielt schnurstracks auf den Turm mit der Doppelwendeltreppe zu. Marlene musste sich hinter der Mauer verbergen, um ihn beobachten zu können. Er verschwand im Eingang zur Treppe, und Marlene konnte ihr Versteck verlassen. Sie durchschritt den Innenhof beinahe lautlos. Nur das Knirschen der Kieselsteine unter ihren Sohlen konnte sie nicht vermeiden, doch war dies im Treppenaufgang sicher nicht hörbar. Sie konnte nur hoffen, dass er nicht aus einer der wenigen Luken sah. Sie lauschte in die Dunkelheit und hörte nichts.

Sie zog ihre Waffe, eine klassische Glock 17, Kaliber 9x19, und stieg über das Absperrband, das die Polizei gespannt hatte, um jeden davon abzuhalten, den Tatort zu betreten. Ihre Sinne arbeiteten auf Hochtouren, und sie überlegte nicht, welche der jeweiligen Seiten der Treppe sie begehen sollte. Die Waffe im Anschlag erwartete sie jederzeit, auf ihn zu treffen. Er saß ganz oben im letzten Bogen auf der Treppe, hatte seinen Kopf an die Wand gelehnt und seine Augen geschlossen. Marlene ließ ihre Waffe sinken.

»Guten Abend?«

Er schaute sie ohne Verwunderung an, als wäre es der normalste Ort, um sich zu treffen. »Guten Abend, Frau Kommissar.«

Erst jetzt bemerkte er die Waffe in ihrer Hand und hob die Augenbrauen. »Ich mache mich doch nicht verdächtig, weil ich hier Andacht halte, oder?«

Marlene wusste nicht wirklich, was sie sagen sollte.

Zierach rührte sich nicht, sondern sah sie unverwandt an. »Das hat eine unglaubliche Stärke und Präsenz, wenn Sie Ihre Waffe in der Hand halten.«

Marlene schaute ihre Waffe an, als wäre ihr nicht mehr bewusst, dass sie sie in die Hand genommen hatte, und steckte sie zurück in den Brustholster. »Wäre auch schlimm, wenn ich trotz Waffe schwach rüberkäme.«

»Ich meine nicht die offensichtliche Stärke, die eine Waffe hat, sondern ihre weibliche Ausstrahlung, die entwaffnend ist und zugleich mit einer Waffe verstärkt wird. Sie unterstreicht die Macht der Weiblichkeit. Eine wunderbare Inspiration. Würden Sie sich mal mit Ihrer Waffe fotografieren lassen?« Zierach machte noch immer keine Anstalten, seine Anwesenheit an diesem Ort zu erklären.

Marlene schaute ihn ungläubig an und schüttelte ob seines

Vorschlags verächtlich den Kopf. »Herr Zierach. Was tun Sie hier? Das ist ein polizeilich gesperrter Tatort.«

Zierach blickte verträumt auf die steinerne Mittelsäule, an die jede einzelne Stufe stieß. »Ja, es ist und war ein Ort der Tat, wie jeder Ort auf diesem Globus. Sie reduzieren diesen Ort gerade auf das Auffinden von Alexandras Körper. Nur diese eine einzige Tat interessiert sie. Doch hier geschahen schon viele Taten. Ich persönlich erinnere mich gerade an die Nächte, in denen Alexandra und ich die Fotos kreierten. Es waren wahrlich magische Nächte. Alexandra war eines meiner liebsten Models. Sie entwickelte sich so schnell weiter. Ich hätte sie gerne für andere Projekte fotografiert.«

Marlene seufzte und setzte sich zu Zierach auf die Stufen. Bereits nach Sekunden durchdrang die steinerne Kälte ihre Kleidung. »Sitzt der Bub auf kaltem Boden, ist das gut für seine Hoden. Doch des Mädels Blase, rinnt bald wie eine Schnupfennase.« Auf diese erzieherische Eigenkreation war Nonna besonders stolz, und Marlene dachte stets dran, wenn ihr Hintern Kälte verspürte. Sie lächelte kurz in sich hinein.

Zierach starrte sie an. »Dieses Lächeln wäre jetzt gerade ein magischer Augenblick für meine Kamera gewesen. Zu dumm, dass ich sie nicht mitgenommen habe.« Er bildete mit seinen Daumen und Zeigefingern einen angedeuteten Bilderahmen und fasste damit Marlenes Gesicht ein.

»Jetzt hören Sie schon auf, Herr Zierach. Das ist etwas unpassend. Erzählen Sie mir lieber von Ihrer Arbeit mit Alexandra. Und in Gottes Namen: Warum sind Sie überhaupt hier?« Marlene forderte Antworten.

Nun war es an Zierach zu seufzen. »Wie bereits gesagt. Ich halte Andacht. Ich rufe Erinnerungen ab, und das fällt leichter an dem Ort, an dem man sie erlebt und gespeichert hat.«

»Warum sitzen wir dann hier oben? Alexandra stand doch unten, im ersten Treppenbogen«, fragte Marlene sogleich.

Zierach lächelte wehmütig. »Wir haben die Fotos hier oben gemacht. Alexandras Mörder hat ihre Leiche weiter unten aufgestellt. Er muss ein schlechter Beobachter gewesen sein, oder er hat die richtige Perspektive einfach nicht gefunden. Dilettant.«

»Möglicherweise war ihm das weniger wichtig, und es war ihm zu mühselig, die steife Leiche hier raufzuschleppen«, mutmaßte Marlene.

Zierach wirkte beinahe angegriffen. »Würde ich das Werk eines berühmten Künstlers kopieren, würde ich detailgetreuer arbeiten.«

Marlene entsann sich wieder ihrer Aufgabe. »Was lief zwischen Ihnen beiden? Mehr als nur Fotos? Haben Sie mit ihr geschlafen?«

Zierach schaute sie empört an. »Was denken Sie von mir?«

Marlene kam Zierachs Gesicht so nahe wie möglich. »Das weiß ich noch nicht so genau. Sagen Sie mir, was ich über Sie denken soll.«

Zierachs Kopf fuhr zurück, wurde jedoch unsanft von der Steinmauer gebremst. »Also, ich könnte gerade über Sie denken, dass Sie Alkohol im Dienst trinken. Ich würde mir Atemerfrischer einstecken, bevor es jemand bemerkt.«

Marlene war kurz peinlich berührt. »Was Sie über mich denken, ist mir egal. Zumal ich nicht im Dienst bin und nur ein Bier getrunken habe.«

»Wenn es Ihnen so egal ist, was ich über Sie denke, warum erklären Sie sich mir dann? Ich denke, es ist Ihnen nicht ganz so egal, wie Sie von anderen wahrgenommen werden, oder?« Zierach gewann wieder die Oberhand.

Marlene musste sich eingestehen, dass er recht hatte. »Ist das nicht ein normaler Wesenszug? Der Mensch strebt doch nach Anerkennung und Zugehörigkeit. Ergo ist er stets damit beschäftigt, was andere von ihm denken.«

Zierach dachte keine Sekunde darüber nach. »Ja, damit versklavt sich die Menschheit selbst. Richtig frei ist der Mensch erst, wenn er sich davon befreit, ständig zu bewerten und zu urteilen. Solange er dies tut, legt er zu viel Wert drauf, was andere von ihm denken.«

»Aber Ihnen ist es ja auch wichtig, was andere von Ihnen denken. Sie leben auch davon, wie andere Ihre Fotos beurteilen und bewerten«, gab Marlene fast trotzig zurück.

»Ich lebe recht gut von den Bewertungen der anderen. Doch ich mache meine Fotos so, wie ich sie empfinde. Ich lasse mir nichts vorgeben. Das ist möglicherweise das Geheimnis meines Erfolges.« Er machte eine kurze Pause und fügte dann schelmisch lächelnd hinzu. »Und eine Riesenportion Glück. In dieser Branche braucht man das Glück, zur richtigen Zeit am richtigen Ort mit der richtigen Kamera die richtigen Personen abzulichten.«

Marlene dachte kurz darüber nach, dass auch ein Paparazzo genau davon lebte, schwieg jedoch und fischte sich einen Kaugummi aus der Hosentasche.

»Ich trinke übrigens keinen Alkohol, während ich arbeite«, kam Zierach auf das Thema zurück.

»Ich trinke ebenfalls nicht bei der Arbeit!«, wiederholte Marlene.

»Das ist gut so. Es blockiert nämlich kreative Prozesse. Sie müssen in Ihrer Arbeit ebenfalls sehr kreativ denken.« Er erkannte in Marlenes Gesicht die Frage und sprach weiter. »Die Leute glauben, nur künstlerisches Schaffen ist durch Kreativität gekennzeichnet. Dabei braucht jeder Mensch eine gewisse Grundkreativität, um zu überleben. Die Mutter, die etwas anderes für ihr Kind kocht, weil sie eine Zutat nicht im Haus hat, der Gestalter eines Gartenbeets, das

Kind, das an die Keksdose auf dem Kasten möchte und sich einen Sessel hinschiebt, um dranzukommen, die Kommissarin, die die Zusammenhänge eines Mordfalls in ihren gesammelten Indizien erkennt und den Fall löst. Alles abhängig von Kreativität. Gedanken verknüpfen und daraus etwas schaffen und machen.«

Marlene gefiel, was sie hörte, und doch musste sie den einen Gedanken aussprechen, der sich vorrangig formte. »Die größten Künstler arbeiteten jedoch mit bewusstseinserweiterten Substanzen, soviel ich weiß. Selbst Leonardo da Vinci nahm aus Kräutern produzierte Drogen.«

Zierach schaute ihr eindringlich in die Augen. »Jeder Beruf hat seine schwarzen Schafe.«

Marlene hielt seinem Blick nicht lange stand. Sie fühlte sich nicht ertappt und hatte auch nichts zu verbergen, und doch gab Zierach ihr das Gefühl, er könnte ihr tief in ihre gebrochene Seele schauen. Dahin wollte sie ihm keinen Zutritt gewähren. Sie musste die Kontrolle behalten, darum schwenkte sie um. »Erzählen Sie mir von Alexandra. Wie war sie so?«

Zierach lehnte sich wieder an die Mauer und begann zu erzählen. Marlene hörte aufmerksam zu und stellte nur wenige Zwischenfragen. Gustav Zierach schwärmte von der guten Zusammenarbeit und der Weiterentwicklung von Alexandra. Auch er berichtete von einer Art Wesensveränderung, doch nur im Zusammenhang damit, dass sie sich von gesellschaftlichen Wertevorstellungen befreite. Sie legte ihre ureigene Persönlichkeit frei. Indem sie aufhörte, sich ständig darüber Gedanken zu machen, wie sie anderen gefallen könnte, wurde sie immer selbstbewusster und damit auch attraktiver. Es sei die Ausstrahlung und nicht die äußerlichen Gegebenheiten eines Körpers, die einen Menschen attraktiv machen. Natürlich war Alexandras Aussehen besonders, doch ihre Wirkung veränderte sich sehr. Dies konnte man auf den Fotos sehen und erleben. Er hat am meisten und am längsten mit ihr gearbeitet, weil keine der anderen Frauen bereit war, sich so dem Fotografieren hinzugeben. »Wenn ich einen Weltstar fotografiere, muss ich sie erst von ihrer aufgesetzten Arroganz und dem überzogenen Selbstwert befreien, bevor meine Fotos so sind, wie ich sie haben möchte. Bei diesen No-name-Frauen muss ich den Selbstwert über meine Fotos wachsen lassen.«

»Wie geht das?«

»Indem sie sich selbst auf den Fotos betrachten und erkennen. Das ›Fotografiertwerden‹ kann magisch sein und auch süchtig machen. Wie gesagt, probieren wir es doch einfach mal. Ich werde noch länger in der Stadt sein.«

Marlene winkte wieder ab und fragte, ob Alexandra über Konrad gesprochen hatte. Zierach nickte und erzählte bereitwillig seine Sicht auf diese Beziehung. Er meinte, Alexandra war anfangs eine untergebene Freundin und sehr stolz auf ihren Konrad. Mit zunehmendem Selbstbewusstsein hinterfragte sie mehr und mehr ihre Rolle in der Beziehung und die mögliche Zukunft mit ihm.

»Wollte Sie ihn verlassen?«, fragte Marlene sofort.

»Nein. Sie hatte noch nie an ein selbstbestimmtes Leben ohne ihn gedacht. Ich denke, sie hoffte auf Veränderung.«

»Haben Sie ihn kennengelernt?«

»Nein, ich habe ihn manchmal kurz gesehen, wenn er sie zum Shooting gebracht hat, doch er suchte keinen Kontakt zu mir. Aber das ist normal. Welcher Mann mag es schon, wenn ein anderer seine Freundin nackt sieht«, gestand Zierach. »Bei der Vernissage haben wir uns zum ersten Mal unterhalten. Er hat mir gratuliert und gemeint, ich könnte froh sein, dass er großzügigerweise seine Freundin zur Verfügung gestellt habe.«

Marlene schüttelte den Kopf. »Klingt nach Arschloch.«

»Je größer das Arschloch, umso geringer der Selbstwert. Ihre Unsicherheit versuchen sie krampfhaft hinter untergriffigem Verhalten zu verbergen«, analysierte Zierach.

»Sprachen Sie je über ihr Liebesleben, sexuelle Vorlieben und dergleichen?«

»Niemals direkt. Über den erotischen Ausdruck von Bildern, Fotos, der Sprache und des Körpers sprachen wir viel, doch rein sachlich.« Zierach zeigte keinerlei Nervosität.

»Ist Ihnen sonst noch etwas an den beiden aufgefallen?«, fragte Marlene abschließend.

Zierach dachte nach. »Nicht unbedingt. Ich war an diesem Abend auch sehr beschäftigt und, wie bereits erwähnt, habe auch ich ein paar Gläser Champagner getrunken. Ich würde jedoch meinen, dass Kahlenberger seine Alexandra nicht aus den Augen gelassen hat. Er konnte nicht ständig neben ihr sein, wegen der vielen Fototermine, doch er war stets in der Nähe und beobachtete sie wie ein Bodyguard.«

Marlene stand auf und rieb sich ihr erkaltetes Hinterteil. »Na ja, er kannte niemanden, stand nicht im Mittelpunkt. Was hätte er sonst tun sollen? Aber danke, Herr Zierach.«

»Wofür?« Zierach lächelte, und Marlene stutzte. Wofür sollte sie sich bei ihm bedanken, fragte sie sich selbst. »Ihre Mutter hat Sie zu gut erzogen. Ich sollte mich bedanken, dass Sie mich nicht gleich verhaftet haben. Immerhin habe ich polizeiliches Sperrgebiet betreten. Ich danke Ihnen, Frau Kommissar.«

»Meine Mutter starb zu früh, als dass sie mich hätte erziehen können. Ich danke Ihnen für das Gespräch, Herr Zierach. Gute Nacht!« Ohne ein weiteres Wort ließ sie ihn sitzen und ging die Treppe hinunter. Diesmal einmal links herum und dann rechts herum. So, wie sie es als Kind mit ihrem Bruder am liebsten getan hatte. Jeder auf einer

Seite, sich in der Mitte treffend und schnell aneinander vorbeihopsend, um als Erster wieder bei der Mittelsäule zu sein.

Marlene ging langsamen Schrittes nach Hause, um dabei ihre Gedanken neu zu ordnen. Kahlenberger, der Verdränger, der die Fotos seiner Freundin wegräumte. Zierach, der Geheimnisvolle, der auf der Treppe sitzend Andacht hielt. Alexandra, die Entfesselte, die sich Gedanken über ihr Beziehungsleben machte. Und dazwischen blitzten Bilder von Johannes' Lächeln im Restaurant auf. Da schüttelte Marlene über sich selbst den Kopf und verjagte diesen Gedanken sofort. Sie würde sich jetzt noch ein Bier als Schlummertrunk gönnen, denn ein paar Stunden Schlaf würden ihr jetzt guttun.

Als sie um die Ecke in ihre Hauseingangsnische bog, sprang plötzlich eine Gestalt auf, die zuvor am Boden gesessen haben musste. Marlene erschrak zu Tode, und unwillkürlich fasste sie zu ihrem Brustholster, während ihre andere Hand zur Abwehr hochfuhr. Dabei schlug sie der Person fest gegen die Nase.

»Herrgott, Marlene, ich bin's«, schrie er, während er vor Schmerz zu Boden ging.

»Franky?« Marlene bückte sich, um ihm aufzuhelfen. »Sag mal, spinnst du? Mich so zu erschrecken?«

Franky hatte beide Hände vor seinem Gesicht und stöhnte. »Die bringen euch was bei, bei der Polizei. Echt. Ich wollte dich nicht erschrecken. Ich habe auf dich gewartet.«

»Wieso rufst du mich nicht an?«

»Ich wollte dich nicht stören.«

»Aber zu Tode erschrecken geht schon?«

»Das sollte eine Überraschung werden.«

»Das ist dir gestern schon gelungen. Was willst du?«

»Ich wollte dich treffen.«

»Jetzt habe ich dich getroffen. Lass mal sehen.« Marlene

zog ihm vorsichtig die Hände vom Gesicht. Er blutete stark. »Glaubst du, sie ist gebrochen?«, fragte sie ihn.

Franky tastete seine Nase mit blutigen Fingern ab. »Ich glaube nicht. Wobei ich noch immer Englein um meinen Kopf fliegen sehe«, scherzte er bereits und schielte mit seinen Augen.

»Ach, die sehe ich auch. Die halten sich in diesen Hausecken gerne auf um diese Zeit.« Marlene holte ihren Schlüssel raus und bedeutete Franky mitzukommen.

Nachdem seine Nase aufgehört hatte zu bluten und er gesäubert war, saß Marlene auf ihrem Rauchersitz und prostete Franky zu, der, um mit ihr auf Augenhöhe sein zu können, auf dem kleinen Esstisch vor dem Fenster saß. Marlene legte ihren Kopf in den Nacken und schaute der Rauchsäule hinterher, die aus ihrem Mund qualmte. Ihr Oberkörper war geschützt, doch ihre Hosenbeine wurden vom Nieselregen durchfeuchtet.

»Ist dir zu meinem Fall etwas eingefallen?«, fragte sie, obwohl sie bereits spürte, dass dies nicht der Grund für seinen Besuch war. Sie behielt recht, denn er schüttelte den Kopf.

»Kann ich heute bei dir übernachten?«, fragte er leise und mit treuherziger Miene.

Marlene stutzte. »Äh, klar, gerne … In welchem der Gästezimmer möchtest du schlafen?« Sie deutete mit ihrem Arm durch das Fenster in die Wohnung.

»Ich wusste ja nicht, dass du in einer Mikrowohnung wohnst. Ich wusste nicht mal, dass es so was noch gibt«, erklärte er sich.

»Wie du siehst, gibt es so was. Das ist eine ehemalige Bedienstetenwohnung. Ich habe nicht mal ein eigenes Klo. Das teile ich mir mit meiner Nachbarin.«

»Nicht dein Ernst, oder?« Franky hielt sich die Handflächen an seine Wangen.

»Doch, mein voller Ernst. Aber glaub mir, dafür ist es stets top geputzt. Die alte Frau Rosemann ist penibel, und seit ich wieder hier bin und sie das Klo nicht für sich allein hat, putzt sie es jeden Tag.«

Marlene erzählte ihm, dass die Herrschaftswohnung alter Familienbesitz war. Ihre Großeltern hatten zwar keine Bediensteten mehr gehabt, trotzdem hatten sie nie umbauen lassen. Nonna hatte die kleine Wohnung stets genutzt, wenn Marlene mit ihrem Bruder zu Besuch gekommen war. Die große Wohnung wäre zwar groß genug für alle gewesen, doch die Beziehung des Großvaters zu seinen Enkeln war eher eisig, und er verbrachte nur ungerne Zeit mit ihnen. Die Großmutter hingegen liebte ihre Enkelkinder und holte sie vom Land nach Graz, so oft sie nur konnte. Dann verbrachte sie die meiste Zeit mit ihnen in der kleinen Wohnung. Sie schliefen zu dritt im großen Bett, kochten in der kleinen Küche und verbrachten viel Zeit in der Stadt. Als der Großvater starb, vermietete Nonna die große Wohnung und blieb in der kleinen. Mittlerweile lebte in der großen Wohnung nur noch die alte Frau Rosemann, eine verwitwete ehemalige Geschäftsmannsgattin. Für Marlene kam es nicht infrage, sie aus der Wohnung zu werfen. Zudem wollte Marlene die große Wohnung nicht, da diese nur unnötig viel Arbeit bedeutete. Sie fühlte sich in der kleinen wie zu Hause.

Franky hörte ihr aufmerksam zu und nickte. »Deine Nonna fehlt dir, oder?«

Marlene seufzte und zog lange an ihrer Zigarette. »Klar fehlt sie mir. Sie hätte jetzt gewusst, was zu tun wäre.«

Franky lachte. »Sie hätte sicher deinen armen Freund eingeladen zu bleiben und hätte ein weiteres Bettzeug geholt.«

Nun lachte auch Marlene. »Und du hättest dich zwischen mich und Nonna gelegt.«

»Übernachtungsparty!« Franky hob feiernd seine Hände. »Das heißt, ich darf bleiben?«

»Wenn meine Nonna dich dabehalten hätte, kann ich dich doch nicht vor die Tür setzen. Noch dazu bei dem Wetter. Aber jetzt sag mal, warum du eine Unterkunft brauchst.«

Franky erzählte, dass er sich in Geldnöten befand. Nachdem er mit seinem Fotostudio Konkurs anmelden musste und sein Partner mit ihm Schluss gemacht hatte, mit dem er zusammengewohnt hatte, fand er Zuflucht bei seinem Bruder und dessen Familie. Er hatte bereits eine neue kleine Mietwohnung in Aussicht, doch da kürzte die Gratiszeitung seinen Vertrag, weswegen er sich die Wohnung doch nicht leisten konnte. Die Nerven seines Bruders waren schon recht strapaziert, und er drängt darauf, dass Franky endlich ausziehen sollte.

Marlene hörte ihm aufmerksam zu. »Schöne Scheiße. Du kannst heute natürlich hierbleiben, aber das ist nichts auf Dauer. Ich brauch meine Ruhe am Abend.« In dem Moment traf es sie wie ein Blitz. Ihr Blick wurde panisch, und sie dämpfte hektisch die Zigarette aus. »Scheiße, wie spät ist es?« Sie starrte auf ihre Uhr und kroch halsbrecherisch in die Wohnung hinein.

Franky war ganz erschrocken über ihre plötzliche Reaktion. »Was ist los? Es ist sicher schon weit nach zehn Uhr.«

Marlene suchte hektisch nach ihrem Handy und tippte drauf herum, als sie es endlich fand. Sie hielt es sich ans Ohr und flehte ängstlich vor sich hin, während sie sich haareraufend im Kreise drehte. »Hallo? Jannik? Ich bin's. Sorry, dass es so spät geworden ist ... Warte mal kurz.« Sie schloss die Tür auf und ging vor die Wohnung.

Franky war irritiert und schlich sich leise an die Tür heran. Er konnte Marlene nur murmeln hören und verstand kein

Wort. Respektvoll trat er von der Tür weg und wartete, bis Marlene zurückkommen würde. Das Gespräch dauerte nur wenige Minuten, und Marlene kroch zur Tür herein. Ihr Handy hielt sie so liebevoll in ihren Händen, als wäre darin ein Schatz begraben. Ihre Miene spiegelte Erleichterung wider.

»Wie geht es Jannik?«, fragte Franky geradeheraus.

Marlene schaute ihn lange an, bevor sie antwortete. »Gut. Es geht ihm gut.«

»Und Niki? Wie geht es ihm?«, wagte sich Franky vor und traf Marlenes wunden Punkt.

Sie wandte sich ab. »Nicht jetzt, Franky. Nicht jetzt.«

Eifrig klappte sie eine Seite des Bettes hoch und kramte im Bettkasten nach Bettwäsche. Sie zog einen Überzug heraus, dessen Muster sein Alter verriet und heutzutage durchaus als Retroware wieder in Mode wäre, und roch daran. »Das geht noch«, murmelte sie und machte sich daran, das zweite Bettzeug zu überziehen. »Geh du zuerst duschen, ich rauche noch eine«, sagte sie zu Franky, der spürte, dass diese Anweisung nicht verhandelbar war, und ins Bad ging.

Marlene nahm sich noch eine Dose Bier aus dem Kühlschrank und kroch durchs Fenster. Sie brauchte Ruhe, um das Telefonat in ihrem Kopf nachhallen zu lassen.

Als sie aus dem Bad kam, lag Franky bereits mit geschlossenen Augen im Bett. Sie kroch dazu und wickelte sich in ihre Decke.

»Danke, Marlene. Ich hoffe, ich kann dir das einmal zurückgeben. Ich werde für dich da sein«, flüsterte er ihr zu.

»Schon gut. Gute Nacht! Ich muss morgen früh raus.«

Marlene lauschte Frankys Atem. Früher hatte sie oft neben ihm geschlafen. Trotzdem war es nach so langer Zeit des allein Einschlafens eigenartig, wieder jemanden neben sich atmen zu hören.

20

Graz zeigte sich an diesem Morgen von seiner trüben Seite. Der Nieselregen hat sich seinen großen Bruder in Form von richtigem Regen zur Verstärkung geholt und wusch die Stadt sauber. Marlene fühlte sich zwar nicht ausgeschlafen, und doch zeigte sie sich hellwach. Immerhin wartete ein Mörder darauf, gefasst zu werden. Sie standen früh in der Hauseingangsnische und starrten in den Regen.

»Komm, ich lade dich auf einen Kaffee ein, nachdem ich bei dir ja keinen bekommen habe.« Franky tat beleidigt.

»Du hättest nur früher aufstehen müssen. Außerdem bin ich sauer auf dich, weil du im Stehen gepinkelt hast. Und ich muss jetzt los.«

Marlene wollte bereits in den Regen hinauslaufen, doch Franky hielt sie am Arm zurück. Er umarmte sie fest und drückte sie lange an sich. Dabei flüsterte er ihr ins Ohr. »Danke, Marlene.«

Marlene ließ die Umarmung zu und fühlte sich einen kurzen Augenblick geborgen darin. Kein Zweifel, es tat ihr gut, in jemandes Armen zu liegen.

Ein paar Meter entfernt stand Johannes mit einem großen Schirm in der Hand und beobachtete etwas zerknirscht die Szene, die er so nicht erwartet hatte. Franky drehte ihm den Rücken zu, weswegen er ihn nicht erkannte. Marlene hat also einen Freund. Warum war er sicher gewesen, dass sie in keiner Beziehung war? Er drehte sich um, damit sie ihn nicht sehen konnte, und ging schnell außer Sichtweite.

Marlene löste sich aus der Umarmung und küsste Franky auf die Wange.

»Ich habe übrigens nicht im Stehen gepinkelt. Ich weiß ja, was sich gehört, und habe mich brav hingesetzt.« Franky stemmte seine Hände in die Hüften.

Marlene runzelte kurz die Stirn. »Okay, wenn du das sagst. Es roch aber so, als wäre da einiges danebengegangen.« Sie wischte den Gedanken mit einer Handbewegung und einem kurzen Kopfschütteln weg. »Was machst du heute und vor allem, wo wirst du schlafen?«, fragte sie ihn, obwohl sie schon wusste, worauf es hinauslaufen würde.

Er zuckte mit den Schultern und schaute sie an.

Marlene seufzte. »Gut, dann also wieder bei mir. Aber das wird keine Dauerlösung. Hast du das verstanden?«

Franky strahlte sie an: »Du bist die Beste! Danke, danke, danke. Du bist gerade zur richtigen Zeit wieder aufgetaucht. Dem Himmel sei Dank.«

»Jetzt hör schon auf. Der Franky von früher glaubte nicht an Zufälle«, feixte Marlene.

»Das tut der Franky von heute auch nicht. Alles hat seinen Sinn, und jede Begegnung ist von Bedeutung. Ich muss ja fast einem Mörder danken, dass er dich zurück in mein Leben gebracht hat.«

»Jetzt reicht es aber. Wir hätten uns schon irgendwo getroffen. Zumal ich dich sicher mal gesucht und gefunden hätte. Ich muss jetzt los.« Marlene stellte den Kragen ihres Mantels auf und lief los.

»Wann wirst du zu Hause sein?«, rief Franky ihr hinterher.

Marlene drehte sich im Laufen um, hob die Arme und zuckte mit den Schultern. »Ich ruf dich an.« Dann war sie weg. Sie lief die Gasse hinauf und begegnete Johannes, der ihr mit einem großen Schirm entgegenkam. »Wow, das ist ja ein Service. Davon könnten sich die Wiener eine Scheibe abschneiden«, lachte sie und stellte sich neben ihn unter den Schirm.

Johannes rang sich ein Lächeln ab und begleitete sie zum Auto.

Die morgendliche Besprechung im Präsidium war ernüchternd. Der Cobra-Einsatz wurde besprochen, und Branner konnte sich sein hämisches Grinsen nicht verkneifen.

»Gleich die ganz großen Geschütze aufgefahren für ein verliebtes Pärchen, das sich mal beschnuppern wollte? Na, die haben nun auf Lebzeiten eine gute Geschichte, wie ihr erstes Date ausgesehen hat.«

»Klar, Branner. Sie wären natürlich allein in die Hütte gegangen und hätten das Leben einer eventuellen Geisel aufs Spiel gesetzt.« Marlene hatte keine Lust auf eine solche Diskussion. Sie verschwendete nur Energie und führte zu nichts.

Der junge Stockinger schaute zur Tür herein und räusperte sich verlegen.

»Ja?«, fragte Marlene.

»Ich weiß nicht, ob das angebracht ist, aber ich habe vom gestrigen Einsatz einen Bericht verfasst. Wenn Sie möchten, können Sie ihn verwenden.« Er wirkte, als hätte er etwas ausgefressen, wofür er sich entschuldigen müsste.

Marlene warf ihm einen anerkennenden Blick zu, und noch bevor sie ihn hereinbitten konnte, zischte Branner ein deutlich hörbares »Schleimer!«. Sie warf ihm einen verächtlichen Blick zu und widmete sich wieder Stockinger, der noch immer in der geöffneten Tür stand.

»Kommen Sie rein. Danke, das ist großartig. Ich werde ihn gleich nach der Besprechung absegnen, und dann dürfen Sie mitkommen. Wir haben eine Aufgabe für Sie.«

Branners verärgertes Gesicht war ihr eine Genugtuung. »Bei dem Sauwetter will eh keiner raus«, murmelte er in seinen nicht vorhandenen Bart.

»Branner! Was hat die Spurensicherung bezüglich des Transportwagens herausgefunden? Irgendwas Brauchbares? Fingerabdrücke, DNA-Spuren?«, wandte Marlene sich ihm gleich wieder zu.

Branner wurde sachlich. »Nicht unbedingt. Auf dem Wagen fanden sich zahlreiche Fingerabdrücke. Die meisten konnten wir dem Hauspersonal zuordnen. Auffallend war jedoch, dass sie sich nur auf kleinen Arealen befanden. An vielen Stellen gab es nur stark verwischte Spuren.«

»Der Täter hat den Wagen abgewischt?«, mutmaßte Stockinger eifrig und verstummte augenblicklich, als er sich bewusst wurde, dass er wahrscheinlich nicht gefragt war.

Johannes warf ihm einen wohlwollenden Blick zu, und Stockinger entspannte sich.

»Eher weniger, dann wären keine Fingerabdrücke darauf zu sehen. Es ist wahrscheinlicher, dass der Täter Handschuhe getragen hat und damit Fingerabdrücke, die bereits auf dem Wagen waren, verwischt hat.«

»Also wieder keine Spur«, seufzte Marlene und ließ sich in ihrem Sessel zurückfallen.

Branner erhob sich und ging zu ihr. »Ich weiß nicht, ob das was ist, aber gestern habe ich mir nochmals die Fotos angeschaut und etwas entdeckt. Ich glaube, der Kunsthausdirektor und der Fotograf haben ein etwas angespanntes Verhältnis. Schaut euch mal das an.« Er klickte mehrmals auf ein Foto, auf dem im Vordergrund zwei von Botox verformte Mittfünfzigerinnen in teuren Designerkleidern versuchten, ihren Gesichtern eine freudige Miene abzuzwingen. Branner zoomte jedoch in den Hintergrund. Dort sah man Zierach und Klingenbach, die sich gegenüberstanden. Ihre

Gesichtsausdrücke und Körperhaltungen wirkten nicht gerade freundschaftlich. Obwohl durch die Vergrößerung alles sehr unscharf war, konnte man erkennen, dass Zierach seine Hand zur Faust geballt hatte.

Alle vier steckten ihre Köpfe zusammen und betrachteten den Bildausschnitt.

»Gibt es mehr davon?«, fragte Marlene.

Branner klickte weiter und zeigte noch ein Foto. Diesmal im Vordergrund ein Paar.

»Wer ist das?«, fragte Marlene.

»Das ist Dr. Machheim, der Schönheitschirurg von Graz«, war Branner sofort auskunftsbereit.

»Waren die zwei Damen vom letzten Foto bei ihm in Behandlung?«, fragte Marlene mit verächtlicher Stimme.

Branner lachte laut auf. »Das wäre echt rufschädigend, wenn sie so etwas behaupten würden. Ich glaube, die zwei spritzen sich das Botox gegenseitig. Aber der Machheim hatte fast alle schon unter dem Messer.«

»Okay, ich merke es mir, sollte ich mal darüber nachdenken.« Marlene strich sich mit den Fingern über ihre Stirn, als würde sie ihre Falten glätten wollen.

»Aber seine Tochter ist hübsch«, meinte Stockinger und deutete auf Dr. Machheims Begleitung.

»Träum weiter. Das ist seine Frau, und sie ist so alt wie er.« Branner war echt informiert über das Who's who von Graz.

»Also das nenne ich mal Werbung. Echt gute Arbeit, aber jetzt geh mal wieder in den Hintergrund zu Zierach und Klingenbach.« Johannes war es, der wieder auf das Wesentliche kommen wollte. Auch auf diesem Bild wirkten die beiden nicht gerade erfreut übereinander. Diesmal neigte sich Klingenbach weit zu Zierach, und seine Miene wirkte feindselig.

»Was sagt ihr dazu?« Branner schaute selbstgefällig in die kleine Runde.

»Ja, eigenartig. Aber ich habe bei Klingenbach schon durchgehört, dass er nicht gerade ein Fan von Zierach ist. Kann das etwas mit dem Mord an Alexandra zu tun haben?«, mutmaßte Marlene.

Branner positionierte sich neu im Raum, damit ihn alle gut sehen konnten, bevor er ausholte: »Keine Ahnung, aber während ihr gestern den Massenmörder vom Schöckl gejagt habt, habe ich ein bisschen recherchiert, und ihr werdet es nicht glauben, aber die beiden Herren kennen sich schon länger.«

Marlene verdrehte die Augen. »Bravo, Branner, gut gemacht. Ja, wir haben mit Kanonen auf Spatzen geschossen, doch du wirst uns jetzt den entscheidenden Hinweis geben. Dann bekommst du auch von Mami ein Lob.«

Johannes schüttelte leicht den Kopf, während Stockinger unangenehm berührt von Marlene zu Branner schaute.

Branner fasste sich wieder und schaute von oben herab auf die sitzende Marlene, während er sprach. »Zierach und Klingenbach haben zur gleichen Zeit an der Angewandten studiert.«

Keiner gab einen Ton von sich, nur Stockinger holte Luft.

»Das ist die Universität für angewandte Kunst in Wien«, antwortete Johannes, bevor Stockinger seine Frage stellen konnte.

Stockinger nickte dankbar.

»Also ich finde das schon verdächtig und habe nachgefragt. Meistens brüsten sich die erhabenen Herrschaften damit, dass sie sich schon lange kennen, doch sowohl Klingenbach als auch Zierach haben es in ihren Reden bei der Vernissage nicht erwähnt und begegneten sich sehr kühl. Das hat auch der Foto-Franky berichtet. Komisch, oder?« Branner hoffte auf Zustimmung.

Johannes nickte. »Stimmt, dass sie das nie erwähnt haben, ist wirklich schräg. Hast du noch mehr?«

Branner nickte. »Klingenbach hat das Studium abgeschlossen, während Zierach nach ein paar Jahren abgebrochen hat und bald darauf nach Amerika ausgewandert ist.«

»Neid oder Eifersucht als Motiv wäre möglich. Immerhin hat Zierach eine unbeschreibliche Karriere hingelegt«, überlegte Marlene.

»Wobei die Direktion eines mittlerweile weltberühmten Kunsthauses auch nicht zu verachten ist«, warf Johannes ein.

»Aber sicher nicht so lukrativ wie das, was Zierach seine Fotos einbringen. Geld kann immer zum Motiv werden«, brachte Branner dazu ein.

Stockinger schaute von einem zum anderen und wartete gespannt auf den nächsten Wortbeitrag, doch da nichts kam, fragte er. »Ihr denkt, der Klingenbach hat aus Eifersucht auf dessen Karriere das Kunstwerk seines ehemaligen Kommilitonen kopiert und dafür jemanden umgebracht?« Alle drei schauten ihn an. Er schüttelte ungläubig den Kopf: »Das ist ja total krank.«

Marlene nickte. »Ja, Stockinger. Eine Leiche so aufzustellen, ist definitiv krank, egal aus welchen Beweggründen. Und eines kann ich Ihnen auch prophezeien. Wenn Sie bei der Mord arbeiten möchten, kriegen Sie es unweigerlich mit kranken und entrückten Persönlichkeiten zu tun. Darüber sollten Sie sich im Klaren sein, bevor Sie sich bewerben. Das druckt nicht ein jeder durch.«

Stockinger nickte andächtig. »Ich glaube schon, dass ich das will. Es ist doch jeder Mord eigentlich von krankhafter Natur, oder?«

»Nicht unbedingt«, erklärte Marlene. »Die meisten Morde geschehen aus dem Affekt heraus, sind ungeplant, und der oder die Täter stehen unter dem Einfluss von Alkohol oder Drogen. Die Motive sind menschlich und unterschwellig. Da gehören Neid und Eifersucht dazu. Oft stehen auch nur gekränkte Egos dahinter.«

»Das klingt, als könnte jeder zum Mörder werden«, warf Stockinger ein.

»So ist es auch. Im Grunde kann niemand von sich behaupten, er würde nie einen Mord begehen. Erst auf dem Sterbebett kann man bilanzieren, ob man wohl niemanden in seinem Leben umgebracht hat.« Marlene lächelte und zwinkerte Stockinger zu, um ganz sicher zu gehen, dass er ihre Worte nicht ganz so ernst nehmen würde.

Stockinger lächelte dankbar zurück. »Und wenn man nur dran denkt, jemanden umzubringen? Ist das auch schon krank?«, fragte er, und es war nicht klar, ob er diese Frage ernst meinte.

»In Gottes Namen, dann könntet ihr mich sofort als Serienmörderin verhaften.« Marlene kreuzte ihre Handgelenke und hielt sie ihm hin, als würde sie Handschellen angelegt bekommen. »Und den Branner kannst du auch gleich einbuchten. Der hat sicher auch schon so manche Möglichkeit durchdacht, wie er mich loswerden könnte«, ihr Lachen klang ehrlich.

Branner winkte ab. »Dann müsste ich vielleicht die Leitung hier übernehmen. Darauf habe ich keinen Bock.«

»Die gute Stimmung freut mich. Feiern Sie die Festnahme des Täters?« Kreuzofner stand plötzlich in der Tür und schaute die Truppe streng an.

Marlene richtete sich rasch auf und straffte ihre Schultern. »Guten Morgen, Herr Direktor. Nein, noch haben wir nichts zu feiern. Wir freuen uns nur gerade darüber, dass wir uns gegenseitig nicht umbringen wollen.«

Kreuzofner schnappte kurz nach Luft und wollte der

schnippischen Antwort etwas entgegnen, doch er hielt inne und ließ seinen Atem hörbar entweichen. »Ich brauche Ergebnisse. Was sage ich unserem Pressesprecher, damit die Medien sich nicht selbst irgendwelche Geschichten zusammenreimen? Und was hat die Zeugin aus der Sporgasse gesehen?«

»Welche Zeugin?«, fragte Marlene verwundert.

Kreuzofner wirkte völlig entnervt. »Bei den gestrigen Befragungen der Sporgassen-Bewohner hat eine Frau von ihren Beobachtungen erzählt. Der Kollege war unsicher, ob das relevant ist, meldete es aber sicherheitshalber. Die Frau erzählte irgendwas von einem Rollwagen. Gestern hat sich eine Zeugin gemeldet, die in der Nacht des Mordes etwas beobachtet hat. Was genau, wollte sie erst den Beamten erzählen, wenn sie zu ihr kommen. Hat Ihnen das noch keiner gesagt?«

Alle schüttelten die Köpfe.

»Na bravo, Kommunikationsprobleme haben wir hier auch noch!«

Marlene stand auf. »Wir fahren hin.« Sie nickte Johannes zu, der sofort aufstand, doch Kreuzofner winkte Marlene zu sich.

»Vorher muss ich Sie noch kurz sprechen.«

Marlene warf Johannes einen vielsagenden Blick zu. »Bitte schau dir inzwischen Stockingers Bericht an.«

Kreuzofner stand bereits vor der Tür. »Stockingers Bericht? Sagen Sie bloß, Sie lassen sich von einem Anfänger die Berichte schreiben? Das geht nicht, Frau Chefinspektor. Wo haben Sie den Jungspund überhaupt her?«, suderte er, während sie nebeneinander zu seinem Büro gingen.

»Der Kollege Stockinger war beauftragt, das Kunsthaus zu sichern. Dabei hat er sich als fähig erwiesen. Du hast doch selbst das Okay gegeben, dass ich Personal ordern kann, so viel ich brauche.«

»Pscht!« Kreuzofner blickte sich verstohlen um, obwohl keiner den persönlichen Ton, den Marlene anschlug, hören konnte. »Warte wenigstens, bis wir in meinem Büro sind«, flüsterte er, um dann wieder laut, deutlich und mit strengem Unterton fortzufahren. »Die Berichte werden auf jeden Fall geprüft, bevor sie abgelegt werden. Und der junge Kollege wird nach diesem Fall wieder seiner eigentlichen Zuständigkeit zugeführt.«

Er schloss hinter sich die Bürotür und wandte sich Marlene zu. Sie kam ihm zuvor: »Ich weiß, dass du Ergebnisse brauchst. Wir ermitteln in alle Richtungen, und gestern konnten wir die Serientäter-Geschichte entschärfen. Immerhin etwas. Und Christine Herand ist wieder bei ihrem Mann, hoffentlich renken sich deren Beziehungsprobleme wieder ein. Den Mörder werden wir auch finden, das verspreche ich dir.«

»Das weiß ich doch. Aber für die Beziehungsprobleme von Paaren habe ich kein Verständnis, wenn sich daraus fast eine landesweite Panik entwickelt und wir Cobra-Module durch die Wälder schicken. Ich muss mich da erklären.« Er erwartete Verständnis in Marlenes Augen.

»Wenn du den Bericht gelesen hast, wirst du erkennen, dass wir gute Gründe hatten, die Cobra anzufordern. Du hättest es damals nicht anders gemacht, Onkel Toni. Jetzt vertrau mir doch endlich mal. Ich mache das schon.«

Da sie ihn ansprach wie vor langer Zeit, lächelte er sie liebevoll an. »Ich vertraue dir doch, aber du musst dich erst zurechtfinden und dich ins Team integrieren. Ich habe mich sogar gefreut, dass ich euch in so guter Stimmung erwischt habe, doch ich muss mir meine Autorität bewahren.«

Marlene nickte verständnisvoll.

»Übrigens hat er gestern angerufen. Du hast wieder einmal einen Termin sausen lassen«, kam er endlich zu dem Punkt, über den er mit ihr sprechen wollte.

Marlene schnappte nach Luft. »Was? Gestern? Wie soll ich denn gleichzeitig einen Mörder schnappen und an diese beschissene Therapie denken?« Ihr Gesicht rötete sich vor Wut.

»Na, jetzt beruhige dich, Marlene. Ich habe es ihm erklärt, und er hat es verstanden. Ich habe ihm auch gesagt, dass du erst wieder zu ihm kommen kannst, wenn der Fall hier erledigt ist.«

Marlene hielt verwundert inne. »Danke«, hauchte sie nur.

»Wir haben aber über dich gesprochen«, ergänzte Kreuzofner und setzte sich auf seinen Bürostuhl. »Natürlich nur so viel, wie es ihm im Rahmen seiner Tätigkeit erlaubt ist«, fügte er rasch hinzu, noch bevor Marlene sich aufregen konnte.

»Ach ja? Und was habt ihr da so geredet?«, fragte sie bemüht ruhig.

Kreuzofner schaute sie lange an. »Er meinte, dass ihr euch, nach anfänglicher mangelhafter Kooperationsbereitschaft deinerseits, annähert und er sehr erfreut darüber ist. Er meinte, ich solle mir keine Sorgen machen, ihr beide wärt auf einem guten Weg, der noch etwas Zeit braucht.« Kreuzofner wirkte zufrieden, und Marlene beschloss, es dabei zu lassen.

»Sonst noch etwas?«, fragte sie.

»Ja!« Er neigte sich in seinem gemütlichen Sessel nach vorn und beschwörte Marlene: »Schnapp dir den Mörder. Für diese Alexandra, für ihre Hinterbliebenen, für mich und vor allem für dich!«

Marlene nickte lächelnd und salutierte ansatzweise. Kreuzofner tat es ihr nach. Er musste noch lächeln, lange nachdem sie die Bürotür hinter sich geschlossen hatte.

Wie kommt es zu dem guten Verhältnis zwischen Ihnen und Kreuzofner?

Wer sagt, dass wir ein gutes Verhältnis haben?

Ich reime mir das so zusammen. Entweder er steht in jemandes Schuld und nimmt sie deswegen unter seine Fittiche, oder Sie haben ein gutes Verhältnis zueinander.

Vielleicht schlafe ich ja mit ihm?

Tun Sie das?

Nein, niemals, doch nicht mit Onkel Toni!

Also ist er ein Verwandter?

Ach nein. Ich habe ihn nur immer so genannt. Er ist oder besser gesagt war der beste Freund und Kollege meines Vaters. Ich kenne ihn, seit ich klein bin, und wir haben ihn immer Onkel Toni nennen dürfen. Als ich gegen den Willen meines Vaters zur Polizei gegangen bin, hat er mich gefördert. Darunter hat aber auch seine Freundschaft zu meinem Vater gelitten.

Warum wollte Ihr Vater nicht, dass Sie zur Polizei gehen? Immerhin war er selbst Polizist.

Mein Vater war ein einfacher Dorfgendarm, dem es auf dem Land besser gefallen hat als in der Stadt. Er war überhaupt nicht ehrgeizig und war mit seinem Leben, dem Hof und seiner Familie glücklich. Onkel Toni wollte schon immer hoch hinaus und strebte nach mehr. Sie haben zusammen die Ausbildung gemacht, sind dann die ersten Jahre gemeinsam auf dem Posten gewesen, doch Onkel Toni hat dann eine weiterführende Ausbildung gemacht, während mein Vater sich verliebte, heiratete und Kinder bekam.

Und warum wollten Sie Polizistin werden? Wollten Sie Ihrem Vater nacheifern?

Vater wollte von keinem von uns beiden, dass wir Polizisten werden. Ich denke, er hatte nach dem Tod von Mutter einfach Angst um uns. Er hat sich nie von ihrem Tod erholt. Er hat sich toll um uns gekümmert, aber wir spürten auch immer seine Leere. Mir tat er leid.

Und Ihre Nonna wurde die weibliche Bezugsperson für Sie?

Ja, wir waren viel bei Nonna. Das waren die schönsten Zeiten meiner Kindheit. Später, als Alwin schon mehr auf dem Hof helfen konnte, durfte ich sogar allein mit dem Zug in die Stadt fahren.

Alwin?

Mein Bruder.

Seltener Name.

Ja, fragen Sie ihn, wie glücklich er mit seinem Namen als Kind war. Mutter hat ihn nach Vaters Vater benannt. Sie wollte ihn damit milde stimmen.

Weswegen war der Schwiegervater milde zu stimmen?

Ach, mein Großvater, also der Vater meines Vaters, ist eine Geschichte für sich. Da sollten Sie meinen Vater therapieren.

Klingt interessant.

Ich kann gerne versuchen, es zu erklären. Wobei das alles ja vor meiner Zeit war. Und ob ich je die ganze Wahrheit rausgefunden habe, weiß ich nicht. Fakt ist, dass mein Großvater ein unglaublich wichtiger Jurist in Graz war, Dr. Hofrat von und zu oder so irgendwie. Auf jeden Fall war er ein hohes Tier und nahm sich entsprechend wichtig. Sein einziger Sohn, mein Vater, geriet so gar nicht nach seinem Sinn, wehrte sich gegen jegliches Studium, trat nicht in Großvaters Fußstapfen, um die Kanzlei zu übernehmen, und wurde Polizist. Das war für den Großvater eine derartige Schande, dass er ihn rauswarf. Vater wurde dann Dorfgendarm, verliebte sich in meine Mutter und übernahm mit ihr den Bauernhof ihrer Eltern. Er war glücklich, und als mein Bruder auf die Welt kam, dachte meine Mutter, es würde Großvaters Herz erweichen, wenn das erste Enkelkind seinen Namen trägt.

Aber ihr Plan ging nicht auf?

Nein, die Beziehung zwischen meinem Vater und seinem Vater heilte nie. Großvater blieb stur bis zu seinem Tod. Nonna hatte guten Kontakt zu Vater, Mutter und uns. Sie ließ sich von Großvater nichts verbieten und drohte ihm sogar, sich scheiden zu lassen, wenn er ihr den Kontakt zu ihren Enkelkindern verwehren würde. Das wäre wiederum für ihn eine Demütigung gewesen, und er ließ sie gewähren. Nonna blieb dann meistens mit uns in der kleinen Bedienstetenwohnung, damit Großvater sich nicht gestört fühlte.

Mochten Sie Ihren Großvater?

Schwer zu sagen. Nonna erklärte uns sein Verhalten immer so, dass wir es verstanden und uns nicht zurückgewiesen fühlten. Sie erfand immer irgendwelche Geschichten, warum Opa keine Zeit hatte, warum er mürrisch war, warum er uns nicht sehen wollte.

Was erzählte sie Ihnen da zum Beispiel?

Einmal meinte sie, Opa hätte die ganze Nacht die Herrengasse gekehrt, weil er sich ehrenamtlich für die Reinhaltung der Stadt gemeldet hätte. Deswegen sei er müde und brauche seine Ruhe. Ein anderes Mal hatte er schlechte Laune, weil die Studenten, die bei ihm Kurse belegten, so schlechte Aufsätze abgegeben hätten. Oder er musste einen Mafiaboss vor Gericht vertreten. Sie war so erfinderisch und gab uns immer das Gefühl, dass es nicht an uns lag. Dann meinte sie, wir müssten uns mal wieder überlegen, was wir ohne Opa so unternehmen können.

Ihre Nonna hat da viel Energie hineingelegt.

Ja, das hat sie. Sie hat das großartig gemacht. Ich bewundere sie heute noch mehr als damals.

Möchten Sie noch mehr über Nonna reden?

Über Nonna könnte ich tagelang erzählen. Ich weiß nicht, wo ich heute wäre, hätte sie mir nicht die Kindheit gerettet. Sie war immer da. Ich kann mich nicht daran erinnern, dass sie mich je enttäuscht hätte. Sie stand zum Beispiel jedes Mal pünktlich am Bahnsteig, wenn ich mit dem Zug zu ihr in die Stadt fuhr. Als Erstes gingen wir dann immer in die Bäckerei am Bahnhof, und Nonna bestellte zwei Kipferl, einen Orangensaft für mich und einen Cappuccino für sich. Ich durfte dann mein Kipferl in ihren Milchschaum tunken.

In diesen Erinnerungen fühlen Sie sich sehr wohl.

Durchaus. Ich würde heute noch gerne mit ihr irgendwo sitzen und Kipferl essen.

Sie fehlt Ihnen mehr als Ihre Mutter?

Ich kann mich an meine Mutter kaum erinnern. Es sind nur so lose Gedankenfetzen, in die ich das Gesicht, das ich von Fotos kenne, einfüge. Ich war keine drei Jahre alt. Mein Bruder ging schon zur Schule, den traf es anders. Bewusster. Härter.

Oh, wir haben heute fast die Zeit übersehen. Wir müssen Schluss machen.

Stimmt. Die Zeit ist heute schnell vergangen.

Das machen die guten Erinnerungen an früher. Wir können gerne hier fortfahren.

Wenn es Sinn macht.

Es gehört zu Ihrer Geschichte und ist mitunter ein Grund, warum Sie heute so sind, wie Sie sind. Wenn es Ihnen leichter fällt, darüber zu sprechen, werde ich mit Ihnen diesen Weg gehen.

21

Es regnete ohne Unterbrechung. Marlene fuhr auf den Karmeliterplatz, um zu parken.

»Die Dame wohnt in der Sporgasse 18. Frau Rossmann«, informierte Johannes sie.

Marlene horchte auf. »Was? Die heißt Rosemann und ist meine Nachbarin.«

Johannes betrachtete den Notizzettel in seiner Hand. »Die Schrift des Kollegen lässt zu wünschen übrig.«

»Was hat sie denn überhaupt gesagt?«

»Der Kollege wusste nicht, ob er sie ernst nehmen sollte. Sie hat ganz weit ausgeholt und dann irgendetwas von einem Typen mit einem Rollwagen erzählt, der zu früh dran war. Kann auch sein, dass es nichts von Bedeutung ist. Der Kollege meint, dass es der alten Dame sicher langweilig ist oder sie sich wichtigmachen muss.« Er zuckte mit den Schultern.

Sie mussten mehrmals klopfen, bis sich hinter der Tür eine Stimme meldete und fragte, wer da sei. »Frau Rosemann. Nochmals die Polizei. Ich bin auch dabei. Die Kranz Marlene.«

Der Schlüssel wurde im Schloss umgedreht, und die Tür öffnete sich so weit, wie es das Kettenschloss zuließ. Durch den Spalt lugte eine alte, gepflegte Frau.

»Ach, da kommt ja das Täubchen geflogen. Schön, dass du dich mal anschauen lässt.«

Die Tür schloss sich wieder, und die Kette wurde gelöst. Johannes schaute Marlene mit skeptischem Blick an, als würde er bereits jetzt an der alten Dame zweifeln.

»Meine Oma hat mich immer Taube genannt«, musste Marlene gestehen.

Frau Rosemann öffnete die Tür und ließ die beiden eintreten. »Schön, dass Sie gekommen sind. Möchten Sie Kaffee? Oder Tee?«

»Danke, Frau Rosemann. Nicht nötig«, wollte Marlene die Sache beschleunigen.

»Aber das macht doch keine Umstände. Wissen Sie, ich bekomme ja nur noch selten Besuch, da werde ich die wenigen doch nicht nachlässig behandeln. Es dauert auch nicht lange. Meine Enkel haben mir so eine moderne Kapselmaschine gekauft.« Sie verschwand bereits in der Küche.

Johannes und Marlene konnten sich in der Wohnung umschauen. Sie war herrschaftlich eingerichtet, und so manch Antiquitätenhändler hätte vor Freude eingespeichelt beim Anblick des Mobiliars und der Ausstattung. Während die Schränke und Anrichten im Jugendstil waren, durfte es sich beim Sofa und dem dazugehörigen Tisch um Chippendale-Möbel handeln. Alles in einem tadellosen Zustand. Marlene verschwieg, dass dies die Einrichtung ihrer Großeltern war, die Frau Rosemann damals schon von Nonna mitgemietet hatte. Es war also alles Marlenes Besitz. Es war ihr etwas unangenehm, mit Johannes hier zu sein, und sie hoffte, dass Frau Rosemann nicht zu viel ausplaudern würde. Hätte sie den Namen der Zeugin vorher gewusst, hätte sie Johannes irgendwie abgewimmelt, doch dafür war es jetzt zu spät.

»Irgendwas stimmt nicht mit der Maschine. Aber das moderne Zeug ist halt nicht gut. Mir schmeckt der alte Filterkaffee viel besser. Oder ein Türkischer. Ich liebe türkischen Kaffee. Manchmal mache ich mir einen. Wollen Sie auch einen? Ich mache Ihnen gerne einen türkischen Kaffee.« Frau Rosemann trug zwei Tassen in der Hand, in denen leicht bräunliches Wasser dampfte.

Marlene eilte ihr zu Hilfe. »Danke, Frau Rosemann. Wir haben nicht so viel Zeit. Wir müssen weiter«, versuchte sie in höflichem Ton, die alte Frau nicht zu vergrämen.

Frau Rosemann schaute traurig auf das Kaffeewasser. »Mit der Maschine stimmt irgendwas nicht«, wiederholte sie.

»Lassen Sie mich mal einen Blick auf die Maschine werfen. Ich kenne mich damit aus. Derweil setzen Sie sich zu Marlene und plaudern. So unter Nachbarinnen.« Johannes brauchte sich nicht großartig zu verstellen, um den perfekten Kavalier abzugeben. Er nahm der alten Dame behutsam die Tassen aus den Händen und ging damit in die Küche.

Frau Rosemann ließ es geschehen und seufzte schwärmerisch, als sie Johannes nachsah. »Ist das dein Freund? Oh, der hätte Hermi gefallen. Schade, dass sie ihn nicht mehr kennenlernen kann. Sie fehlt mir. Früher kam sie oft zu mir rüber, und wir spielten Karten. Oder wir gingen einfach runter zum Sorger auf einen Kaffee und ein Kipferl. Wobei ich mir ja am liebsten einen Apfelstrudel bestellt habe. Hermi hat sich meistens eine Kardinalschnitte bestellt, aber ein Kipferl hat sie immer mitgenommen.«

Marlene musste lächeln und notierte sich gedanklich, dass sie die gute alte Frau Rosemann durchaus öfter besuchen sollte. »Nein, Frau Rosemann. Das ist mein Kollege, nicht mein Freund.«

»Nicht?« Frau Rosemann wirkte überrascht. »Aber er ist ja wirklich ein fescher Kerl und so nett.«

Marlene wusste, dass Johannes in der Küche alles hören konnte. »Ja, das ist er durchaus. Er ist sehr nett und ein ganz guter Kollege, aber nicht mehr. Wir müssten jetzt darüber sprechen, was Sie gestern dem anderen Kollegen erzählt haben.« Frau Rosemann schaute sie verwirrt an, und Marlene befürchtete schon, dass die arme Frau ihn bereits vergessen hatte, als Johannes mit zwei Tassen Kaffee zurückkam.

»Bitte schön, die Damen!« Er servierte so galant wie ein Oberkellner im Café Sacher.

Frau Rosemann kicherte wie ein junges Mädchen und strahlte ihn an.

»Die Maschine ist wieder in Ordnung, und ich habe die Kaffeekapseln dazugestellt. Diese sollten nach jedem Kaffee gewechselt werden.«

»Nach jedem Kaffee? Ist das nicht Verschwendung?«, fragte Frau Rosemann entsetzt.

»Durchaus, aber das ist bei den modernen Maschinen so. Ich hole mir nun auch noch einen Kaffee. Brauchen Sie Milch und Zucker, Frau Rosemann?«

»Danke, ich trinke den Kaffee schwarz wie die Nacht«, sie verlieh ihrer Stimme die nötige Theatralik. »Oder wie deine Nonna sagen würde: schwarz wie meine Seele.« Sie kicherte in sich hinein, um gleich wieder wehmütig hinzuzufügen, wie sehr sie Hermi vermisst.

Marlene wurde langsam ungeduldig. »Frau Rosemann, was haben Sie in der Nacht von Freitag auf Samstag gesehen?«

»Ich weiß es nicht genau«, fing sie an, und Marlene resignierte innerlich bereits. »Aber als ich in der Zeitung gelesen habe, was da Furchtbares bei unserer schönen Doppelwendeltreppe geschehen ist, und dann der Polizist da war und gefragt hat, dachte ich halt wieder daran.«

»Und was war das?«, fragte Marlene erneut.

»Wie soll ich es sagen? Es war noch ziemlich finster. Und eigentlich wäre es ja normal, um diese Zeit …«

Johannes kam mit seinem Kaffee zurück, stellte ihn auf den Tisch und beugte sich zu Frau Rosemann. »Vielleicht zeigen Sie uns einmal das Fenster, von wo aus Sie Ihre wichtige Beobachtung gemacht haben. Das würde uns helfen, es uns vorstellen zu können.«

Frau Rosemanns Gesicht erhellte sich, und sie bemüßigte sich aufzustehen. Johannes griff ihr gekonnt unter den Arm und zog sie hoch. Spätestens jetzt hatte sich die alte Dame in ihn verliebt. Marlene musste anerkennend eingestehen, dass Johannes das ziemlich gut machte. Dabei wirkte er so natürlich, überhaupt nicht gespielt. Wahrscheinlich war er einfach richtig nett. Er hätte Nonna auf jeden Fall gefallen. Ihr hätte es auch nichts ausgemacht, dass er einige Jahre jünger war als Marlene. Sie wischte ihre Gedanken beiseite und folgte den beiden ins Badezimmer. Dieses Fenster ging zur Sporgasse, und da der Fensterrand recht niedrig war, war es ein Leichtes, sich darüberzulehnen, um hinunter in die Gasse zu blicken. »Ich bin wie jede Nacht aufgewacht, weil ich zur Toilette musste. Dann habe ich das Fenster aufgemacht und ihn gesehen.«

»Wen?«, fragten Johannes und Marlene unisono.

»Wer das war, weiß ich nicht. Aber der Mann hat gesungen. Das hat mir gefallen. Er schob einen Karren vor sich her und hat gesungen.«

»Was war das für ein Karren, und was hatte der Mann an?«, fragte Marlene forscher, als sie es wollte, denn Frau Rosemanns Gesicht zeigte ein wenig Überforderung.

Johannes sprang ein. »Frau Rosemann, bitte überlegen Sie ganz in Ruhe. Alles, was Ihnen einfällt, kann wichtig sein. Versuchen Sie, sich an den Moment zu erinnern, als Sie aus dem Fenster sahen. Vielleicht hilft es Ihnen, jetzt auch hinunterzusehen.«

Frau Rosemann nickte ihm dankbar zu und trat ans Fenster. Sie beugte sich vor und schaute auf die regennasse Gasse, in der sich die wenigen Menschen, die unterwegs waren, unter Schirmen verborgen hielten. Marlene atmete tief durch und entschied, das Gespräch Johannes zu überlassen.

Frau Rosemann begann langsam zu sprechen. »Es war eine schöne, laue Nacht. Es war sehr hell. Vielleicht der Mond oder die Morgendämmerung, ich weiß es nicht. Um die Zeit habe ich schon so manchen Lieferanten gesehen. Die von den Cafés und Restaurants sind meistens weiß angezogen. Die fahren auch mit den Lieferwagen in die Gasse, laden ihre Karren aus und schieben sie dann weiter. Um diese Zeit dürfen sie in die Gasse fahren. Die anderen, die für die Geschäfte Ware bringen, kommen meistens erst viel später. Die haben auch normale Sachen an. Meistens diese Jeanshosen. Die jungen Leute haben ja nur noch diese Jeans an. Die finden das toll. Meine Enkel tragen auch nur Jeans. Bei meinem runden Geburtstag aber waren sie alle in Tracht. Das war schön anzuschauen. Also mit einer schönen steirischen Tracht ist jeder Mensch fesch. Mit einem Dirndlgewand oder einem Steirerjanker ist man immer passend gekleidet. Damit könnte man sogar auf den Wiener Opernball gehen. Wissen Sie, ich habe ja schon den Achtziger gefeiert. Letztes Jahr. Da waren wir oben am Schlossberg essen.«

Marlene wollte schon ihr Gelübde brechen und Frau Rosemann unterbrechen, doch Johannes kam ihr zuvor. »Aber Frau Rosemann, Sie sind doch niemals achtzig Jahre alt.«

»Sie sind mir vielleicht ein Schlingel, Herr Hauptkommissar.«

Jetzt musste auch Marlene grinsen. Ein bisserl Herumschleimen, und schon wird er zum Hauptkommissar. Der frisch Beförderte machte auch gleich weiter und zeigte, was er konnte.

»Wirklich beeindruckend, wie gut Sie sich an die Nacht erinnern können. In welche Richtung schob der Mann den Wagen denn? Hinauf oder hinunter?«

Frau Rosemann schaute wieder in die Gasse hinunter. »Hinauf. Er schob den Wagen hinauf. Er musste sich fest dagegenstemmen. Seine Ladung war sicher schwer. Und trotzdem hörte ich ihn ein Lied trällern. Es war der Triumphmarsch aus *Aida*.« Sie setzte unverzüglich an und summte die berühmte Fanfarenmelodie vor.

Johannes lauschte ihr aufmerksam und ließ ihr Zeit.

»Schönes Lied, oder?«, fragte sie nach.

Johannes nickte.

»Ich liebe Verdi. Ich habe *Aida* seinerzeit einmal in Wien gesehen. Da hatte ich ein wunderschönes Kleid an. Kein Dirndl. Ein Ballkleid.«

Marlene verdrehte die Augen. Da sie hinter Frau Rosemann stand, konnte die sie nicht sehen. Trotzdem wurde ihr offenbar bewusst, dass sie wieder abzuschweifen drohte, und sie fuhr fort: »Entschuldigung, Sie wollen sicher mehr über den Mann wissen, der so schön die Fanfare geträllert hat. Es kam mir komisch vor, dass nirgendwo ein Lieferwagen zu sehen war. Schauen Sie mal, ich sehe ja von hier aus weit in die Gasse runter und auch weit rauf. Meistens steht irgendwo ein Wagen, wenn die Lieferanten etwas herbringen. Doch diesmal: weit und breit nichts. Und es war zu früh. Und er sang so gut.« Sie schaute Johannes an, als wollte sie erfahren, was er noch wissen wollte.

»Sie sind großartig. Das hilft uns wirklich weiter. Konnten Sie erkennen, was er anhatte? Wie groß er war oder sonst etwas?«

Sie runzelte die Stirn und dachte angestrengt nach. Sie beugte sich kurz über das Fenster, um ihrer Erinnerung auf die Sprünge zu helfen. »Er war ganz in Schwarz gekleidet. Er trug eine Kappe. Sein Gesicht konnte ich von hier oben nicht sehen. Dafür war es zu dunkel.«

»War er groß oder klein? Dick oder dünn? Können Sie darüber etwas sagen? Das würde uns wirklich helfen.« Johannes blieb geduldig.

»Er war nicht sehr groß. Die Wagengitter überragten ihn bei Weitem. Und er war auch etwas stärker gebaut«, erinnerte sie sich.

»Waren noch andere Menschen zur gleichen Zeit in der Gasse?«

»Nein, keine Menschenseele. Sie war wie leer gefegt. Dabei geht es am Wochenende oft recht laut zu. Wobei es mir egal ist, denn mein Schlafzimmerfenster geht zum Innenhof raus. Da höre ich nur die ärgsten Schreier. Aber was soll man machen? So sind halt die jungen Leute von heute.«

Johannes erfragte noch geduldig den ungefähren Zeitpunkt ihrer Beobachtung, ließ sich ihre Telefonnummer geben für den Fall, dass er noch Fragen hätte, und gab ihr eine Visitenkarte, auf der seine Nummer stand, sollte ihr noch etwas einfallen. Sie drückte die Karte zärtlich an ihre Brust, und ihre Augen glänzten vor Freude. Er verabschiedete sich bereits von ihr, als Marlene sich nochmals einschaltete. Sie bat Johannes, schon mal vorzugehen, da sie mit Frau Rosemann etwas allein besprechen wollte. Als er weg war, wandte sich die alte Dame Marlene zu.

»Also den würde ich an deiner Stelle nicht stehen lassen. Der ist doch eine Kardinalschnitte.« Dabei zwinkerte sie Marlene zweideutig zu.

»Aber Frau Rosemann, also ehrlich«, Marlene erhob gespielt den Zeigefinger, und Frau Rosemann lachte.

»Eines muss ich Sie aber noch fragen.« Marlene wurde wieder ernst. »Wieso gehen Sie ins Bad, wenn Sie auf die Toilette müssen? Unsere Toilette ist doch im Eingangsbereich.« Sie bemühte sich sehr, die alte Dame nicht zu brüskieren.

Frau Rosemann war es sichtlich unangenehm, und sie druckste etwas verlegen herum. »Ach, mir ist das mit den Zwischentüren oft lästig, und in der Nacht möchte ich niemanden stören. Ich nutze die Toilette fast nur für das große Geschäft.«

»Und das kleine?« Marlene war nicht sicher, ob sie die Wahrheit wissen wollte.

Frau Rosemann schaute kurz zur Badewanne und dann wieder Marlene an. Sie wirkte reumütig wie ein Kind, das beim Stehlen erwischt wurde.

Marlene musste fast lachen. »Sie setzen sich auf den Badewannenrand? Hat Nonna Ihnen das gesagt? Die hat das nämlich auch des Öfteren gemacht, hat sie mir erzählt.«

Frau Rosemann atmete erleichtert auf. »Ja, das hat sie. Sie hat mir das gleich beim Unterschreiben des Mietvertrags erzählt. Sie hat gesagt, das ist viel praktischer, und man muss nur gründlich nachspülen, wie beim Klo halt auch. Du wirst mich hoffentlich nicht aus der Wohnung werfen deswegen, oder?« Es schwang durchaus Sorge mit.

Marlene schüttelte den Kopf. »Nein, natürlich nicht. Aber vielleicht sollten wir mal drüber reden, eine Toilette einbauen zu lassen. Ich kümmere mich darum, sobald ich diesen Fall abgeschlossen habe.«

Frau Rosemann nahm sie beim Arm. »Darüber haben Hermi und ich auch gesprochen. Es war auch einmal jemand von einer Firma da, doch als er erzählte, wie viel Dreck so eine Installation mit sich bringt, haben Hermi und ich beschlossen, dass es besser wäre, irgendwann den Badewannenabfluss zu wechseln, als so eine Baustelle zu haben. Ehrlich, wenn es dich nicht stört, dann lassen wir es doch so. Ich kann ab jetzt auch gerne nur noch die Toilette benutzen.« Sie verstärkte ihren Griff um Marlenes Arm und schaute sie flehentlich an.

Marlene lächelte sie beruhigend an. »Wenn es für Sie passt, soll es mir auch recht sein. Kein Problem, Frau Rosemann.

Alles bleibt, wie es bleiben soll. Doch jetzt muss ich los. Mein Kollege wartet.«

Frau Rosemann zog sie fest an sich heran, küsste sie überraschenderweise auf die Wange und flüsterte ihr zu. »Lass ihn nicht zu lange warten, Taube.«

22

»Erbschleicher!«, war alles, was Marlene zu Johannes sagte, als sie zu ihm vor die Tür trat.

Er grinste sie an. »Irgendwie muss man ja zu Geld kommen. Als Hauptkommissar verdient man viel zu wenig.«

»Stimmt, du bist ja jetzt mein Vorgesetzter.« Marlene deutete eine Verbeugung an.

Johannes schwenkte um. »Aber sie ist doch wirklich entzückend. Was kostet es mich da, freundlich zu sein?«

»Du hast recht. Hast du gut gemacht. Und du hast einen neuen Fan. Sie will mich mit dir verkuppeln«, feixte Marlene.

Johannes runzelte übertrieben die Stirn. »Wäre das so abwegig?«

Marlene wollte auf keinen Fall Zweifel aufkommen lassen, dass dies je eine Möglichkeit sein könnte, und schmetterte ab. »Milchbubis wie dich fresse ich zum Frühstück und spucke sie abends aus.«

»Eine Femme fatale also. Da werde ich mich in Acht nehmen müssen, damit ich nicht zwischen deine Beißerchen gerate.«

Marlene wusste nicht mehr weiter und wollte dieser Koketterie ein Ende machen. Sie marschierte einfach in den Regen.

Johannes sah ihr kurz hinterher, bevor er den Schirm aufspannte und ihr folgte. »Wohin jetzt?«

»Zu Klingenbach«, knurrte Marlene und beschleunigte ihren Schritt. Um kein Aufsehen zu erregen und um sich vor dem Regen zu schützen, parkten sie in der Tiefgarage des Kunsthauses. Trotz ihrer warmen Helligkeit und modernen Schönheit war sie eine der günstigeren Garagen in der Innenstadt und wurde mehr von Stadtbummlern als von Kunsthausbesuchern genutzt. Das Kunsthaus war noch immer für Besucher gesperrt, und Marlene und Johannes mussten sich durch Klopfzeichen bemerkbar machen, bis der Beamte von dem Buch aufsah, das er gerade gelesen hatte. Sein Gesicht war hochrot, als er die Tür öffnete, da er Marlene erkannte.

»Entschuldigen Sie, Frau Chefinspektor, dass ich Sie nicht sofort gesehen habe.« Er wirkte zerknirscht und erwartete eine Rüge.

Doch Marlene hatte durchaus Verständnis, konnte sie sich noch gut an die langweiligen Einsätze bei diversen Überwachungen erinnern. Besonders schlimm hatte sie Sportveranstaltungen gefunden, bei denen sie mögliche Fanausschreitungen verhindern sollte und ausschließlich Augen für das Publikum haben musste, während diese die Spieler hinter ihrem Rücken anfeuerten. Sie hätte sich nur zu gerne umgedreht und das Spiel selbst mitverfolgt. »Solange Sie bei dem faden Job nicht einschlafen, soll mir alles recht sein. Was lesen Sie denn?«

Der junge Kollege war sich unsicher, ob die Frau Chefinspektor ihre Frage ernst meinte, und stotterte herum. »Äh, ja, äh, das habe ich mir aus dem Museumsshop geholt. Es geht um die Geschichte des Kunsthauses.«

»Und? Interessant?«, fragte Marlene, während sie mit Johannes auf die Treppe zuging, um ins Büro von Klingenbach zu gelangen.

»Durchaus. Davon habe ich nichts gewusst«, stotterte er weiter, während er neben ihr herlief.

»Gut so. Bildung ist wichtig. Weiterlesen, wir kommen allein zurecht.«

Der Polizist blieb abrupt stehen und schaute den beiden hinterher. Dann drehte er sich um, bezog seinen Posten und nahm das Buch wieder in die Hand. Er musste die Seite suchen, bei der er vorhin aufgehört hatte, denn er hatte das Buch vor Schreck zugeschlagen.

Marlene und Johannes gingen schnurstracks zum Büro des Kunsthausdirektors, und sie drückte ohne anzuklopfen den Türgriff. Marlene war so energisch, dass sie gegen die geschlossene Tür prallte. Etwas überrascht schaute sie Johannes an.

»Ist der Direktor nicht im Haus?«, rief sie dem jungen Beamten zu, der diesmal seinen Finger auf die Seite legte und das Buch nur halb zuschlug.

»Äh, nein. Der war heute noch nicht da. Gestern war er auch kaum da.«

»Hat er gesagt, wann er wieder hier sein würde?«, fragte Johannes, als sie zurückkamen.

Der junge Kollege zuckte mit den Schultern. »Nicht genau. Er hat sich aufgeregt, dass er noch immer nicht aufsperren kann und dass ihn jeder Tag teuer kommt. So ein richtiger Grandler halt.«

»Dann statten wir ihm einen Hausbesuch ab.« Marlene nickte Johannes zu, der sich sofort daran machte, die Adresse des Kunsthausdirektors herauszubekommen.

Johannes stieß einen Pfiff aus. »Wow, genau gegenüber von der Herz-Jesu-Kirche.«

»Nicht schlecht! Ja, dann schauen wir da mal hin.« Im Gehen rief sie noch mal zurück: »Sollte er hierherkommen, benachrichtigen Sie uns bitte. Schönen Lesetag noch!«

Sie fanden einen Parkplatz auf der Rückseite der imposanten Kirche und mussten ein paar hundert Meter gehen. Bei besserem Wetter würden sie die Köpfe recken, um die wunderschöne Backsteinfassade des höchsten Gebäudes von Graz zu bewundern. Die Kirche stand im Bezirk St. Leonhard, ein Wohngebiet mit einer hohen Dichte an Besserverdienern und durch die Universitäten für Kunst und Technik ein beliebtes Studentenviertel, sofern die sich eine Wohnung leisten konnten. Rund um die Kirche war es nicht so eng bebaut wie um den Grazer Dom, sodass sie ihre neugotische Schönheit noch mehr zur Geltung bringen konnte. Die Wohnung von Direktor Klingenbach lag genau gegenüber dem prächtigen dreigeteilten Portal im dritten Stock eines ebenfalls altehrwürdigen Grazer Wohngebäudes mit einer schön restaurierten Fassade aus dem Historismus. In diesem Viertel war es nicht unüblich, dass die Haustüren offen standen und jeder Zutritt hatte. Marlene und Johannes stiegen die glatt gewetzten Stufen nach oben. Sie wollte klingeln, aber Johannes hielt sie davon ab, legte seinen Zeigefinger an die Lippen und hob den anderen als Zeichen dafür, dass sie aufmerksam lauschen sollte. Klassische Musik drang an ihre Ohren.

»Wagner!«, flüsterte Johannes ihr zu, und sie wunderte sich wieder einmal über sein umfassendes Wissen, wobei sie nicht sicher war, ob das Erkennen eines Wagner-Werkes zur Allgemeinbildung zählte. Auf jeden Fall war klar, dass die Musik aus der Wohnung kam. Sie klingelten und warteten. Dreimal mussten sie klingeln, bis Klingenbach an der Tür erschien. Im Morgenmantel und mit einer Tasse Kaffee in der Hand, die ihm beim Anblick von Marlene und Johannes fast aus der Hand fiel.

»Frau Kranz und Herr Weibach, wenn ich mich recht erinnere.« Er hatte sich schnell gefasst.

»Für Sie noch immer Frau Chefinspektor und Herr Inspektor, Herr Direktor Klingenbach«, steckte Marlene schnell das Territorium ab.

Klingenbach deutete eine gespielt untertänige Verbeugung an. »Was führt Sie zu mir? Doch wohl nicht das Arbeitsamt, weil ich mir heute freigenommen habe? Was soll ich auch tun in meinen verlassenen Hallen der zeitgenössischen Kunst? Ich bin quasi zur Tatenlosigkeit verdammt.« Er wollte Oberhand gewinnen.

»Wir sind weder vom Arbeitsinspektorat noch von der Krankenkasse. Das müssen Sie schon mit Ihrem Vorgesetzten besprechen. Dürfen wir reinkommen?« Marlene blieb kühl.

Klingenbach öffnete die große Holztür weit und machte eine überschwängliche Armbewegung, um sie hereinzubitten. »Willkommen in meinem bescheidenen Heim!«

Von Bescheidenheit war keine Spur. Sie betraten einen breiten Gang, an dessen Wänden opulente goldene Bilderrahmen hingen, in denen Repliken alter Meister gefasst waren. Marlene erkannte Ausschnitte von Michelangelos Fresken an der Decke der Sixtinischen Kapelle. Darunter auch der berühmte Ausschnitt mit den beiden sich berührenden Fingern, die die Erschaffung Adams darstellen sollten. Die anderen Gemälde waren ihr weniger bekannt. Auffallend war, dass es sich stets um nackte Männerfiguren handelte. Klingenbach ging ihnen voraus in ein riesiges Wohnzimmer mit einem schweren Biedermeierschreibtisch, das auch als Arbeitszimmer genutzt wurde. Auch an diesen Wänden waren Werke verschiedener Künstler in breite goldglänzende Rahmen gefasst.

»Sie haben eine Vorliebe für alte Meister?«, brachte es Marlene bald auf den Punkt. Klingenbach schmunzelte. »Ja, das ist unschwer zu erkennen. Dafür braucht man keinen polizeilichen Spürsinn.«

»Und für männliche Aktmalerei«, komplettierte Johannes das Offensichtliche.

»Beeindruckend, wie schnell Sie kombinieren.«

Marlene warf ihm einen Blick zu, der ihm Vorsicht gebot. »Herr Klingenbach, wir haben ein paar Fragen an Sie.«

»Worum geht es?«

»Um den Mord, der im Kunsthaus verübt wurde. Wir müssen davon ausgehen, dass der Täter aus dem Umfeld von Herrn Zierach kommt.« Marlenes Stimme klang schneidend, und weder ihr noch Johannes entging eine Muskelzuckung in Klingenbachs Gesicht.

Der gab sich ziemlich gefestigt, drehte sich um und ging um den Schreibtisch herum. Währenddessen antwortete er: »Und wie kann ich Ihnen dabei helfen? Ich kenne Zierachs Umfeld nicht unbedingt. Ich beschäftige mich nicht mit dem Privatleben der Künstler, die in meinem Haus ausstellen. Es geht mir um die Kunst an sich. Ganz professionell.« Er schenkte beiden einen Blick, der seinen Worten Nachdruck verleihen sollte.

»Na ja, so professionell hat es nicht gewirkt, wie Sie und Zierach miteinander umgegangen sind«, setzte Marlene langsam nach. Nur nicht zu viel verraten, sondern abwarten, wie lange er weiterhin versuchte vorzugeben, Zierach nicht schon vorher gekannt zu haben.

»Wie kommen Sie zu der Annahme?«

»Sie wurden dabei beobachtet, wie Sie ein Wortgefecht mit ihm hatten. Ihr Aufeinandertreffen schien nicht von Wiedersehensfreude geprägt zu sein.« Wieder machte Marlene nur einen kleinen Schritt nach vorn.

Klingenbach reckte trotzig sein Kinn, und das leichte Doppelkinn spannte sich. »Wer hat das denn so genau beobachtet?«

»Das tut nichts zur Sache. Wir haben sogar Fotos, auf denen zu sehen ist, wie sie beieinanderstehen, und ihre Gesten und Mimik lassen darauf schließen, dass der Beobachter recht hat.«

»Ach, Fotos haben Sie. Fotos vom Künstler und dem Direktor. Wie aufregend. Fotos sind doch nur eine Momentaufnahme und können fehlinterpretiert werden. Darauf sollten Sie nichts geben. Und Ihr Beobachter könnte auch ein paar Gläser zu viel des guten Perlwassers gehabt haben, das gereicht wurde.«

»So, jetzt hören Sie mir mal gut zu.« Marlene wurde lauter. »Mir reicht es mit Ihrem kindischen Gehabe. Sie nehmen uns jetzt mal mit in die Vergangenheit, denn immerhin ist es kaum vorstellbar, dass Zierach und Sie sich in den Jahren, in denen Sie im gleichen Jahrgang an der Angewandten in Wien studiert haben, nicht über den Weg gelaufen sind.«

Klingenbach versuchte Zeit zu gewinnen, indem er sich betont langsam auf seinen Schreibtischsessel setzte. Er machte es sich gemütlich, lehnte sich entspannt nach hinten und faltete seine Hände vor dem gewölbten Bauch. »Ach ja, hat Ihnen das auch ein Vögelchen gesteckt? Es ist durchaus möglich, dass wir uns früher gekannt haben, so als Studienkollegen. Doch das hat mit Ihrem Fall nichts zu tun und geht Sie auch nichts an. Ich bin nicht verdächtig und muss keine Aussage tätigen.« Er verschränkte die Arme vor der Brust wie ein trotziges Kind.

Marlene legte ihre Hände auf den Schreibtisch und beugte sich so weit wie möglich zu Klingenbach. In ihren Augen funkelte Zorn. »Da haben Sie durchaus recht, Herr Klingenbach, doch eines kann ich Ihnen sagen. Ich glaube sehr wohl, dass alles und jeder fallrelevant und verdächtig ist. Deswegen werde ich auch wiederkommen. Und wenn Sie mir dann wieder derart kommen, dann lesen Sie am nächsten Tag in der Zeitung, dass der Grazer Kunsthausdirektor nicht mit der Polizei kooperiert und nicht daran interessiert ist, dass der Mord an einer jungen Frau aufgeklärt wird.«

Klingenbachs Augen verengten sich zu schmalen Schlitzen.

»Ich dachte, Ihnen wäre daran gelegen, dass *ihr* Kunsthaus«, sie betonte das ›ihr‹ besonders deutlich, »bald wieder geöffnet wird? Erleiden Sie nicht enorme Verluste?«

Nun begannen seine Augen ein wenig zu funkeln. Doch nicht aus Zorn, sondern eher triumphierend. »Darum mache ich mir weniger Sorgen. Die ganze Sache ist unbezahlte Werbung für die Ausstellung. Egal, wann wir aufsperren: Die Leute werden in Scharen kommen. Außerdem sind gewisse Dinge schon im Laufen. Ich habe da meine Kontakte.« Ein selbstgefälliges Grinsen breitete sich in seinem Gesicht aus.

»Morbide Werbung, und Sie schlagen Profit daraus. Das hätte ich einem kunstsinnigen Menschen nicht zugetraut. Doch scheinbar sind Sie mehr geldgeiler Manager als Künstler.« Das hat gesessen. Auch wenn Klingenbach versuchte, die Contenance zu wahren, verriet ihn ein kleines Zucken seiner Augenlider, dass sie ihn getroffen hatte.

»Sonst noch was, Frau Chefinspektor? Ich habe noch Wichtigeres vor.« Er wies mit seiner Hand zur Tür.

»Das war es erst mal, doch Sie halten sich zur Verfügung.« Marlene drehte auf dem Absatz um und ging zur Tür. Johannes deutete einen Gruß an und folgte ihr. Klingenbach blieb auf seinem Stuhl sitzen und rührte sich nicht.

23

»Was für ein Arschloch!«

Marlene musste sich offenbar Luft verschaffen. Derlei Kraftausdrücke hörte Johannes äußerst selten aus ihrem Mund. Er nickte: »Da hast du recht. Er ist echt ein Arsch.«

Marlene schritt voran, den Kopf tief geneigt, um nicht den ganzen Regen ins Gesicht zu bekommen, und würdigte den erhabenen Gottesbau mit keinem Blick. »Der hat doch was damit zu tun. Wieso erzählt er nicht einfach, was zwischen ihm und Zierach ist? Das ist doch seltsam.«

Johannes stolperte etwas hilflos hinter ihr her, da der Gehweg nicht genug Platz bot, um nebeneinander zu gehen, und er den entgegenkommenden Passanten ausweichen musste, die Marlene scheinbar gar nicht wahrnahm. Sie sprach weiter, ohne auf eine Antwort zu warten.

»Und dass er einfach zugibt, dass der Mord ihm Publicity gibt, und er sich quasi schon die Hände reibt vor Freude über die morbide Werbung für *sein* Haus. Ekelhaft.«

»Stimmt, doch leider ...«, versuchte Johannes einzusteigen, doch er hatte keine Chance. Marlene hatte sich in Rage geredet und sprach eigentlich mehr mit sich selbst als mit ihm, denn sie fuhr einfach fort und schüttelte dabei ihren Kopf. War es, um die Regentropfen aus dem Haar zu schütteln, oder weil sie den Auftritt von Klingenbach nicht fassen konnte. »Dem wäre es wahrscheinlich recht, wenn nach dem großen Besucheransturm gleich noch eine Frau umgebracht wird. Wie kann er nur!«

»Marlene!«

»Ich will mir gar nicht vorstellen, dass wirklich so viele Menschen mehr ins Kunsthaus gehen werden.«

»Marlene!«

»Am liebsten würde ich die Ausstellung verbieten lassen. Sie sollten aus Pietät alle Bilder abhängen und erst in einem Jahr wieder ausstellen. Wenn Gras über die Sache gewachsen ist.«

»Frau Chefinspektooor!«

Marlene schaute überrascht hoch. Johannes war einige Meter hinter ihr stehen geblieben und rief von der anderen Straßenseite. Als sie ihn erblickte, gestikulierte er wild und zeigte auf das Dienstauto, neben dem er stand, und Marlene wurde bewusst, dass sie einfach dran vorbeigegangen war. Sie schlug sich mit dem Handballen gegen die Stirn und lief über die Straße zurück. Johannes saß schon im Auto.

»Besser?«, fragte er, als sie zu ihm stieg.

»Sorry, aber der hat mich jetzt echt aufgeregt. Was sagst du zu dem Ganzen?« Ihr Tonfall und Blick verrieten ihm, dass sie nun wirklich nach seiner Meinung fragte. Er schaute sie an. Ihre Wimperntusche war verschmiert. Er deutete mit seinem Finger dezent an seine Wange und wischte darüber. Marlene verstand sofort und klappte die Sonnenblende herunter. »Danke, dass du es mir sagst.« Sie fummelte nach einem Taschentusch und wischte hektisch herum.

Johannes wartete höflich, konnte es jedoch nicht lassen, sie aus den Augenwinkeln zu beobachten.

»Also, was sagst du dazu?«, fragte Marlene noch mal und riss ihn aus seinen Gedanken. Sie war viel zu sehr mit Klingenbach beschäftigt, um wahrzunehmen, dass Johannes nicht bei der Sache war.

»Leider muss ich ihm zustimmen. Es wird tatsächlich so sein, dass das Kunsthaus bei der Wiedereröffnung mehr Besucher haben wird als jemals zuvor. Leider ist die Menschheit so sensationsgeil. Das Bild von Alexandra wollen dann alle sehen. Ich glaube, da werden Menschen kommen, die noch nie in ihrem Leben in einem Museum waren.«

»Zum Speiben ist das! Grauslich! Die Leute sind so arg. Am liebsten würde ich das Bild abnehmen lassen.«

»Du fühlst mit ihr?«

»Ich weiß nicht. Ich kannte sie nicht, doch kann ich mir nicht vorstellen, dass sie das gewollt hätte.« Marlenes Betroffenheit ließ sie wieder leiser und ruhiger sprechen.

Johannes nickte nachdenklich. »Ja, man möchte ihr Andenken beschützen. Es geht ihr jetzt wie vielen Künstlern. Die meisten wurden erst nach ihrem Tod berühmt.«

»Apropos Künstler!«, warf Marlene plötzlich ein.

»Stimmt, ich habe es auch gemerkt. Als du ihn mit einem Manager verglichen hast, hast du bei Klingenbach einen wunden Punkt erwischt. Es wäre ja durchaus nicht uninteressant, sich die Studienzeugnisse und Werke unseres Kunsthausdirektors anzusehen. Da gibt es sicher ein Archiv.« Johannes lächelte schelmisch.

»*Unser* Kunsthausdirektor. Wie er immer von *seinem* Kunsthaus spricht …« Marlene verdrehte die Augen.

»Ja, da liegt halt seine Bestimmung. Er deklariert sich nur als Kunsthausdirektor. Vielleicht fühlt er sich verkannt oder ist als Künstler gescheitert und muss sich nun in der Position des Direktors profilieren?«

»Und er hasst Zierach, weil der so erfolgreich ist, obwohl er das Studium nicht abgeschlossen hat«, mutmaßte Marlene.

»Wir könnten ihn ja dazu befragen«, schlug Johannes vor.

Da traf es Marlene wie ein Schlag, als sie sich an das Treffen mit Zierach an der Doppelwendeltreppe erinnerte. »Gute Idee. Fahr los. Ich muss dir da noch was erzählen.«

Es war später Vormittag, und die Stadt steckte im Stau. Bei dem Wetter überlegte sich jeder Fahrradfahrer, ob er sich der Nässe aussetzen sollte, und stieg, wenn möglich, auf das Auto um. Das reichte aus, um das Verkehrsnetz zum Kollabieren zu bringen. Immer wieder musste ein Fahrer, der die Geduld verlor, seinen Unmut kundtun, indem er auf die Hupe drückte. Als könnte er damit den Stau auflösen. Es herrschte schlechte Stimmung auf den Straßen von Graz. Marlene hatte genug Zeit, um Johannes von ihrer nächtlichen Begegnung mit Zierach zu berichten, wobei sie die persönlichen Momente und Gesprächsinhalte, die ihr jetzt nicht zwingend bedeutungsvoll erschienen, geflissentlich ausließ. Sie wollte keinen Verdacht erregen, befangen zu sein, da sie die Wirkung, die Zierach auf sie hatte, noch nicht einordnen konnte.

Sie brauchten unnötig viel Zeit, um die zwei Bezirke der inneren Stadt zu durchqueren, bis sie vor dem Haus mit Zierachs Penthouse einparkten. Zierach öffnete ihnen etwas entnervt die Tür und hielt eine Kamera in der Hand. Er wirkte überrascht beim Anblick der beiden Beamten, und seine Miene glättete sich.

»Guten Tag!«, seine Augen ruhten wohlwollend auf Marlene.

»Wir hätten da noch ein paar Fragen an Sie!«

Zierach rollte mit den Augen: »Sie sind meine Rettung!« Er drehte sich um, ließ die Tür offen stehen und rief in die riesige Wohnung hinein. »Wir müssen leider abbrechen, meine Liebe.«

»Jetzt schon? Aber wir haben doch erst …«, hörten Marlene und Johannes eine weibliche Stimme, und schon wurden sie der Frau ansichtig. Sie stand splitterfasernackt vor einer glänzend in Gold gestrichenen Wand, an der ein kristallbesetztes, funkelndes Hirschgeweih hing. In ihren

Händen hielt sie ein altes, verblichenes Jagdhorn. Überrascht hielt sie inne, als sie bemerkte, dass sie nicht mehr allein mit dem Fotografen war, und hielt das Jagdhorn schützend vor ihr Allerheiligstes, während sie mit ihrer anderen Hand ihre offensichtlich silikonunterstützten Brüste bedeckte. Mit den Augen suchte sie hektisch nach ihrer Kleidung und tänzelte auf Zehenspitzen zu dem Stuhl, über dem sie hing. Marlene und Johannes wendeten sich taktvoll ab.

»Meine Liebe, verzeihen Sie mir die Unterbrechung, doch ich muss der Polizei noch dabei behilflich sein, den Mordfall aufzuklären. Das duldet leider keinen Aufschub.«

Die Dame hatte sich gefasst, kaum dass sie ihre Unterhose und ihre Bluse anhatte. »Aber wir sind noch nicht fertig. Es muss das perfekte Bild werden.«

»Natürlich, meine Liebe. Ich werde das Material sichten und bin zuversichtlich, dass wir schon einige sehr gute Bilder haben. Sie sind ein Naturtalent«, schmeichelte er ihr, und es zeigte seine Wirkung.

Marlene dachte nach. Sie hatte diese Frau schon mal gesehen, konnte sich jedoch nicht mehr daran erinnern. Als die Frau wieder bekleidet war, schritt Marlene auf sie zu und streckte ihr die Hand entgegen.

»Entschuldigen Sie bitte die Störung, doch es ist wirklich wichtig, dass wir mit Herrn Zierach allein sprechen. Chefinspektor Kranz mein Name, und das ist der Kollege Inspektor Weibach, Frau …?« Marlene schüttelte ihr fest die Hand.

»Machheim. Frau Doktor Machheim«, ein maskenhaftes Lächeln huschte über ihr Gesicht, erreichte jedoch nicht ihre Augen. Marlene erinnerte sich an die Frau des Schönheitschirurgen, die auf dem Foto an der Seite ihres Mannes natürlich und jugendlich wirkte. In natura jedoch konnte man das Drama beobachten, das davon zeugte, wie unwürdig man mit dem Altern umgehen konnte.

Frau Machheim federte auf Zehenspitzen zu Johannes und hielt ihm divenhaft ihre Hand hin. »Inspektor Weibach. Welche Ehre«, schmachtete sie ihn an. »Sie ermitteln also in diesem schrecklichen Mordfall. Wir sind ganz bestürzt.«

»Wen meinen sie mit ›wir‹?«, fragte Johannes und schaute ihr in die Augen.

»Mein Mann und ich. Mein Mann ist ein glühender Fan von Zierachs Arbeiten. Deswegen wünscht er sich auch sehnlichst, dass Zierach mit mir arbeitet. Es wird sein Geburtstagsgeschenk. Also verraten Sie uns nicht.« Sie zwinkerte Johannes lasziv zu und hielt sich den Finger an ihre Lippen.

Johannes blieb unbeeindruckt, nutzte jedoch die Gunst der Stunde und befragte Frau Machheim. »Sie waren doch auch bei der Vernissage. Ist Ihnen irgendetwas Ungewöhnliches aufgefallen? Irgendetwas, das uns behilflich sein kann?«

Sie klimperte mit ihren langen Wimpern, während sie kurz überlegte. »Ich glaube nicht, dass ich Ihnen helfen kann. Wir haben nichts damit zu tun. Wir sind einfach sehr kunstaffine Menschen, und mein Mann kann bei so einer Ausstellung seine Kunst mit den Künsten eines anderen verbinden. Er ist so angetan von Herrn Zierachs Arbeiten.«

»Das sagten Sie bereits«, wies Johannes sie ruhig darauf hin.

Marlene und Zierach wurden in diesem Moment zu Statisten degradiert und konnten zusehen, wie die Frau sich am liebsten vor Johannes wieder ausgezogen hätte.

»Also keine besonderen Vorkommnisse und Beobachtungen?«

»Nein, leider, Herr Inspektor. Aber sollte ich mich an

irgendetwas erinnern, könnte ich Ihnen Bescheid geben, wenn Sie mir Ihre Nummer geben«, hauchte sie.

Marlene traute ihren Augen nicht. Noch nie war sie Zeugin einer so plumpen Anmache gewesen. Johannes griff in seine Brusttasche und zog eine Visitenkarte heraus. Frau Machheim nahm sie, ohne sie sich anzusehen, und Marlene befürchtete einen Augenblick, dass sie die Karte in ihren BH stecken würde. Doch sie wurde in einer eleganten Handtasche verstaut. »Danke und auf Wiedersehen.« Sie nickte Marlene zu, warf Zierach eine Kusshand zu und zwinkerte Johannes noch einmal zu. Dann entschwebte sie dem Raum, um kurz vor der Tür innezuhalten und sich nochmals wirksam umzudrehen. »Gustav, morgen können wir nicht weiterarbeiten, da ich wichtige Termine habe, aber du wirst eh sicher im Kunsthaus sein, oder?«

»Warum sollte ich dort sein?«, fragte Zierach etwas verblüfft.

Sie lachte selbstgefällig auf. »Ach, du weißt es noch gar nicht. Na, das Kunsthaus wird morgen wieder geöffnet. Es wird sicher einen Ansturm geben. Die Presse wird auch da sein. Schade, dass ich schon etwas vorhabe.« Sie wollte schon gehen, da schoss Marlene nach vorne.

»Wer hat das genehmigt?« Sie konnte ihre Fassungslosigkeit nicht verbergen.

Frau Machheim genoss ihren Auftritt und kostete den Moment aus. »Klingenbach hat seine Kontakte. Er musste nur die richtigen Leute anrufen. Mein Mann hat sich auch für die baldige Wiedereröffnung eingesetzt. Er ist so …«

»… ein großer Verehrer von Zierachs Kunst. Danke, Frau Machheim«, machte sich Marlene nicht gerade beliebt bei ihr.

Die Dame versuchte, ihren Lippen eine missbilligende Schnute abzuringen. Sie unterstrich ihren Abgang mit einem abfälligen »pft« und schloss die Tür hinter sich. Marlene drehte sich wie vom Blitz getroffen um und schaute Johannes an. Dem war ebenfalls Unverständnis ins Gesicht geschrieben.

Gustav Zierach räusperte sich höflich. »Danke, dass Sie mich von ihr erlöst haben. Wobei ich das Gefühl nicht loswerde, dass die Wiedereröffnung des Kunsthauses nicht in Ihrem Sinne ist.«

Marlene nickte. »Johannes, erklär es ihm, ich ruf Kreuzofner an.« Sie wartete keine Antwort ab, sondern ging vor die Wohnungstür, um ungestört zu sein.

Johannes unterhielt sich derweil mit Zierach vor allem auch über Frau Machheim und wie sie zu dem Arrangement gekommen waren. Durch die Tür konnten beide Marlenes aufgebrachtes Gespräch hören, jedoch nicht verstehen.

Sie kehrte zurück, und es war ihr anzusehen, dass das Telefonat nicht zu ihrer Zufriedenheit verlaufen war. Johannes schaute sie neugierig an und hoffte auf Antworten, doch sie schüttelte kurz den Kopf, um ihm zu zeigen, dass sie vor Zierach nicht darüber sprechen würde. Er musste sich also gedulden.

»So, Herr Zierach.« Sie atmete tief durch und schlug die Hände zusammen. »Nun zu Ihnen. Ich hoffe, dass Sie etwas Licht ins Dunkel bringen können.« Sie setzte sich zu den beiden an den Tisch und schaute Zierach herausfordernd an.

Der ließ seine Schultern resignierend fallen. »Ich habe Ihrem Kollegen schon erklärt, dass ich quasi genötigt werde, solche Auftragsarbeiten zu machen. Leider. Es ist schrecklich für mich, doch ich weiß nicht, ob ich ohne Marchheims Einfluss die Ausstellung überhaupt durchführen hätte können. Seine Frau zu fotografieren, ist sozusagen mein Obolus.« Er schüttelte angeekelt den Kopf.

»So was Ähnliches dachte ich mir schon. Sie entspricht ja nicht gerade ihrem Beuteschema für Fotomodels, die Frau Doktor Machheim. Was hat sie überhaupt für einen Doktor? Ist sie auch Ärztin?«

Zierach lachte auf. »Keinen. Das ist der durch Heirat verliehene Doktortitel, den sie gerne angibt.«

»Was?« Marlene glaubte an diesem Tag nicht zum ersten Mal, ihren Ohren nicht trauen zu können. »Das gibt es doch heutzutage nicht mehr, oder?«

»Es gibt nichts, was es nicht gibt!« Johannes lächelte kopfschüttelnd.

Marlene senkte ihr Kinn und klimperte übertrieben mit den Wimpern, während sie Johannes zuhauchte: »Völlig richtig, Herr Chefinspektor Weibach. Völlig richtig.« Dann zwinkerte sie noch, wie es Frau Machheim vorher getan hatte, und verdrehte die Augen. »Also, das war ja auch eine richtig filmreife Szene. Der haben die vielen OPs nicht gutgetan. Oder das Botox hat das Hirn lahmgelegt. Zu tief gespritzt?«

Zierach mischte sich ein. »Sie wirkt gar nicht mal so schlecht auf den Fotos und weiß, wie sie dreinzuschauen hat, damit sie natürlich rüberkommt. Doch sobald sie spricht, wird es unheimlich.«

Johannes pflichtete ihm bei: »Stimmt. Wir haben seine Arbeit noch bewundert, doch jetzt, wo ich sie kennengelernt habe …« Er beendete den Satz nicht, sondern verzog nur angewidert das Gesicht.

»Wir würden gerne mehr über Ihr Verhältnis zu Direktor Klingenbach erfahren«, kam Marlene ohne weitere Umwege zum Grund ihres Besuchs.

»Was genau wollen Sie da wissen? Wir haben geschäftlich …«, begann er stockend.

Marlenes Kontingent an Geduld war für diesen Tag bereits erschöpft, und so fuhr sie ihm dazwischen. »Herr Zierach, keine Spielchen und kein Blabla. Wir wissen, dass Sie Studienkollegen waren und haben Klingenbach dazu bereits in die Mangel genommen. Nun hätten wir gerne Ihre Version. Wir wissen alles, und was wir noch nicht wissen, kriegen wir raus.« Sie legte eine Bestimmtheit und ein Selbstbewusstsein an den Tag, die keine Widerrede zuließen. Nur Johannes konnte ahnen, dass sich dieses sichere Auftreten vor allem aus Wut und Enttäuschung über den Verlauf der Ermittlungen nährte.

Zierach schaute sie zwei Atemzüge lang ruhig an, als würde er überlegen, ob er ihr das glauben konnte. Er holte tief Luft und begann offen und frei zu erzählen. Marlene und Johannes hörten aufmerksam zu und stellten kaum Fragen, da er sehr ausführlich war und mit seiner Schilderung richtige Bilder in ihren Köpfen generierte. Er berichtete davon, dass das zwischen ihm und Klingenbach in jungen Jahren weit mehr als eine Studienbekanntschaft gewesen war. Sie waren beste Freunde gewesen. Bereits beim Inskribieren hatten sie sich kennengelernt und von da an alles gemeinsam gemacht. Sie haben sich künstlerisch gegenseitig unterstützt und gemeinsam experimentiert. Sie haben von einer Zukunft als Künstlerduo geträumt mit Ausstellungen in den exklusivsten Galerien. Sie brauchten nur die eine Idee, um bekannt zu werden und sich in der Kunstszene einen Namen machen zu können. Wenn man einmal an einem gewissen Punkt ist und von Kunstsammlern begehrt wird, könnte man beinahe auf ein Blatt Papier scheißen, und es würde sich verkaufen. Um ihre mögliche Inspiration und Kreativität zu unterstützen, haben sie, wie viele andere auch, mit sämtlichen Drogen experimentiert, die sie kriegen konnten. Einerseits um darauf zu hoffen, im Rausch eine Erleuchtung zu erhalten, andererseits einfach aus jugendlichem Leichtsinn. Zierach hätte nicht einmal im Traum daran gedacht, dass Klingenbach mehr als reine Freundschaft für ihn empfinden könnte. Doch eines Nachts, sie hatten verschiedene Drogen kombiniert, wurde alles zerstört.

Marlene und Johannes hingen an Zierachs Lippen wie Kinder an denen eines Märchenerzählers.

Er machte eine Pause und blickte zu Boden. Es war spürbar, dass er sich nur ungern daran erinnerte und sich zwingen musste, darüber zu sprechen. »Wir waren in seiner Wohnung und völlig zugedröhnt. Es war eigentlich ein sehr euphorisierender Rausch, zumindest habe ich es bis zu dem Zeitpunkt so empfunden. Wir haben über unsere Idee lamentiert, die Aktfotografie auf einen neuen Level zu heben. Wir wollten die alten Meister nachstellen, doch mit den aktuell gängigen Idealen von ansehnlichen Körpern. Wir hatten schon länger daran gearbeitet. Ich stand Modell, und er fotografierte. Wie so oft schraubten wir unsere Zukunftsvorstellungen in unermessliche Sphären und feierten uns selbst. Wir lagen uns erfolgstrunken in den Armen und gratulierten uns zu unserem imaginären Triumph, da packte er mich, küsste mich und …«, er verbarg die Augen hinter seiner Hand und schüttelte den Kopf, als wollte er die Erinnerung aus sich herausschütteln, um sie nie wieder betrachten zu müssen. Marlene und Johannes hielten entsetzt den Atem an. Als Zierach seine Hand senkte, glitzerten Tränen in seinen Augen. »Er hat mich vergewaltigt.« Er blinzelte, und eine Träne flüchtete aus seinem Augenwinkel und suchte die Weite der Wange, um bald von seinem Handrücken zerquetscht zu werden. Er suchte mit seinen Augen Trost in Marlenes entsetztem Gesicht und gab Antworten auf Fragen, die keiner stellte. »Ich war kraftlos von den Drogen und habe es nicht kommen sehen. Ich wusste nichts von seiner Homosexualität und Liebe zu mir. Ich habe bis zum Schluss nicht kapiert, was da passierte.« Er rieb sich mit beiden Händen das Gesicht. Eine Weile war es totenstill.

Marlene räusperte sich. »Sie haben trotz Ihrer innigen Freundschaft nie über Ihre sexuelle Orientierung gesprochen?« Sie flüsterte unbewusst.

Zierach schüttelte den Kopf. »Nein, nie. Ich habe später oft darüber nachgedacht. In unserer Jugend ging man mit dem Thema noch nicht so freizügig um. Ich selbst war auch nie sonderlich an Sex interessiert. Ich habe schon gemerkt, dass andere Männer testosterongesteuerter waren als ich. Ich habe meine minder ausgeprägten Triebe immer als Stärke betrachtet. Mich lenkte nichts von der Erreichung meiner Ziele ab. Ich bin nicht asexuell, doch spielt Sex für mich eine sehr untergeordnete Rolle.«

»Auch wenn es mich in dem Fall nichts angeht, wäre ich doch neugierig, ob Sie nun eher homo oder hetero sind?«, fragte Johannes und bekam von Marlene einen erstaunten Blick zugeworfen.

»Was?«, fragte er sie offen zurück. »Vielleicht kann er Frauen deswegen so gut nackt fotografieren, weil sie ihn nicht erregen? Rein künstlerische Recherche.« Johannes zuckte mit den Schultern und wandte sich wieder Gustav Zierach zu.

Zierach lächelte milde. »Sie dürfen mir diese Frage stellen, vor allem, da diese Vermutung immer wieder im Raum steht, wenn es um meine Fotografien geht. Sie sind nicht der Erste.«

Johannes warf Marlene einen triumphierenden Blick zu. Sie winkte lächelnd ab, und beide wandten sich Zierach zu. »Ich bin hetero. Das Fotografieren euphorisiert mich auch, doch eben in einem ganz anderen Sinn. Ich bin nicht sexuell erregt, sondern künstlerisch schaffend. Ich weiß nicht, ob Sie das verstehen können.«

»Wir müssen es nicht verstehen, können es aber einfach so annehmen. Was geschah nach dieser Nacht, in der Klingenbach Sie … äh …« Marlene wollte es Zierach zuliebe nicht aussprechen, und er fiel ihr dankbar ins Wort.

»Ich bin abgehauen. Ich habe das Studium geschmissen, bin nach Graz zurück und bald darauf nach Amerika. Ich habe mich auf meine Karriere konzentriert und hart gearbeitet. Ich hatte Glück, und mein Stern ging auf.«

»Mit seiner Idee!«, komplettierte Marlene.

»Mit unserer Idee«, verbesserte Zierach sie. »Wir haben gemeinsam daran gearbeitet. Es hätte mich wundern müssen, dass er mehr von nackten Männerkörpern sprach, doch wie bereits erwähnt: Ich wollte es wahrscheinlich nicht wahrnehmen. Aber ja, es war auch seine Idee.«

»Mit der Sie jetzt das Geld einsacken«, fügte Johannes hinzu.

Zierach nickte.

»Haben Sie nie darüber geredet? Hatten Sie nie wieder Kontakt?«, wollte Marlene wissen.

»Er hat versucht, mich zu erreichen. Damals gab es noch keine sozialen Medien, und wenn man die Adresse nicht kannte, fiel das schon schwer. Er tauchte einmal bei meinen Eltern auf, als ich gerade nicht da war. Darüber war ich froh, bin dann aber noch schneller als ursprünglich vorgehabt über den Ozean.« Er berichtete davon, dass Klingenbach ihm Briefe nach Graz geschrieben hat, die seine Mutter nach Amerika weitergeschickt hatte. Klingenbach hat immer wieder gefragt, was er den verbrochen hätte, dass Zierach so einfach verschwunden war. Es schien, als wäre er sich seiner Tat nicht bewusst gewesen. Viele Jahre später, als Zierach sich bereits einen Namen gemacht hatte, meldete sich Klingenbach wieder bei ihm. Sein Brief triefte vor Bitterkeit und Zorn, und er warf ihm vor, dass sich Zierach weggeschlichen hätte, um mit ihrer Idee allein groß zu werden. Nach diesem Schreiben hat Zierach Klingenbachs Nummer ausfindig gemacht und ihn am Telefon mit der Wahrheit konfrontiert. Klingenbach sei dann völlig ausgetickt und habe nur noch gebrüllt. Zierach habe aufgelegt und nie wieder ein Wort vom anderen vernommen. Bis zu dem Zeitpunkt, an dem das Angebot aus Graz kam. Dass er mit Klingenbach zusammenarbeiten müsste, wurde ihm erst klar, als es bereits zu spät war, um einen Rückzieher zu machen. Er hätte es tun können, doch das hätte seinem Ruf geschadet, und zudem wollte er nach Hause und seiner Heimatstadt die Ehre erweisen. »Ich dachte mir, dass das kein Zufall war und dass diese Geschichte vielleicht ein Ende findet. Für mein Seelenheil.«

»Wie war es, als Sie in Graz aufeinandertrafen?« Marlene dankte insgeheim ihrer Intuition dafür, dass sie vorhin so kühn war und Zierach scheinbar wirklich ausgetrickst hatte, indem sie erklärte, Klingenbachs Version bereits zu kennen.

Zierach presste angestrengt seine Lippen aufeinander, bevor er weitererzählte. Davon, dass sie sich anfangs stets mit anderen Verantwortlichen der Stadt getroffen hatten und beide, ohne es vorher abzusprechen, so taten, als würden sie sich das erste Mal begegnen. Anfangs haben sie sich nur schriftlich ausgetauscht. Sich gegenseitig Vorwürfe gemacht. Klingenbach habe versucht, sich zu entschuldigen. Dann wieder habe er ihm gedroht, damit an die Öffentlichkeit zu gehen, dass er an Zierachs Erfolg beteiligt sei, da sie gemeinsam diese Idee gehabt hatten. Er wollte Zierachs Karriere durch den Schmutz ziehen, musste jedoch erkennen, dass sie sich gegenseitig in der Hand hatten, denn Zierach könnte mit der Vergewaltigung und Klingenbachs Homosexualität dessen Karriere mehr schaden als umgekehrt. Sie haben sich auf einen Waffenstillstand geeinigt, jeder solle sein Leben weiterleben. Zierach erklärte, dass es zu keiner Aussöhnung kam, jedoch hat es ihn befriedigt, die Tatsachen einmal ausgesprochen zu wissen. Er konnte gut damit leben und war damit zufrieden.

»Aber worüber haben Sie sich dann am Abend der Vernissage gestritten?«

Zierach blickte verwundert auf. »Hat Ihnen Klingenbach davon erzählt? Spannend. Was hat er gesagt?«

Marlene musste weiterschwindeln. »Das erzähle ich Ihnen, nachdem Sie uns Ihre Version geschildert haben.«

Das leuchtete Zierach ein. »Ich weiß ja nicht, was er Ihnen gesagt hat, denn damit würde er sich selbst in die Bredouille bringen. Aber wissen Sie, seit ich in Amerika bin, habe ich keine Drogen mehr genommen. Auch das macht vielleicht einen Teil meines Erfolgs aus. Ich habe genug Leute an den Drogen scheitern sehen. Sicherlich wesentlich talentiertere Leute als mich, doch wenn sie nicht auf ihr Ziel fokussiert bleiben, hilft das nichts.«

Da fiel Marlene Nonnas Spruch »Fleiß schlägt jedes Talent« ein.

»Klingenbach hingegen«, fuhr Zierach fort, »hat nie die Finger von dem Teufelszeug gelassen. Auch am Abend der Vernissage hatte er sich was eingeworfen. Ich habe es bemerkt und ihn deswegen kritisiert. Das hat ihm nicht gefallen.«

»Klingenbach war high bei der Vernissage?«, fragte Marlene so verblüfft, dass Zierach klar werden musste, dass sie diese Geschichte noch nicht kannte.

Er lachte kurz laut auf. »Ich bin Ihnen total auf den Leim gegangen. Frau Kommissar, Frau Kommissar!« Er wedelte schelmisch mit dem Zeigefinger. »Klingenbach hat Ihnen gar nichts gesagt, oder?«

Marlene musste ihn nur anschauen, und er wusste Bescheid.

Er schüttelte lachend den Kopf. »Sie sind gut. Alle Ehre. Und was jetzt?«

Marlene lächelte kurz, rieb sich dann jedoch nachdenklich die Stirn. »Würden Sie Klingenbach einen Mord zutrauen?«

Zierachs Lachen erstarb. Er schaute Marlene tief in die Augen. »Ich hätte ihm auch nie zugetraut, was er mir angetan hat.«

Marlene sinnierte laut vor sich hin. »Es würde alles zusammenpassen. Die alte Geschichte einer zerstörten Freundschaft. Kränkung. Verletztes Ego. Drogenmissbrauch. Und am Abend der Vernissage explodierte der Cocktail der Emotionen, und Alexandra war das Opfer.«

Johannes wog den Kopf hin und her, als wollte er die Gedankenmasse in sämtliche Bereiche seines Gehirns wabern lassen. »Wir haben nichts in der Hand. Wir brauchen ein Geständnis. Bei der dünnen Beweislage.« Er schüttelte den Kopf, da er keinen Ausweg wusste.

Zierach machte einen zweifelnden Eindruck. »Ich weiß nicht. Mord ist dann schon etwas viel, oder? Ich kann es mir nicht erklären. Ich dachte schon, die Geschichte sei erledigt, nach der Mail von ihm am Vortag.«

»Was schrieb er?«, fragte Marlene sofort.

»Er sprach ein Lob für meine Bilder aus und wie großartig die Ausstellung geworden sei. Er sprach davon, dass meine Fotos …«, Zierach versuchte, sich an den genauen Wortlaut zu erinnern, und zitierte aus dem Gedächtnis: »… die besondere Wirkung auf Menschen hätten, sich ihre eigenen Gedanken und Geschichten auszudenken. Sie beeinflussen den Betrachter und schicken ihn auf unterschiedliche Fährten ihrer eigenen Phantasie. Sie sind auf mehrere Arten anregend.«

Es blieb still. Sowohl Zierach als auch Johannes schauten Marlene an. Sie starrte plötzlich angespannt ins Leere, hob ihren Zeigefinger und gebot damit absolute Stille. Es verstrichen einige Augenblicke angespannten Schweigens. Marlenes hielt höchst konzentriert Innenschau. »Wirkung von Fotos«, murmelte sie, sprang plötzlich auf und stürmte zur Tür. »Ich muss telefonieren«, rief sie noch, bevor sie die Tür hinter sich so fest ins Schloss warf, dass es nur so wummerte und die Glasfassade bebte.

Johannes und Zierach schauten sich fragend an. Johannes zuckte mit den Schultern. Irgendetwas muss in sie gefahren sein. Sie warteten eine Weile und hörten nur ein leises Murmeln vor der Tür. Johannes nahm das Gespräch wieder auf, und sie unterhielten sich über den Abend der Vernissage.

Als Marlene nach geraumer Zeit zurückkam, waren ihre Wangen leicht gerötet, und sie wirkte wie elektrisiert. »Entschuldigung, wo waren wir stehen geblieben?« Sie schaute erwartungsvoll in die Runde.

Johannes fand als Erstes seine Worte wieder. »So genau weiß ich das jetzt auch nicht mehr, aber du solltest dir anhören, was Herr Zierach über Dr. Machheim zu berichten weiß.«

»Der ein großer Verehrer Ihrer Arbeit ist, wie seine Frau Doktor zu sagen pflegt?«, fragte Marlene etwas überdreht und klimperte mit den Augen.

Während Zierach schmunzelte, kämpfte Johannes mit aufkommendem Ärger darüber, dass er nicht wusste, was gerade in Marlene vorging. »Ja, genau der.« Seine Stimme klang genervter, als er es eigentlich wollte. Seine eigene Unprofessionalität verärgerte ihn nur noch mehr. Warum brachte ihn Marlene mehr aus dem Takt, als ihm lieb war?

»Der hatte durchaus ein gesteigertes Interesse an Alexandra Walfrad.«

»Wie ... gesteigertes Interesse?« Marlene wurde neugierig.

Johannes forderte Zierach auf, es nochmals zu berichten. »Machheim war als Förderer der Ausstellung darauf erpicht, möglichst viel Publicity zu erhalten. Er ließ Fotos von sich mit jedem einzelnen Model machen.«

Marlene runzelte fragend die Stirn, da sie diese Fotos nicht kannte. Johannes wusste, worauf sie hinauswollte, und bedeutete ihr, zu warten.

Zierach erzählte, dass Machheims Frau diese Fotos mit ihrem Handy machen musste. Die Frau Doktor wirkte zwar minderbegeistert, machte aber gute Miene zum bösen Spiel. »Später hat sie sich mir gegenüber recht alkoholgeschwängert über ihren schwanzgesteuerten Mann ausgelassen – so hat sie ihn betitelt –, um sich dann gleich an einen jungen Kellner ranzumachen. Dr. Machheim habe ich später gesehen, als er sich sehr angeregt mit Alexandra unterhalten hat. Von ihrer Schönheit und der Wirkung ihrer Fotos hat er auch von Anfang an geschwärmt.«

»Und das alles fällt Ihnen erst jetzt ein?« Marlene bemühte sich erst gar nicht, ihren vorwurfsvollen Ton zu mildern.

»Na ja, ich gestehe, dass mir das bisher nicht wichtig erschien. Zudem habe ich die Nacht noch überhaupt nicht verarbeitet. Als es endlich ruhig genug war, um sich alles nochmals durch den Kopf gehen zu lassen, wurde ich mit Alexandras Tod konfrontiert. Da kann man schon mal gewisse Einzelheiten vergessen.« Er verteidigte sich etwas empört und schaute Johannes hilfesuchend an, in der Hoffnung, Rückendeckung zu erhalten.

»Schon gut. Da haben Sie sicher recht. Erzählen Sie uns doch bitte mehr über Dr. Machheim. Könnte er sich an Alexandra vergriffen haben und sie dann in die Doppelwendeltreppe gestellt haben? Immerhin ist er ein großer

Verehrer Ihrer Kunst, Herr Zierach.« Marlene klang versöhnlich.

Zierach schüttelte den Kopf. »Ich weiß nicht, wem ich einen Mord zutraue und wem nicht. Ich bin hier nicht der Ermittler. Ich bin Fotograf und Künstler, dem ein Werk morbide geklaut wurde.«

»Und Sie? Immerhin profitieren Sie auch von der Mordsgeschichte. *Better bad publicity, than no publicity?* In Amerika ist das doch auch so.«

»Jetzt gehen Sie aber zu weit.« Zierach schlug mit der flachen Hand auf den Tisch und stand auf. Sein Gesicht färbte sich rot, und es machte den Anschein, als kämpfte er gegen Wuttränen an. »Niemals in meinem ganzen Leben habe ich mich einem meiner Models unpassend genähert. Ich kenne meine Grenzen, und die Intimität mit der Frau findet durch meine Kameralinse statt.« Seine Lippen bebten.

Marlene war vielleicht zu weit gegangen, doch entweder war Zierach ein exzellenter Schauspieler, oder sie hatte ihn mit ihrer Verdächtigung wirklich tief getroffen.

Sie wandte sich Johannes zu. »Ruf bitte Branner an. Erklär ihm die Sachlage und sag ihm, er soll sich den Machheim anschauen. Branner kann das mit den Promis doch so gut.«

Johannes ging nach draußen, um ungestört zu sein. Marlene wartete, bis sich die Tür hinter ihm schloss, dann beugte sie sich verschwörerisch zu Zierach und schaute ihm tief in die Augen. »Ich glaube Ihnen. Ich habe zwar keine Begründung, und bei der Polizei sind einzig und allein Fakten aussagekräftig, doch mein Gefühl sagt mir, dass Sie unschuldig sind.«

Zierach schaute sie versöhnlich an. »Ihr Gefühl trügt Sie nicht. Ich hoffe jedoch auch darauf, dass Sie genügend Fakten zusammentragen, damit der Mörder überführt wird.«

Marlene nickte. »Sie haben mich auf eine Idee gebracht. Vielleicht kriege ich ihn damit dran.«

»Was haben Sie vor?«

»Das kann ich Ihnen noch nicht verraten. Doch wenn es klappt, dürfen Sie mich fotografieren.«

»Dann wünsche ich Ihnen viel Glück. Für Sie. Für Alexandra. Und für mich.« Sie standen beide auf und schauten sich beim Händeschütteln bedeutungsvoll an. Marlenes Augen glänzten herausfordernd.

Beim Hinausgehen zog sie den telefonierenden Johannes einfach mit sich. Davon etwas überrumpelt, drehte er sich kurz um und hob die Hand zum Gruß Richtung Zierach, der in der Tür stand.

»So, werde ich nun endlich aufgeklärt?«, fragte Johannes, nachdem er aufgelegt hatte und hinter Marlene herhechtete.

»Hättest du gerne die Version mit den Bienen und den Blumen oder die Wahrheit?« Sie drehte sich zu ihm um und grinste ihn drei Schritte lang rückwärts gehend an.

Johannes musste lachen. »Ich weiß nicht, ob ich für die Wahrheit schon reif genug bin.«

Als sie im Auto saßen, schaute Marlene ihn bedeutungsschwanger an. »Ich habe eine Idee, doch ich weiß nicht, ob du da mitmachen willst, denn sie ist nicht ganz legal. Doch ich hoffe, damit ein Geständnis aus ihm herauslocken zu können.«

Johannes hob die Augenbrauen. »Nicht ganz legal? Du weißt schon, dass du dafür den Kopf hinhalten wirst, oder?«

»Wenn es klappt, brauche ich nicht einmal einen Finger hinhalten. Dann sind ja alle zufrieden und fragen nicht nach.«

»Aber wird es vor Gericht standhalten?«

»Wenn es ein Geständnis gibt, reicht das vor Gericht aus. Also, bist du dabei?« Marlene schaute ihn hoffnungsvoll an.

Johannes nickte langsam und bedächtig. »Ich denke schon. Jetzt sag schon. Was willst du machen?«

»Nicht hier im Dienstauto. Lass uns etwas trinken gehen. Ich erklär es dir dann.«

»Essen wäre auch okay.«

»Okay, wir fahren ins Kirbys!« Marlene schnallte sich an.

»Schon wieder? Ist ja nicht das einzige gute Restaurant in Graz. Gleich hier um die Ecke kriegt man ausgezeichnete Schnitzel.« Er deutete in eine Gasse.

»Gerne ein anderes Mal. Heute sind wir im Kirbys verabredet.« Marlene lehnte sich im Sitz zurück und schaute gerade aus.

Johannes zuckte mit den Schultern, startete den Motor und wartete, bis er sich in den stockenden Verkehr einordnen konnte.

Während der Fahrt erzählte Marlene von ihrem Telefonat mit Kreuzofner und schimpfte wie ein Rohrspatz, dass erlaubt worden war, das Kunsthaus wieder zu öffnen. Kreuzofner sei auch nur ein Lakai der Politik und habe nichts zu melden.

»Wie kann so etwas passieren?«, fragte Marlene Johannes, ohne eine Antwort abzuwarten. Sie konnte es nicht fassen, dass Kreuzofner wie eine Marionette einknickte. Er sei unter Druck gestanden und habe ihr Gegenvorwürfe gemacht, dass er noch keine Indizien und keine Beweise vorzuweisen habe, die die Wiedereröffnung verzögern hätten können. Es läge an ihrer Arbeit, hätte sie schon mehr Indizien oder eine interessante Spur gegeben, hätte er nicht einknicken müssen.

Johannes schaute sie nach ihrer Schimpftirade an. »Ich verstehe schon, dass dich das wütend macht. Aber hast du kein Verständnis für ihn?«

Marlene schnaubte ihre letzte Wut aus und gab klein bei. »Doch, natürlich. Ich ärgere mich ja mehr über das System, das das möglich macht, als über ihn. Aber es schimpft sich halt leichter über eine Person. Ich habe mir nur mal Luft machen müssen. Es kotzt mich einfach an, dass die da oben einfach alles lenken können und dabei wirklich sprichwörtlich über Leichen gehen. Stell dir nur mal vor, wie sie morgen alle ins Kunsthaus strömen werden und das Bild von Alexandra begaffen. Dabei wurde sie noch nicht einmal beerdigt.«

»Sollen wir sie freigeben?«, fragte Johannes, um wenigstens irgendeinen Vorschlag zu machen.

»Nein, solange ich ihren Mörder nicht habe, bleibt sie bei Hugo im Kühlschrank.«

»Und wenn wir ihn nicht finden?«, fragte Johannes vorsichtig.

»Wir finden ihn. Und dann darf sie in Würde beerdigt werden und in Frieden ruhen.« Marlenes Stimme ließ keine weitere Diskussion zu.

24

Das Kirbys war schwach besucht, da der Mittagsandrang bereits vorüber war. Der Kellner fragte sie, ob sie einen Tisch für zwei wünschten, doch Marlene brauchte einen Tisch für vier.

Johannes wunderte sich und wurde immer neugieriger. »Was hast du vor?«

»Ich möchte den Täter austricksen und zu einem Geständnis bewegen.«

»Womit? Und wen eigentlich?«

»Mit einem fingierten Beweismittel. Als Erstes nehmen wir uns den Klingenbach vor. Nach Zierachs Geschichte erscheint er mir mehr als verdächtig.«

Johannes wiegte wieder seinen Kopf leicht hin und her. »Du glaubst Zierachs Version also? Wir haben Klingenbach noch nicht mit der Geschichte konfrontiert. Das ist doch einseitig, oder?« Professionelle Ermittlungstechniken waren ihm lieber.

»Keine Sorge. Das werden wir noch, doch erst, wenn ich unseren Beweis in der Hand halte. Jetzt zu ihm zu fahren, wäre zu früh.«

»Und Zierach? Wirst du ihn auch mit dem Beweismittel konfrontieren?« Johannes spürte, dass Marlene Partei für Zierach ergriff.

»Nur wenn es sein muss, aber ich denke nicht, dass er es war.«

»Und was macht dich da so sicher?« Johannes schüttelte den Kopf.

»Weiß ich nicht genau. Das ist halt weibliche Intuition.« Marlene zuckte mit den Schultern.

»Die hält vor Gericht leider nicht stand. Überleg doch mal. Zierach hat von der ganzen Sache sicher mehr als Klingenbach. Und dass er diese schreckliche Frau Machheim fotografiert, zeigt doch, dass er für Ruhm und Geld alles macht.« Johannes war nicht überzeugt.

Marlene lachte auf. »Du findest sie schrecklich? Dagegen findet sie dich mehr als süß. Die würde dich gerne vernaschen, wie es scheint. Hat sie sich noch gar nicht bei dir gemeldet? Sicher ist ihr etwas ganz Wichtiges eingefallen, was sie dir unbedingt unter vier Augen berichten muss.« Marlene klimperte mit den Wimpern.

Johannes lächelte verschmitzt. »Deswegen habe ich ihr deine Visitenkarte gegeben.«

Marlene blieb das Lachen im Halse stecken. »Du hast was?«

Johannes zog aus seiner rechten Hemdtasche eine Visitenkarte und zeigte sie ihr. »Rechte Tasche: meine Karte.« Dann griff er in seine linke Tasche. »Linke Seite: deine Karte.« Marlene nahm die Karten im Design und mit dem Logo des LKA Steiermark, die sich nur im Namen und der Telefonnummer, die darauf standen, unterschieden. Sie schaute Johannes verblüfft an. »Wieso hast du Visitenkarten von mir eingesteckt?«

»Für genau solche und andere Fälle. Solltest du dir auch angewöhnen. Vielleicht flirtet dich mal einer deppert an. Sie wird sich in dem Fall nur melden, wenn ihr etwas wirklich Wichtiges einfällt.«

Marlene warf ihm einen anerkennenden Blick zu. »Alle Ehre, Herr Kollege. Gar nicht mal blöd. Raffiniert.« Sie gab ihm die Visitenkarte mit ihrem Namen und behielt die mit seinem. »Ich fang gleich damit an.« Sie schob die Karte in die linke Gesäßtasche ihrer Jeans.

Johannes lächelte kurz, wurde dann wieder ernst. »Trotzdem ist dieser Zierach verdächtig. Ich weiß nicht, welchen Narren du an ihm gefressen hast, aber ich behalte ihn im Auge.«

Marlene wollte antworten, doch in dem Moment trat jemand an ihren Tisch und schob eine große Tasche darunter. »Na, ihr zwei Turteltauben. Ich bin da und bereit.« Er salutierte gespielt und lachte laut auf.

»Hi, Franky. Johannes, ihr kennt euch ja bereits vom Präsidium.« Marlene bemerkte Johannes' Verwunderung sehr wohl, wollte aber erst anfangen zu erklären, wenn alle anwesend waren.

Franky streckte Johannes die Hand hin. »Hi, Joe. Ich bin der Franky«, machte er gleich auf Kumpel, und beim Anblick von Johannes' blitzblauen Augen entfuhr ihm ein kurzer Zischlaut.

»Er bevorzugt Johannes«, sagte Marlene knapp und schaute zum Eingang in Erwartung des letzten Teilnehmers der Verschwörung.

»Du bevorzugst es, Johannes zu sagen. Das sagt sonst niemand«, klärte er auf. Und an Franky gewandt: »Kannst ruhig bei Joe bleiben.«

Franky deutete wieder einen kurzen Salut an. »Yes, Sir Joe!«

In dem Moment atmete Marlene hörbar auf und winkte in Richtung des Eingangs. Johannes und Franky reckten ihre Köpfe, um zu sehen, wem der Gruß galt. Es war Stockinger. Jonathan Stockinger in Zivil und scheinbar in seinen eigenen Sachen. Eine schlichte graue Jeans und ein schwarzes Poloshirt ließen ihn ganz anders wirken. Er kam eilig und mit neugierigem Blick zu ihnen an den Tisch.

»Okay, wir sind komplett.« Marlene beugte sich vor, und mit beschwörendem Blick erklärte sie den anwesenden

Männern ihren Plan. Die Männer lauschten ehrfürchtig und machten große Augen. Nach ihren Ausführungen stellten sie Fragen und diskutierten Marlenes Antworten. Wenn der Kellner zu ihnen an den Tisch trat, schwiegen sie für einen Moment, um dann sofort wieder ihre Köpfe zusammenzustecken. Franky rieb sich die Hände. Stockinger hatte glühendrote Wangen vor Aufregung, und Johannes schüttelte immer wieder ungläubig den Kopf. Während des gesamten Essens brüteten sie über Einzelheiten und mögliche Schwierigkeiten. Jedem wurden seine Aufgaben zugeteilt, und sie erstellten einen Zeitplan.

Sie standen bereits vor dem Lokal, als Marlene abschließend kommandierte. »Also, Johannes und Franky, ihr geht jetzt zur Rosemann. Sie wird sich freuen. Stockinger, Sie besorgen alles, und ich fahre ins Büro zur Gesichtswäsche.«

»Was sagst du, wenn sie fragen, wo ich bin?«, fragte Johannes.

»Da fällt mir schon was ein. Observierung von Zierach oder Klingenbach. Das Gleiche gilt auch für Stockinger. Das habe ich bereits mit Kreuzofner geklärt.«

Johannes' Augen weiteten sich entsetzt: »Kreuzofner weiß Bescheid?«

Marlene winkte ab. »Nein, natürlich nicht. Niemand darf davon erfahren. Ich habe ihm nur gesagt, dass ich Stockinger für diesen Fall ständig zur Verfügung haben will. Kreuzofner hat sich aufgeregt, dass es dafür andere Leute beim LKA gibt und ich nicht die Jungen verheizen soll. Aber ich habe mich für Jonathan eingesetzt, weil er schon in den Fall involviert ist.«

Jonathan Stockinger nahm stolz Haltung an und strahlte über das ganze Gesicht.

Sie wollte schon zum Auto gehen, da hielt Franky sie zurück. »Kann ich deinen Schlüssel haben?« Er machte ein unsicheres Gesicht. »Ich habe ein paar Sachen dabei, die würde ich gleich bei dir in die Wohnung schmeißen.«

Marlene überlegte kurz, ehe sie einen Schlüssel aus ihrer Hosentasche zog und an einem Schlüsselanhänger mit Amulett herumfummelte, um ihn abzunehmen.

»Kein Problem. Du kannst ruhig alles dranlassen. Ich passe schon auf«, zeigte sich Franky unbekümmert.

Marlene drehte so lange am Schlüsselring, bis sie das Amulett in ihrer Hand hielt. Sie umschloss es fest mit den Fingern und hielt die Faust an ihr Herz, während sie Franky den Schlüssel hinhielt.

»Daran zweifle ich nicht«, sagte sie und steckte das Amulett tief in ihre Hosentasche.

Franky tat es ihr mit dem Schlüssel gleich. »Danke! Gleiche Bettseite wie gestern?« Er hatte seinen Humor wiedergefunden.

Marlene lächelte kurz, hob die Hand zum Gruß und ging zum Auto.

Johannes versuchte sich seine Verwunderung nicht anmerken zu lassen. Franky und Marlene? Das war ihr Freund von heute früh? Eigenartig. Als Franky vor zwei Tagen auf das Präsidium kam, wirkte die Überraschung von beiden sehr echt, und jetzt schlief er schon bei ihr? Er würde in den kommenden Stunden, die er mit Franky verbringen würde, schon draufkommen, was da lief.

Marlene saß derweil bereits im Auto und atmete tief durch. Sie nahm das Amulett aus der Hosentasche und klappte es auf. Sie betrachtete es. Dabei biss sie ihre Zähne so fest aufeinander, dass ihre Kieferknochen deutlich hervortraten. Sie klappte es energisch zu, küsste es und steckte es wieder weg. Sie straffte ihre Schultern, schaute kurz in den Rückspiegel, strich sich eine Haarsträhne hinters Ohr und startete das Auto.

Wir hatten es letztens sehr angenehm miteinander. Sie sprachen viel über Ihre Oma.

Über Nonna!

Wie kam Sie zu dem Namen?

Ich glaube, es war mein Bruder, der Oma falsch aussprach, als er klein war. Alle fanden es süß und behielten es bei. Später meinte Nonna einmal, dass sie es gut fand, eine eigene Bezeichnung zu haben, denn sie war ja nicht Oma, sondern auch irgendwie Mama, und da weder die eine noch die andere Bezeichnung zutraf, war sie froh darüber, dass Alwin ihr damit zu einem eigenen Namen verhalf. Ich konnte mir nie vorstellen, sie Oma zu nennen. Sie war keine richtige Oma.

Und Ihre andere Oma? Mütterlicherseits?

Die habe ich nie kennengelernt. Sie starb sehr jung, wie meine Mutter. Sie verunglückte bei der Waldarbeit. Mein Opa war dabei. Und als dann meine Mutter, also seine Tochter, starb, hat der Opa nur noch vor sich hinvegetiert. Er ist dann ziemlich genau ein Jahr danach verstorben. Ich war gerade mal vier Jahre alt. Er hatte einen Herzinfarkt, doch Nonna hat immer gesagt, dass er an gebrochenem Herzen gestorben ist.

Wie kam Ihre Mutter ums Leben?

Autounfall. Sie war hochschwanger, und ich hätte einen jüngeren Bruder oder eine jüngere Schwester, wenn sie es überlebt hätten.

Tragisch.

Ja. Mein Vater hatte Dienst und wurde zum Unfall gerufen. Die Feuerwehr war vor ihm da, und das waren alles Leute aus dem Dorf. Die kannten sich alle untereinander. Sie wollten meinen Vater noch aufhalten, doch er wollte unbedingt zu ihr. Sie hat ihm angeblich auf der Krankenbahre noch etwas zugeflüstert, bevor sie ins Spital gebracht wurde. Der Nachbar ist dann mit Papa hinterhergefahren, doch sie war tot, bevor sie in das Krankenhaus kamen. Angeblich mussten sie meinen Vater niederspritzen, so hätte er getobt vor Verzweiflung. Aber das sind nur Geschichten und Gerüchte. In einem Dorf wird immer viel geredet, und jeder weiß etwas mehr als der andere zu berichten. Mit Vater konnten wir nie offen darüber reden.

Ihre Familiengeschichte ist ziemlich schicksalsgebeutelt.

Durchaus. Und das Schicksal macht bei mir nicht Halt. Würde ich an Hokuspokus glauben, wäre ich der Meinung, auf unserer Familie lastet ein Fluch.

Ich denke dabei nicht an Hokuspokus, sondern daran, dass sich manche Ereignisse in Familien wiederholen. Es sind Traumen, die von Generation zu Generation weitergegeben werden. Doch manchmal ist es einfach Schicksal oder eine Anhäufung unglücklicher Zufälle.

Ich glaube nicht an Zufälle. Da glaube ich schon eher an eine göttliche Ordnung oder einen Plan. Ach, was weiß ich, woran ich glauben soll. Derzeit glaube ich nur daran, dass ich weiterleben muss.

Haben Sie das Bedürfnis zu sterben?

Nein, aber manchmal stelle ich es mir einfach schön vor. Kurz die Dienstwaffe in die Hand nehmen, und alles wäre vorbei. Ich stelle mir dann kindlich naiv vor, wie ich mit Nonna und allen anderen auf einer Wolke sitze und Kipferl esse.

Ein tröstlicher Gedanke.

Ja, aber nicht mehr als dumme Träumerei. Mein Leben ist sowieso irgendwann vorbei, und ich kann ihm das nicht auch noch antun. Er hat bereits genug mitgemacht, und ich werde für ihn da sein. Das habe ich mir geschworen.

Doch im Moment haben sie wenig Einfluss auf sein Leben.

Stimmt. Das ist hart, aber ich muss es akzeptieren. Wenn ich mich aufdränge, zieht er sich zurück. Meine einzige Hoffnung besteht darin, dass er irgendwann Vernunft annimmt und zu mir kommt.

In dieser Lebensphase ein schwieriges Unterfangen. Sie gehen damit sehr weise um und zeigen viel Verständnis.

Es bleibt mir nichts anderes übrig. Ich muss das so halten, sonst gehe ich daran zugrunde.

Hatten Sie in letzter Zeit Kontakt mit ihm?

Ja, er hat mich angerufen.

Er hat Sie angerufen? Das ist doch gut.

Na ja, er hat etwas von mir gebraucht.

Schmälert das Ihre Freude?

Natürlich. Das Schönste wäre, wenn er sich einfach mal so melden und erzählen würde, wie es ihm geht, oder nach mir fragen würde.

Vielleicht möchte er das ja auch und braucht einfach einen Vorwand, sodass er nur vorgibt, etwas von ihnen zu brauchen.

Möglich. Wäre schön.

Hat er letztens nach dem Vorbringen seiner Bitte noch weitergeredet?

Das war leider zu einem ungünstigen Zeitpunkt. Ich hatte gerade einen Cobra-Einsatz hinter mich gebracht, und meine Kollegen waren dabei. Ich glaube, er wollte wirklich reden, doch ich musste ihn unterbrechen und auf später vertrösten.

Und wie verlief das spätere Gespräch?

Das hätte ich beinahe wieder vergessen. Die Ereignisse haben sich überschlagen, und als ich ihn dann anrief, war es spät. Er war müde, und ich denke, er war nicht allein. Er klang sehr verhalten.

Wie sind Sie verblieben?

Ich erklärte ihm, dass ich gerade an einem Fall arbeite und leider keine fixen Zusagen machen könne. Ich glaube, er hat es verstanden. Ich hoffe es.

Auf der Verstandesebene hat er es bestimmt begriffen. Doch ob er es auf seiner schwer verletzten Herzensebene zulassen konnte, stelle ich infrage.

Stellen Sie nichts infrage. Sagen Sie mir, was ich tun soll.

Was würden Sie denn am liebsten tun, wenn Sie könnten?

Ich würde am liebsten zu ihm fahren, ihn fest umarmen und nach Graz mitnehmen. Und dann lasse ich ihn nie wieder los.

25

Der Rest des Tages zog sich wie Kaugummi. Es hatte endlich aufgehört zu regnen, und die Wolkendecke wurde lockerer. Marlene schrieb Berichte, flunkerte Kreuzofner und Branner an, was den Einsatz der Kollegen Weibach und Stockinger anging, und sprach mit Branner über seine Recherchen bezüglich des prominenten Schönheitsdoktors.

»Das ist ein rockzipfelgeiler Akademikerprolet«, fasste Branner gekonnt undiplomatisch zusammen. »Der spritzt den Frauen sicher gratis Botox, nur damit er ihnen dann auch wohin spritzen darf«, setzte er noch einen obendrauf.

»Bäh, Branner! Muss das sein?« Marlenes sonst kühle Fassade bröckelte, ihre Nerven lagen blank. Immerhin hatte sie in diesem Fall bisher nichts anderes vorzuweisen als ihr Bauchgefühl und daraus resultierende Verdächtigungen. Sie zweifelte an sich und ihrer Intuition, und manchmal, wenn sie nicht aufpasste, schlich ein erschreckender Gedanke in ihren Kopf: dass sie vielleicht durch ihren Schicksalsschlag ihr Ermittlertalent eingebüßt hatte. Vielleicht war Kreuzofner wirklich zu gutgläubig gewesen, ihr gleich eine leitende Position zu geben. Ihre Referenzen aus Wien waren hervorragend. Offiziell sprach nichts gegen ihren hochrangigen Einstieg ins LKA Steiermark. Ihre private Situation wurde gottlob nie ausreichend beleuchtet. Eine Frau in diesem Job musste sich sowieso schon behaupten, da wäre es ein Leichtes, sie wegen emotionaler Instabilität abzuservieren. Frauen wird nicht zugetraut, deswegen gleich gut weiterarbeiten zu können. Frauen brechen doch gleich zusammen.

Diese Zweifel beschlichen sie mit zunehmender Dauer dieses Falls. Vielleicht konnte sie wirklich nicht mehr ermitteln. Sie musste auch zugeben, dass sie unsicher war, ob sie Zierach richtig einschätzte, weil sie von ihm und seiner Arbeit fasziniert war. War es richtig, dass sie Klingenbach eher ein Verbrechen zutraute, nur weil er ihr unsympathisch war?

»Ich brauche einen Kaffee. Du auch?«, fragte sie Branner, der etwas überrascht wirkte über diese Einladung.

»Äh, ja, gerne.« Während sie die altmodische Filtermaschine auswusch und sachgemäß befüllte, erzählte er weiter und ersparte ihr seine blumige Ausdrucksweise. »Dieser Doktor Machheim ist durchaus bekannt für sein Faible für junge Frauen.«

»Ich denke, seine Frau steht ihm da in nichts nach. Nur dass sie sich junge Männer krallt.«

»Stimmt, die beiden bleiben sich in diesem Sinne nichts schuldig.«

»Warum trennen die sich dann nicht?«

»Geschäftlich sind sie ein Dream-Team. Die verkaufen sich als Paar recht gut. Ich glaube, die haben sich einfach damit arrangiert.«

»Und was hältst du von der Geschichte, dass Machheim es auf Alexandra abgesehen hatte? Wäre er ein Typ, der sich nicht mehr im Griff hat und jemanden umbringt?« Marlenes Zweifel schwangen in ihrer Frage mit.

Branner stellte zwei Tassen neben die Maschine, die glucksende und fauchende Geräusche von sich gab, als wollte sie mitreden. »Möglich ist alles. Bei dem überzogenen Ego? Vielleicht hat sie ihn abblitzen lassen, und das hat er nicht verkraftet. Der ist sicher ein kleiner Narziss. Solche Typen halten das schwer aus.«

Marlene wunderte sich wieder mal, dass manche Menschen mit wenig Eigenwahrnehmung ausgestattet waren. Die Beschreibung Machheims könnte, etwas abgeschwächt, durchaus auch auf Branner selbst zutreffen. Er war damals merklich eingeschnappt, weil sie auf seine Anmache nicht reagiert hatte.

»Hast du ihn befragt?«, fragte Marlene und rieb sich nachdenklich die Stirn.

Branner schüttelte den Kopf. »Hast du nicht beauftragt. Dafür habe ich aber was anderes. Nicht uninteressant.«

Marlene hob den Kopf. »Was?«

»Ich habe mir die Aussagen des Catering-Personals nochmals angesehen. Das ist immer so ein Scheiß, wenn so viele Leute zu befragen sind und das dann irgendjemand macht, der nicht checkt, dass die Leute doch etwas Interessantes zu erzählen haben. Eine der Kellnerinnen war an dem Abend auch für die Toiletten zuständig«, berichtete er.

Marlene verzog das Gesicht. »Nicht sehr g'schmackig. Servieren und Kloputzen?«

»Auf jeden Fall habe ich mit der noch mal geredet. Und jetzt rate mal.« Branner schaute Marlene erwartungsvoll an.

»Die wenigsten waschen sich die Hände, nachdem sie auf dem Klo waren?« Selbst Marlenes Sarkasmus klang bereits müde.

»Das wahrscheinlich auch. Aber sie ist sich ganz sicher, dass sie den Machheim und Alexandra gemeinsam gesehen hat. Sie standen vor den Toiletten und haben miteinander geredet.« Branner schaute siegessicher.

»Wow! Aber so wie du schaust, war das nicht alles, oder?«

»Genau. Sie hat gesehen, wie er ihr an die Wange gefasst und sie daraufhin seine Hand weggeschlagen hat.«

»Und dann?«

»Nichts und dann. Mehr hat sie nicht gesehen. Sie musste Papierhandtücher nachfüllen.«

Marlene schlug sich mit ihrer Faust in die Handfläche der anderen Hand. »Verdammt. Hast du sie gefragt, ob sie die beiden später nochmals gesehen hat?«

Branner wirkte beinahe beleidigt. »Na sicher doch. Was glaubst du denn? Ich bin doch kein Anfänger. Sie kann sich erinnern, Machheim später noch gesehen zu haben, doch Alexandra nicht mehr.«

Marlene goss Kaffee ein und tat zwei Stück Würfelzucker in die eine Tasse, rührte gedankenverloren um und gab sie dann Branner.

»Danke«, murmelte er leise und wunderte sich, dass Marlene seinen Kaffee so zubereitete, wie er ihn am liebsten mochte. Er selbst hatte noch nicht darauf geachtet, wie sie ihren Kaffee trank, und notierte sich gedanklich, dass sie ihn schwarz trank. Ohne Zusätze, dafür aber richtig stark, was er eben zu schmecken bekam. Verstohlen griff er sich noch einen Würfel Zucker und versenkte ihn ganz nebenbei in der bitteren Brühe. Sie diskutierten noch eine Weile über die Informationen der Kellnerin, überprüften ihre ungefähren Zeitangaben und kamen überein, dass Machheim unbedingt befragt werden müsse. Branner wollte auch sofort loslegen, da im Normalfall bei solch einer verdächtigen Aussage unverzüglich gehandelt wurde, doch Marlene pfiff ihn zurück. Als er einen Grund dafür haben wollte, kam Marlene etwas in Erklärungsnot. Dankbar ergriff sie ihr Handy, als es im rechten Moment läutete. Stockinger wollte über den Fortschritt seiner Besorgungen berichten. Marlene hörte ihm zu und antwortete unverbindlich. »Danke! Wir werden das morgen gleich bearbeiten.«

Branner wartete noch immer gespannt auf eine Erklärung.

»Das war eine wichtige Information. Ich muss noch etwas

überprüfen, bevor wir zu Machheim fahren. Das könnte uns dann möglicherweise dienlich sein.«

Sie wollte einfach losgehen, doch Branner ließ nicht locker. »Was für Informationen?«

»Es hat sich ein Zeuge gefunden, der in der Tatnacht durch die Sporgasse gegangen ist und glaubt, den Täter beim Transport der Leiche gesehen zu haben. Wenn ich da Genaueres weiß, fahre ich zu Machheim. Vielleicht kriege ich ja von dem Zeugen den richtigen Tipp, mit dem ich Machheim festnageln kann.«

»Kann ich mit? Joe ist eh gerade beim Observieren«, fragte Branner und stellte die Kaffeetasse auf den Tisch, um bereit zu sein.

»Du, danke, nein. Ich muss das allein machen. Aber danke.« Sie rauschte hinaus. »Und übrigens, super gemacht mit der Kellnerin. Morgen schnappen wir uns den Beauty-Doc«, rief sie zurück, während sie Meter gewann. Sie musste weg, denn sie hatte keine glaubwürdige Ausrede und kannte Branner zu wenig, um zu wagen, ihn in ihre unorthodoxen Methoden einzuweihen. Zu solchen Vorgehensweisen griff man auch nur, wenn man keinen Ausweg mehr wusste. Doch wenn es funktioniert, kann sie damit den Täter, egal wer es ist, dingfest machen. Sie brauchte nur dieses eine Foto und dann das Glück, dass die Befragten richtig darauf reagierten.

26

Es war Dienstagnacht, und Frau Rosemann war Gastgeberin einer eigentümlichen Gruppe. Obwohl es schon auf Mitternacht zuging, schlurfte sie geschäftig hin und her und versuchte es den Besuchern so angenehm wie möglich zu machen. Sie reichte Getränke und Jausen, die Johannes und Franky vorsorglich eingekauft hatten. Franky hatte allerlei Zeug wie seine Kamera, Scheinwerfer, einen Laptop und einen Drucker dabei. Stockinger schlüpfte in einen dunklen Anzug, und Johannes half ihm, ihn ein wenig auszustopfen. Johannes fragte Frau Rosemann immer wieder, ob es so passen könnte. Frau Rosemann neigte dann ihren Kopf zur Seite und kniff die Augen zusammen. Sie gab eine Anweisung, und Johannes und Stockinger versuchten es von Neuem. Marlene saß mit Franky am Laptop, um Fotos zu googeln. Immer wieder fanden sie eines, das Franky dann speicherte. »Da suche ich mir später das Passende raus.«

Marlene schaute auf die Uhr und nickte Johannes zu. Frau Rosemann wurde ins Badezimmer gebeten und sollte aus dem Fenster in die Gasse sehen.

»Heute ist es viel finsterer«, bemerkte sie.

»Wunderbar, Frau Rosemann. Dass Sie sich so gut daran erinnern können, ist bemerkenswert. Franky kann das aber auf dem Computer heller machen. Das ist kein Problem.«

Frau Rosemann strahlte Johannes dankbar an. »Ja, was die jungen Leute alles machen können mit ihren Computern.« Sie schüttelte ungläubig den Kopf.

Marlene klatschte in die Hände. »Okay, dann gehen wir es an. Frau Rosemann, Sie geben Franky genaue Auskunft, der sie dem Stockinger durch das Funkgerät weitergibt.«

Frau Rosemann schaute aufgeregt von einen zum anderen. »Ja, ich hoffe, ich kann das.«

Johannes war schon zur Stelle, nahm sie bei den Schultern und schaute ihr ruhig in die Augen. »Frau Rosemann, Sie machen das großartig. Es ist für uns ganz wichtig, dass Sie sich jetzt konzentrieren und an die Nacht erinnern. Sie schaffen das.«

Sie lächelte und versuchte, zuversichtlich zu wirken.

Franky kam hinzu und streckte ihr galant seinen Arm hin. »Darf ich bitten, gnädige Dame? Ich möchte Sie nun entführen.«

Frau Rosemann kicherte wie ein kleines Mädchen und legte ihren Arm in seinen. »Aber gerne doch, der Herr«, antwortete sie keck und lächelte selig. Das war ein Abenteuer für sie, und sie genoss es in vollen Zügen. So etwas geschieht einer Dame ihres Alters eher selten, und sie freute sich über die Aufmerksamkeit, die ihr zuteilwurde.

Marlene und Johannes prüften ihre Funkgeräte, nahmen jeder einen Scheinwerfer und machten sich mit Stockinger auf den Weg. Aus dem Abstellraum für Fahrräder holten sie den Transportwagen, den Stockinger aus dem Kunsthaus hergefahren hatte, darin eine eingewickelte Schaufensterpuppe. Sie hoben den Wagen auf die Straße und winkten Frau Rosemann und Franky, die aus dem Fenster blickten. Mittels der Funkgeräte tauschten sie sich über die genaue Position aus. Erst beim Nachstellen mit verschiedenen Kopfbedeckungen konnte Frau Rosemann mit ziemlicher Sicherheit sagen, dass es sich um eine normale Schirmkappe gehandelt haben muss, die der Täter getragen hat. Die wenigen nächtlichen Gassenflaneure reckten kurz ihre Köpfe ob des Treibens, interessierten sich jedoch nicht weiter für das komische Trio mit seinem Transportwagen. Die Grazer waren einiges gewohnt, da es spätestens seit der Gründung des »Steirischen Herbst« ein Festival für zeitgenössische Kunst gab, das sich mit schrägem Aktionismus durch viele Straßen, Gassen und Gebäude der Stadt zog.

Franky gab Anweisungen, wie sie die Scheinwerfer aufstellen sollten, damit er indirektes Licht hatte, und schaute immer wieder prüfend durch seine Kamera. Es dauerte eine ganze Weile, bis Frau Rosemann der gestellten Szenerie ihr Okay gab. »Ja, jetzt schaut es so aus wie in der Nacht.«

Marlene und Johannes entfernten sich, um die Gasse frei von Spaziergängern zu halten. Sie würden sich zur Not für Leute vom Film ausgeben. Stockinger stellte sich in Position. Franky fotografierte vom Fenster aus, kam dann runter und machte noch ein paar Fotos unten in der Gasse.

»Ich hab's«, sagte er ins Funkgerät, und der ganze Aufzug löste sich so schnell wieder auf, wie er entstanden war. Einer nach dem anderen verschwand im Hauseingang mit der Nummer achtzehn.

Frau Rosemann kam ihnen entgegen. Ihre Wangen glühten. »Und? Hat es funktioniert?«

Johannes, Marlene und Franky lächelten sie an und versicherten ihr, dass sie ihren Teil großartig gemacht habe und es nun daran lag, was Franky zustande brachte.

Marlene klopfte Stockinger anerkennend auf die Schulter. »Danke, Stockinger. Sie haben einen großartigen Mörder abgegeben. Sie dürfen jetzt nach Hause gehen.«

Stockingers Lächeln erstarb, und Enttäuschung machte sich breit. »Ich wollte ihm zusehen.« Er nickte zu Franky, der bereits am Laptop saß und seine Kamera anschloss.

Sie blieben alle zusammen und setzten sich zu Franky. Jeder wollte dabei sein. Frau Rosemann nickte irgendwann auf ihrem Sofa sitzend ein. Marlene ergriff sanft ihre Schultern und legte sie hin. Sie holte Bettzeug und deckte sie liebevoll zu. Johannes beobachtete sie dabei und bemerkte nicht, dass der junge Stockinger dies registrierte und sich taktvoll Frankys Arbeit zuwandte.

»Fertig!« Franky klickte, und der Drucker erwachte knatternd zum Leben. Alle drei fuhren hoch, denn sie hatten bereits mehr oder weniger gedöst. Johannes schaute auf seine Armbanduhr. Es war bereits zwei Uhr morgens.

Marlene stürzte zum Drucker und schaute sich die Ergebnisse an. »Franky, du bist ein Genie!«

Johannes und Stockinger schauten sich die Fotos ebenfalls an und nickten anerkennend. Vorsichtig berührte Marlene Frau Rosemanns Schultern. Dieser entfuhr ein lauter Schnarcher, der sie hochfahren ließ. Sie blickte verdattert in die Runde, doch ein Lächeln verriet bald, dass sie sich erinnerte, was vor sich ging. »Sind die Bilder fertig? Kann ich sie sehen?«

»Na klar, Frau Rosemann. Sie können uns am besten sagen, ob sie gut geworden sind.«, Marlene hielt ihr die Fotos hin.

Frau Rosemann nahm sie ehrfürchtig in die Hand und studierte sie genau. Sie senkte ihre Hand und schaute Franky an. »Genau so hat es ausgesehen!«

Ein erleichtertes Seufzen ging durch die Runde.

»Gut, dann ist für morgen alles klar?«, fragte Marlene. »Stockinger, morgen bitte wieder in Uniform, das macht mehr Eindruck. Also dann hoffen wir, dass es klappt. Eine gute Restnacht wünsche ich noch. Vielen Dank, Frau Rosemann.«

27

Es kam wie vorausgesagt. Selbst der Himmel erstrahlte wolkenlos blau an diesem Mittwochmorgen, an dem das Kunsthaus nach tagelanger Schließung und den vielen Berichten eines grausigen Modelmordes wieder eröffnet wurde. Auf dem Südtiroler Platz fanden sich zahlreiche Menschen in Gruppen zusammen und warteten, dass sich die Pforten öffnen würden. Marlene und Johannes hatten sich nach der morgendlichen Besprechung aus dem Präsidium verabschiedet und warteten auf dem Balkon des Café Schwalbennest auf dem Franziskanerplatz. Sie hatten Glück, noch einen freien Tisch bekommen zu haben, denn auf dem kleinen Eckbalkon im ersten Obergeschoss hat gerade mal eine Handvoll Leute Platz. Morgens lag die Miniterrasse noch im Schatten, ab Mittag jedoch reckte dort so mancher Grazer sein Gesicht in die Sonne und blinzelte gegen die Wasserspiegelungen der Mur. Marlene und Johannes betrachteten das rege Treiben auf der anderen Seite des Flusses und warten auf Stockingers Anruf. Klingenbach war Marlenes Hauptverdächtiger. Sie wollte ihn als Erstes mit den Fotos von der angeblichen Überwachungskamera in der Sporgasse konfrontieren. Angesichts eines solchen Beweisstückes könnte sich der Verhörte mit seiner Reaktion verraten. Marlene hatte weder Fingerabdrücke noch Alexandras Handtasche, Kleidung oder sonst etwas in der Hand, womit jemand klar des Mordes überführt werden konnte. Sie musste darauf hoffen, dass der Bluff aufging.

Klingenbach war ihr erster Adressat. Sie hatten jedoch auch Zierach und Dr. Machheim im Visier. Franky hatte ganze Arbeit geleistet. Marlene und Johannes hatten drei verschiedene Fotos in ihrer Mappe. Sie waren schwarz-weiß, etwas verschwommen, und doch konnte man die Gesichtszüge der drei Verdächtigen erkennen. Nur angedeutet und doch eindeutig.

Marlenes Handy klingelte. Sie hob ab, lauschte kurz und bedankte sich knapp. »Er ist angekommen.«

Johannes erhob sich, legte einen Zehner auf den kleinen Bistrotisch und beschwerte ihn mit seiner Kaffeetasse. »Dann mal los.« Er versuchte, seine Anspannung zu verbergen.

Marlene merkte es ihm an und meinte: »Das Schlimmste, was uns passieren kann, ist, dass es nicht funktioniert und wir einen Mega-Anschiss von Kreuzofner bekommen.« Sie versuchte aufmunternd zu lächeln.

»Und dass wir eine Verleumdungsklage und ein Disziplinarverfahren am Hals haben?« Johannes nahm es nicht so locker.

»Wenn du willst, mache ich es allein. Jetzt kannst du noch aussteigen. Ich teile dich sofort ein, Doktor Machheim zu beschatten. Dann bist du aus der Schusslinie.« Sie schaute ihn eindringlich an, und Johannes wusste, dass sie es sofort tun würde.

Er lächelte etwas gequält. »Ach, was soll's. *No risk, no fun.*« Er zwinkerte ihr zu und machte sich daran, die schmale Treppe nach unten zu gehen.

Sie trafen Stockinger und einen seiner uniformierten Kollegen vor dem Kunsthaus und stellten sich einander vor. Marlene erklärte dem Beamten, dass sie hier das Kommando hatte und er sie bei einer Verhaftung unterstützen musste. Der Beamte nickte kurz und verzog dabei keine

Miene. Marlene musste an die britischen Gardisten denken, denen ebenfalls antrainiert wurde, keine Regung zu zeigen. Für sie selbst war das einfach unvorstellbar, doch hatte sie in ihrer Ausbildung und in den Jahren im Beruf und durch die Erfahrung gelernt, dass es unerlässlich war, sich kontrollieren zu können. Zurzeit brauchte sie diese Selbstbeherrschung mehr denn je.

Stockinger berichtete, dass der Direktor das Kunsthaus über die Tiefgarage betreten hatte, jedoch beim Anblick der vielen Leute nicht direkt in sein Büro gegangen war, sondern sich noch ganz geschäftig im Restaurant, im Shop und an der Information gezeigt hatte. Einige Menschen haben daraufhin an die Scheiben geklopft, und er habe freudestrahlend gelacht und auf die Uhr gedeutet, denn die Pforten würden erst pünktlich um zehn Uhr geöffnet werden. Marlene und Johannes haben sich darauf geeinigt, dass Klingenbach stärker unter Druck geraten würde, wenn sie ihn knapp vor der Eröffnung verhafteten.

Marlene schaute auf ihre Uhr. Es war neun Uhr fünfundvierzig. Stockinger hatte noch den Schlüssel vom Kunsthaus, der von der Polizei während der Dauer der Ermittlungen einbehalten worden war. Stockinger sperrte auf. Ein Raunen ging durch die Menschenmenge, und schon drängten viele zur Tür in der Hoffnung, vorzeitigen Einlass zu bekommen.

»Halten Sie uns die vom Leib«, befahl Johannes dem uniformierten Kollegen, der sich sofort breitbeinig hinstellte, die Arme hob und sich räusperte. Seine Stimme schallte in einem derart lauten und eindringlichen Bass über den Platz, dass sich Marlene beeindruckt zu ihm umdrehte. »Hat der ein Megaphon verschluckt?«

Die Menschen wichen ehrfürchtig zurück, und Marlene konnte mit Johannes, Stockinger und dem Stimmwunder ungestört das Kunsthaus betreten und hinter sich wieder abschließen. Die Dame am Empfangsschalter schaute verwundert auf.

Marlene hob ihre Dienstmarke. »Ist der Direktor in seinem Büro?«

Die adrette junge Frau nickte kurz und deutete zur Treppe. Im Gleichschritt, bestimmt und flott, schritten sie zur Tat. Marlene öffnete die Tür zum Büro, und Klingenbach fuhr erschrocken auf. Er hatte etwas in der Hand und ließ es schnell in eine geöffnete Schreibtischlade fallen.

»Was fällt Ihnen ein, mich so zu überfallen? Wenn Sie nicht die Polizei wären, würde ich sie jetzt rufen«, polterte er los, kaum dass er sich gefasst hatte, und versuchte unauffällig, die Lade mit dem Knie zu schließen.

»Herr Klingenbach. Hiermit verhafte ich Sie wegen des dringenden Verdachts des Mordes und der Zurschaustellung des Leichnams von Alexandra Walfrad.« Marlenes Stimme klang selbstbewusst und bestimmt.

Die beiden uniformierten Polizisten gingen auf Klingenbach zu, der nach Luft rang. »Was fällt Ihnen ein? Wie kommen Sie denn darauf? Ich habe nichts getan«, rief er. »Und für Sie noch immer Herr *Direktor* Klingenbach!«, brüllte er mit hochrotem Kopf.

Die beiden Polizisten packten seine Hände, zogen sie nach hinten und wollten ihm Handschellen anlegen.

»Was machen Sie da?! Sind Sie verrückt?«, schrie er. »Ich muss das Kunsthaus öffnen. Ich kann jetzt nicht weg.«

Marlene verzog keine Miene. Sie schritt langsam um den Schreibtisch herum, während sich Klingenbach in seiner Umklammerung wand wie ein Regenwurm. Marlene nahm einen Bleistift aus Klingenbachs edlem Lederetui und öffnete damit die Schreibtischlade. »Ich denke, das hier nehmen wir auch gleich mit. Das schaut mir nicht nach gewöhnlichen Kopfschmerztabletten aus. Was ist das? Beruhigungsmittel? Schmerzmittel? Drogen?«

Klingenbach funkelte sie zornerfüllt an. »Das geht Sie einen feuchten Scheiß an.«

»Na na, nur nicht ausfällig werden, Herr *Direktor*. Die Kollegen werden ohnehin rasch herausfinden, was Sie sich da einwerfen. Heute schon etwas genommen? Gegen die Aufregung wegen der Wiedereröffnung? Oder zur Feier des Tages?« Marlene blieb betont gelassen und fasste das edle Döschen, in dem sich verschiedene kleine Säckchen mit Pillen befanden, durch ein Plastiksackerl an und wickelte es darin ein. Sie reichte es Johannes, der es in seine Jackentasche gleiten ließ.

Klingenbach schnaubte wütend, hielt sich jedoch zurück. Marlene deutete mit ihrer Hand, und schon drängten die Polizisten Klingenbach zu gehen.

»Warten Sie!«, rief er in Panik. »Ich muss doch noch aufsperren.«

Marlene drehte sich zu ihm um. »Das kann auch die Dame vom Empfang machen. Oder würden Sie jetzt gerne mit uns runtergehen und in Polizeigewahrsam aufschließen? Das würde auch Presse geben. Wäre sicher ebenfalls gut für das Geschäft. Ein mordender Kunsthausdirektor zieht sicher ebenfalls Publikum an.«

»Ich ... ich habe sie nicht umgebracht. Das müssen Sie mir glauben«, rief er verzweifelt.

»Die Beweise erzählen eine andere Geschichte«, gab Marlene gelassen zurück.

»Welche Beweise?«, fragte Klingenbach nervös.

»Das klären wir im Präsidium. Los jetzt!«

»Bringen Sie mich vor all den vielen Leuten in Handschellen raus?« Er schaute Marlene entsetzt an.

»Leider ist die königliche Polizei-Sänfte gerade in der Werkstatt. Natürlich bringen wir Sie jetzt runter, doch wir sind weder presse- noch menschengeil und haben den Wagen in der Tiefgarage. Wir fahren mit dem Lift.«

Klingenbach atmete erleichtert auf und fügte sich seinem Schicksal. Marlene und Johannes hatten ihren unscheinbaren Dienstwagen schon früh am Morgen in die Garage gestellt. Stockinger hatte dem Kollegen Bescheid gegeben, dass sich dieser erst nach Klingenbachs Ankunft in die Garage stellte, damit Klingenbach nicht beim Anblick eines Polizeiautos Verdacht schöpfte. Der Direktor wurde in das Auto verfrachtet und von den Uniformierten ins Präsidium gebracht. Marlene hatte ihnen die Anweisung gegeben, nicht mit dem Verhafteten zu sprechen. Er sollte den ganzen Weg lang schön in seiner Suppe aus Stresshormonen schmoren, damit er dann so richtig durchgegart war, wenn er im Verhörzimmer saß. Ebenfalls hofften sie darauf, den obligaten Anruf bei seinem Anwalt so lange wie möglich rauszögern zu können. Jede Sekunde, in der sie ihn allein unter Druck setzen konnten, war wertvoll und möglicherweise entscheidend.

28

Marlene betrat den Verhörraum allein. Johannes und Stockinger standen hinter der verspiegelten Scheibe und konnten alles beobachten. Sämtliche Kameras und Aufnahmegeräte waren eingeschaltet. Klingenbach wirkte fahrig und zittrig. Schweißperlen standen ihm auf Stirn, obwohl der Raum angenehm kühl temperiert war. Er stieß unsanft gegen den Tisch, als er bei Marlenes Anblick hochfuhr.

»Sitzen bleiben!«, befahl sie.

Er sank in den Sessel zurück und schenkte ihr einen giftigen Blick. »Was haben Sie gegen mich in der Hand?«

Marlene öffnete provokativ langsam einen Aktenordner und zog ein Foto hervor. »Sehen Sie selbst. Sie wurden von einer Überwachungskamera beim Transport der Leiche durch die Sporgasse gefilmt.« Sie legte ihm das Foto hin.

Er warf einen kurzen Blick darauf. »Pff! Das kann jeder sein.«

Marlene blieb ruhig, nahm das Foto in die Hand, hielt es mit gestrecktem Arm vor sich und wanderte mit ihrem Blick zwischen Klingenbach und dem Foto hin und her. »Ich erkenne Sie da ganz gut drauf. Der Rest des Films wird gerade analysiert. Da finden sich sicher noch deutlichere Aufnahmen. Unsere Leute sind gut. Die machen aus dem schlechtesten Filmmaterial noch Fotos, die könnten Sie glatt für einen Reisepass verwenden. Richtige Künstler, sage ich Ihnen.«

Klingenbachs Augen wurden unruhig, und sein rechtes Augenlid zuckte verdächtig.

»Aber was weiß ich schon von Kunst, Herr Direktor«, fuhr Marlene gelassen fort. »Kunst sollte ja auch stets aktionistisch sein, oder? Da haben Sie sich ja besonders ins Zeug gelegt. Die Leiche durch die ganze Stadt zu karren, nachdem sie die junge Frau erwürgt haben, und dann aufzustellen. Oder besser gesagt: auszustellen. Ja, das ist ganz neue Kunst. Leider nur etwas vergänglich, oder?«

»Ich habe sie nicht umgebracht«, knurrte Klingenbach.

»Ich glaube, Sie haben sie kaltblütig erwürgt.« Marlene zog ein anderes Foto aus der Mappe. Diesmal eines, das der Wahrheit entsprach. Alexandras Kopf und Schultern auf dem Seziertisch. Die Schminke war heruntergewaschen, und auf der bleichen Haut waren dunkle Würgemale zu sehen, die sich wie ein Band um ihren Hals legten.

Klingenbach versuchte, nicht hinzusehen.

Marlene nötigte ihn dazu. »Können Sie Ihr Kunstwerk nicht betrachten? Gefällt es Ihnen nicht mehr? Ich habe noch mehr von Ihrer Kunst. Wir haben es für die Ewigkeit fotografiert und aufgehoben. Der Kurator, der Ihr Werk begutachtet, wird der Richter sein. Die Galerie dafür wird dieser Aktenordner bleiben. Sehen Sie hin.« Sie zog ein Foto von der toten Alexandra bei der Doppelwendeltreppe nach dem anderen aus dem Ordner. Klingenbach wand sich in seinem Sessel. Marlene legte nach. »Für mich sind Sie ein einfacher Plagiator. Das ist die Idee und das Werk eines anderen gewesen, und Sie haben es einfach nachgemacht. Das ist doch peinlich, und vor allem ist es krank. Was war es, was Sie dazu getrieben hat? Neid? Eifersucht? Größenwahn? Hielten Sie es nicht aus, dass Zierach damit so einen Erfolg hatte? Musste Alexandra Walfrad sterben, weil Sie ihre Beziehung mit Zierach nicht auf die Reihe brachten? Erklären Sie mir das! Und der Familie der jungen Frau! Warum haben Sie sie umgebracht?«

»Ich habe sie nicht umgebracht!«, schrie Klingenbach, fuhr aus dem Sessel hoch und schlug mit beiden Händen auf den Tisch. Johannes wollte schon lossprinten, um einzugreifen, da zu befürchten war, dass Klingenbach die Beherrschung verlor. »Ich bin dazu ja gar nicht fähig«, fügte er hinzu und verharrte in seiner Position, halb stehend und auf seine Hände gestützt. Johannes hielt angespannt inne und blieb, wo er war, weil Marlene einen kurzen Blick in die Kamera warf, die auf sie gerichtet war. Der Ausdruck zeigte ihm deutlich, dass sie Herr der Lage war.

Marlene erhob sich ebenfalls, stützte ihre Hände auf den Tisch und brachte ihr Gesicht ganz nahe an das von Klingenbach. »Sie meinen, Sie sind dazu genauso wenig fähig, wie Ihren besten Freund zu vergewaltigen?«

Klingenbach erstarrte. »Sie, Siiiie …«, begann er wütend, doch es war spürbar, dass er in sich zusammenzubrechen drohte.

»Was ich? Ja, ich weiß, wozu Sie fähig sind. Und von einer Vergewaltigung ist es nur ein kleiner Schritt zu Mord. Es hat Ihnen wohl nicht mehr gereicht. Es musste ein neuer Kick her, oder? Haben Sie zugesehen, als das Leben aus ihrem Körper wich? Haben Sie Gustav Zierach damals dabei beobachtet, als Sie sich an ihm vergingen? Ist es ein Kick? Geilt es Sie auf?«

»Es sind die scheiß Drogen!«, schrie er sie an.

Sie konnte seinen Atem spüren, so nahe standen sie sich gegenüber.

»Ich weiß nicht, was in mich gefahren ist. Ich dachte immer, ich hätte das geträumt, bis Gustav mir die verdammte Wahrheit erzählte. So viele Jahre hatte ich ihn gehasst und nicht gewusst, warum er mich verlassen hat. Er hätte es mir doch sagen können.« Klingenbachs Augen füllten sich mit Tränen. Er schaute Marlene an, als würde er Verständnis erwarten.

»Sie meinen, durch Ihren Drogenkonsum verlieren Sie derart die Kontrolle?« Marlene wurde sachlicher und warf wieder einen kurzen Blick in die Kamera, als Klingenbach seinen Kopf senkte.

»Ich weiß es ja auch nicht. Normalerweise passiert nichts, aber damals habe ich scheinbar zu viel oder das Falsche genommen. Ich wusste wirklich nicht, warum Zierach verschwunden ist. Später hatte ich dann manchmal so Träume von dieser verheerenden Nacht, habe das aber nicht ernst genommen. Ich liebte ihn doch. Da sind solch erotische Träume doch normal.« Sein Gesicht war rot, seine Augen nass, und er schwitzte stärker als zuvor.

»Sie liebten ihn also. Und warum haben Sie dann Alexandra umgebracht?«

»Ich – habe – Sie – nicht – umgebracht! Ja, ich bin mir ziemlich sicher, dass ich den Scheiß mit ihrer Leiche gemacht habe. Ich kann mich nur dunkel daran erinnern. Aber ich bin mir ganz sicher, dass ich sie nicht umgebracht habe. Sie lag schon tot im Lager. Ich habe sie nicht umgebracht. Sie war schon tot. Sie war schon tot. Scheißdrogen. Aber sie war doch schon tot.« Flehentlich jammerte er vor sich hin.

Marlene schaute lange in die Kamera.

Johannes schaute tief in ihre Bildschirmaugen.

Stockinger stöhnte vor Anspannung: »Sie glaubt ihm, oder?«

Johannes starrte weiterhin auf den Monitor: »Ich denke schon. Ich glaube auch, dass er die Wahrheit sagt. Ich habe aber auch das Gefühl, dass er bald umkippt. Wer weiß, was der sich eingeworfen hat. Und dazu der Stress.«

Marlene erkannte die Zeichen ebenfalls und beeilte sich voranzukommen. »Herr Klingenbach. Sie behaupten also, dass Sie Alexandra Walfrad tot im Lagerraum aufgefunden haben, sie dann aber weggebracht haben, um sie bei der Doppelwendeltreppe aufzustellen? Ist das so korrekt?«

»Ja!«, japste Klingenbach kurzatmig.

Marlene reichte ihm ein Glas Wasser. Er stürzte es gierig hinunter.

»Sie lag im Lagerraum. Ich bin dort rein, weil ich Koks ziehen wollte. Beim Rausgehen habe ich sie dann gesehen. Zuerst dachte ich, sie sei völlig besoffen, aber als ich sie anstieß, rührte sie sich nicht.«

»Was haben Sie dann gemacht?«

»Na ja, das Koks fuhr ein, ich glaube, ich habe sie ausgezogen und so hingelegt, wie sie auf dem Ausstellungsfoto drauf ist. Also die Beine überkreuzt und die Hände in ihren Schoß. Dann bin ich zur Party zurück.«

»Und Sie haben es niemandem gesagt?«

»Nein, ich habe die Party genossen, weiter getrunken und mir gegen Ende noch ein paar Pillen eingeworfen. Als alle weg waren, bin ich wieder runter zu ihr. Ich glaube, ich habe sogar mit ihr geredet.«

»Und dann kamen Sie auf die Idee, sie zur Doppelwendeltreppe zu bringen? Warum haben Sie nicht einfach die Polizei gerufen?«

»Ich, ja, ich weiß ja auch nicht ... Ich glaubte, sie hat mich darum gebeten. Ich habe sogar ihre Schminke aus ihrer Tasche genommen und sie nachgeschminkt ...«, versuchte er sich noch zu erklären, dann verdrehten sich seine Augen nach oben, und sein Oberkörper kippte nach vorne.

Marlene reagierte schnell, doch konnte sie nicht verhindern, dass sein Kopf auf den Tisch knallte. »Die Rettung, schnell!«, rief sie in die Kamera.

29

Der Krankenwagen und der Abtransport des kollabierten Kunsthausdirektors erweckten genau das Aufsehen im gesamten Präsidium, das Marlene und ihre Komplizen verhindern wollten. Sogar Kreuzofner eilte herbei und erwartete, auf der Stelle unterrichtet zu werden. Branner stand gereizt in der Ecke des Besprechungsraumes und ließ alle spüren, dass er stinksauer darüber war, dass er nicht zum Verhör hinzugezogen worden war. Marlene erklärte die Situation, und Stockinger bekam unverhofft eine Lehrstunde darüber, wie man eine Geschichte erzählen konnte, ohne die pikanten Details wie das retuschierte Foto zu erwähnen. Marlene hielt Kreuzofners Fragen stand und zeigte keine Aufregung.

»Was kann ich dafür, dass Klingenbach seinen Drogenkonsum nicht unter Kontrolle hat? Wir haben eine ganze Dose bei ihm im Büro gefunden. Die Kollegen kümmern sich schon darum. Der mischt wahrscheinlich alles zusammen und hat dann totale Blackouts. Doch immerhin haben wir jetzt ein Geständnis.«

»Ja, aber nur für die Leichenschändung. Den Mord leugnet er noch immer.« Kreuzofner war ebenfalls sehr aufgebracht und schwitzte auf der Stirn wie Klingenbach.

Marlene nickte. »Ja, und ich habe das Gefühl, dass er die Wahrheit sagt.«

»Gefühl, Gefühl. Das ist zu wenig! Wir brauchen Fakten und Beweise. Ich kann doch keinen überführen, nur weil ich ein Gefühl habe«, schimpfte er weiter. »Ich will, dass der Mörder endlich gefunden wird. Und jetzt ran an die Arbeit. Ich kümmere mich derweil darum, was die Presse wissen darf.« Er atmete noch mal tief durch, bevor er das Büro verließ.

»Okay, der Kreuzofner will sich vielleicht verarschen lassen, damit er seinen eigenen Arsch retten kann, doch mir könnt ihr nicht erzählen, dass der Klingenbach einfach so gesungen hat.« Kaum war die Tür ins Schloss gefallen, machte sich Branner Luft. »Also, was treibt ihr da?« Er stand noch immer in der Ecke, hatte die Arme vor der Brust verschränkt und schaute mit zusammengekniffenen Augen von einem zum anderen. Stockinger versuchte seinem Blick auszuweichen, Johannes gab sich bemüht lässig, und Marlene funkelte mit dem gleichen trotzigen Ausdruck zurück.

»Warum so skeptisch? Wir hatten halt Glück.«

»Pah, sag mal, was glaubst du? Ich bin Ermittler. Und kein schlechter. Ich lass mir doch nicht so ein G'schichterl erzählen.« Er blickte wieder in die Runde und hoffte auf Antworten.

Marlene schaute Johannes kurz an, dann zuckte sie mit den Schultern. »Hier, damit du dich nicht ausgeschlossen fühlst.« Sie zog das nachgestellte Foto aus der Aktenmappe und legte es auf den Tisch. Wie ein geködertes Tier lockte sie Branner damit aus der Ecke. Er warf von Weitem einen Blick darauf und wurde neugieriger. Er nahm es in die Hand, betrachtete es genau und stieß einen anerkennenden Pfiff aus. »Wow, na ja, das kann er ja nicht mehr leugnen. Wie seid ihr an das Foto gekommen? Ich habe höchstpersönlich die ganze Sporgasse nach Überwachungskameras abgesucht und keine einzige gefunden.« Er wirkte zerknirscht über sein vermeintliches Versagen. Noch ehe er eine Antwort erhielt, fragte er noch: »Warum habt ihr das Foto Kreuzofner nicht gezeigt?«

Wieder herrschte nur Schweigen.

»Nein! Ihr habt doch nicht …?« Er warf einen ungläubigen Blick auf das Foto. »Ihr habt das echt selbst gemacht?«

»Du bist wirklich ein guter Ermittler«, war Marlenes knappe Antwort.

Branner machte keinen Hehl daraus, dass er überrascht war. »Ihr seid ja arg drauf. War das deine Idee? Habt ihr das in Wien so gemacht? Wenn die Beweise fehlen, basteln wir uns einfach selbst welche? Alter Spalter.« Er schüttelte lachend den Kopf. »Und dann kriegt ihr den Klingenbach auch noch total zugedröhnt dran, und der kippt euch aus den Latschen. Ich pack's nicht. Wie seid ihr denn auf die Idee gekommen?«

Marlene resignierte und weihte ihn ein. Sie erzählte ihm, dass sie beim Gespräch mit Gustav Zierach den Einfall hatte, als er über die Wirkung von Fotos sprach. Sie dachte sich, dass sie den Täter damit einfach überrumpeln und zu einem Geständnis bringen könnte. Derjenige müsste nur im Glauben gelassen werden, dass das Foto echt sei.

Als Branner nachfragte, woher sie wusste, dass es Klingenbach war, gab sie offen zu, dass sie sich das anhand der Geschichte Zierachs zusammengereimt hatte.

»Der Plan ist aufgegangen.« Branner nickte anerkennend.

»Ja, das ist er. Und trotzdem fehlt uns noch immer der Mörder. Ich hätte wetten können, dass es Klingenbach war.« Marlene schlug sich mit der Faust in die Hand.

»Aber vielleicht war er es doch?« Stockinger wage es, sich leise einzumischen.

Marlene nickte ihm aufmunternd zu. »Durchaus möglich, doch in seinem Zustand und nach dem Geständnis, die Leiche weggebracht zu haben, denke ich, dass er die Wahrheit gesagt hat. Aber Branner, du könntest dir die Videos vom Verhör anschauen und uns sagen, was du davon hältst.«

Branner schnellte hoch. »Klar doch. Kann ich machen.« Er konnte nicht verbergen, dass er sich geschmeichelt fühlte, als Marlene Stockinger erklärte, dass Branner einen unvoreingenommenen Blick darauf haben würde, da er nicht in die Sache involviert gewesen war.

»Trotzdem sollten wir uns jetzt auf die weiteren Verdächtigen konzentrieren. Ich weiß nicht, wann Klingenbach wieder vernehmungsfähig sein wird.« Marlene musste die nächsten Schritte besprechen.

»Und wer sind eure weiteren Verdächtigen? Machheim?«, fragte Branner.

»Ja. Und Zierach«, schaltete sich Johannes dazu, der bisher nur geschwiegen hatte. »Wobei, die können wir jetzt nicht mehr mit den Fotos konfrontieren.«

Branner konnte sich nur noch wundern. »Was habt ihr denn noch für Fotos gemacht?« Marlene erklärte ihm, dass sie in das gleiche Foto von der Sporgasse auch die Gesichter von Zierach und Machheim eingefügt haben, doch gleich beim ersten Verhör den Treffer landeten. Als Branner sie lachend mit Blindfischern verglich, verteidigte sich Marlene sehr wohl, indem sie meinte, dass Klingenbach stets ihr Hauptverdächtiger war.

»Und doch ist der Mörder möglicherweise ein anderer.« Branner konnte es nicht lassen und musste sie nochmals damit aufziehen.

Marlene verdrehte genervt die Augen. »Danke für die Aufklärung, Branner. Ich hab's geschnallt.«

»Und was willst du nun machen?«, fragte Johannes.

»Wir knöpfen uns den Nächsten vor«, war alles, was Marlene vorschlug.

»Zierach?«, fragte er.

»Nein, an den denke ich eigentlich gar nicht.«

»Wieso nicht? Wer weiß, ob seine Geschichte stimmt.« Johannes wirkte nicht zufrieden.

»Mag schon sein, doch noch will ich ihm einfach glauben. Vorher würde ich mir noch gerne andere vornehmen.«

Johannes wurde nun ungeduldig. »Und wen jetzt bitte?«

»Machheim zum Beispiel. Immerhin wurde er mit Alexandra bei den Toiletten gesichtet, wie Branner rausgefunden hat. Oder Kahlenberg, der hat die beiden sicherlich auch gesehen hat, wenn es stimmt, dass er Alexandra kaum aus den Augen gelassen hat. Oder sonst irgendein Typ, der auf der Vernissage war und noch überhaupt nicht auf unserem Radar erschienen ist.«

Stockinger hob zaghaft die Hand, wie ein Schüler in der Klasse. Als Marlene ihn anschaute, fragte er unsicher: »Warum sprechen Sie immer von einem Mörder? Kann es denn nicht auch eine Frau gewesen sein?«

Marlene überlegte kurz. »Gute Frage, jedoch ist die Wahrscheinlichkeit einer weiblichen Täterin sehr gering, wie uns die Statistik und die Tatsachen lehren. Wenn Frauen morden, dann selten mittels physischer Gewaltanwendung. Frauen morden in Notwehr oder planen ihren Mord und verwenden dann eher Gift und solche Sachen. Wir haben hier von Anfang an keine Frau als Täter in Betracht gezogen, weil Strangulation nicht in das Täterprofil einer Frau passt.«

Stockinger hörte aufmerksam zu. »Aber es gibt doch immer wieder mal eine Ausnahme.«

»Da gebe ich Ihnen schon recht. Doch in unserem Fall hätte ich keine weibliche und verdächtige Person, oder?« Dabei schaute Marlene Johannes und Branner an.

»Frau Machheim? Vielleicht war Alexandra die eine zu viel, die von ihrem Mann begehrt wurde«, versuchte sich Johannes, wenig überzeugt von dieser Theorie.

Branner winkte ab. »Die scheidet aus. Sie war zum Tatzeitpunkt mit einem Kellner im Lieferwagen der Cateringfirma heftig bei der Sache.«

Marlene hob verwundert die Augenbrauen. »Ah, ist mir neu.«

Branner winkte ab. »Na ja, war ja auch bisher nicht relevant. Ich habe mir alle Bediensteten vom Catering nochmals vorgenommen, und der Kellner war recht stolz darauf. Hat gleich aus dem Nähkästchen geplaudert.«

»Besser gesagt: aus dem Kühllieferkästchen.« Marlene schüttelte den Kopf. »Okay, die eifersüchtige Gattin des Schönheitschirurgen scheidet somit aus. Sonst irgendwelche Frauen, die auffällig gewesen wären?«

Alle schüttelten den Kopf.

Marlene wandte sich noch einmal Stockinger zu. »Ich will ja jetzt nicht als Feministin abgestempelt werden, doch töten ist und bleibt ziemlich männlich. Schauen Sie sich Fotos von Kriegsschauplätzen an. Darauf sind nur Männer. Schauen Sie sich Bilder von Jägern und ihren Trophäen an. Meistens Männer. Keine Frau auf Bildern von Walfängern oder beim Robbentöten auf den Eisschollen, keine Frauen, die in Schlachtbetrieben arbeiten. Nur wenige Frauen sind bereit zu töten. Wenn Frauen jemandem ein Leid antun wollen, dann intrigieren oder quälen sie. Der Tod wäre für diese Opfer manchmal gnädiger.«

Stockinger nickte ehrfürchtig.

»Doch indem sie quälen, machen sie sich leider oft zum Opfer von Mördern. Es geschehen nämlich ganz schön viele Morde an Frauen«, ergänzte Branner.

»Das stimmt. Viele Morde geschehen aus Eifersucht, oder weil Frauen ihre Männer verlassen wollen, oder weil sie ihnen nicht geben wollen, was sie verlangen«, pflichtete Johannes Branner bei, um Stockinger auch eine Erklärung zu geben.

Plötzlich hob Marlene die Hand und verschaffte sich damit Gehör. Sie blieb jedoch ruhig und starrte konzentriert auf die leere Tischplatte. Johannes legte seinen Zeigefinger an die Lippen und bedeutete den beiden anderen ruhig zu bleiben. Marlene legte ihre Finger an ihre Schläfen, als könnte sie damit ihre Gedanken besser sortieren. Sie begann zu nicken und deutete mit den Fingern im Raum herum. Die drei Männer konnten nur zuschauen und abwarten, was sich da in ihrem Kopf zusammenflocht. Sie ging zum Computer, suchte den Ordner mit Frankys Fotos von der Vernissage heraus und klickte sich durch die Bilder.

»Da! Ich glaube, wir müssen in diesem Fall so weitermachen wie bisher und ein wenig bluffen«, stieß sie hervor und schaute die Männer an, als sollte ihnen klar sein, wovon sie sprach. Beim Anblick der drei fragenden Gesichter musste sie lachen. »Okay, erfolgreich ist jetzt vielleicht der falsche Begriff gewesen. Aber wenn einmal bluffen geklappt hat, warum nicht auch ein weiteres Mal?«

Die drei schauten weniger amüsiert drein.

»Ich will den Kahlenberger in einem Verhörraum haben. Wer weiß, ob er nicht noch eine weitere Version seiner Geschichte von der Vernissage hat. Den Machheim sollten wir auch hierherholen. Branner, glaubst du, du kannst mir diese Kellnerin auftreiben? Die bräuchte ich als Erste. Und am besten den potenten Kellner auch gleich dazu.«

»Wir können dir alle Grazer herbringen, die du dir wünschst, aber bitte klär uns auf. Was hast du vor?« Johannes sprach aus, was alle drei interessierte und brachte damit das Quartett an den Tisch, um Marlenes Plan zu besprechen. Nach einer Weile standen alle auf, um ihren Aufgaben nachzugehen.

»Branner?«, fragte Marlene leise.

»Hm?«, brummte er.

»Dir ist klar, dass du jetzt mit drinhängst?« Sie musste seine Loyalität hinterfragen.

Branner zuckte verächtlich mit den Schultern. »Besser, einen Fall auf diese Art zu lösen, als ihn nicht aufzuklären. Eine bessere Idee habe ich auch nicht. Wenn es funktioniert, fragt eh keiner so genau.«

»Danke!« Marlene schenkte ihm ein kurzes Lächeln.

»Nichts zu danken. Denn Kopf musst eh du dafür hinhalten.«

»Klar!«

Wie schaffen Sie es, mit Schuldzuweisung umzugehen?

Schaffe ich es denn?

Das fragen Sie mich? Diese Antwort sollten Sie sich selbst geben.

Schwierig. Ich kann mit Schuldzuweisungen umgehen, wenn ich mich schuldig fühle.

Und fühlen Sie sich schuldig?

Ja, irgendwie schon.

Inwieweit fühlen Sie sich schuldig?

Ich hätte besser auf die Zeichen achten sollen. Ich hätte es vorher wissen müssen. Ich hätte es erahnen sollen.

Hätten Sie ihn davon abhalten können?

…

Hätten Sie es verhindern können?

…

Bearbeiteten Sie auch Selbstmordfälle in Ihrem Beruf?

Wenn eine Leiche da ist, werden wir immer gerufen. Auch wenn es ganz offensichtlich ist.

Und sprechen Sie da auch mit den Angehörigen?

Ja, manchmal.

Und haben Sie den Angehörigen je Schuld zugewiesen am Freitod ihrer Familienmitglieder?

Nein.

Wer hat entschieden, dass diese Menschen sterben?

Sie selbst. Sie selbst entscheiden über ihr Leben.

Wie kann dann jemand anderer dafür die Schuld tragen?

…

Warum geben Sie sich dann Mitschuld daran?

Weil es für die anderen leichter zu verstehen ist. Weil es für sie leichter ist, wenn sie einen Schuldigen dafür haben. Und weil ich viele Fehler gemacht habe und die sicher mit ein Grund waren, dass er … dass er …

Dass er sich das Leben genommen hat?

Ja, verdammt noch mal. Wissen Sie, was das heißt? Können Sie sich auch nur ansatzweise vorstellen, was es heißt, wenn sich Ihr Partner umbringt? Scheiß auf seine Entscheidung. Scheiß auf Mitschuld oder nicht. Ich habe manchmal eine Wut auf ihn, dass ich ihn umbringen könnte, hätte er das nicht schon selbst erledigt. Wie konnte er das nur tun? Ja, verdammt noch mal, ich fühle mich schuldig. Ich habe es nicht ernst genommen. Ich habe weggeschaut und gehofft, dass es durch die Therapie besser werden würde. Ja, in Gottes Namen, ich habe mich mit Arbeit zugedeckt, um mich abzulenken. Ja, ich hätte mich mehr damit befassen müssen. Doch, ja, ich glaube auch, dass er bis zum Schluss seine letzte Kraft dafür aufgewendet hat, um Theater zu spielen, damit keiner etwas merkt. Doch ich hätte es wissen müssen. ich *hätte es erkennen müssen.* ich *hätte es doch sehen müssen, ich hätte es spüren müssen, ich hätte es doch verhindern müssen, ich hätte meine Familie doch schützen müssen, ich …*

30

Die Kellnerin vom Cateringservice saß auf dem Stuhl im kahlen Gang zu den Verhörräumen. Sie war gut instruiert worden, und Branner hatte es sogar geschafft, dass sie in der Servicekleidung der Gastrofirma erschien. Ganz so, als wäre sie direkt von der Arbeit gekommen. Neben ihr saß der fesche Kellner, der seinem Studentenjob mit amourösen Episoden das gewisse Etwas gab. Er trug ein weißes Hemd und eine dunkle Hose. In beiden Fällen würde die Kleidung dabei helfen, dass die beiden sofort wiedererkannt wurden. Marlene war im Präsidium geblieben, um die beiden höchstpersönlich zu befragen und anzuleiten. Sie schwindelte auch hier ein wenig und gebot den beiden Schweigepflicht, da sie sonst wegen Behinderung bei Ermittlungstätigkeiten angeklagt werden könnten. Sie warf ein paar Paragraphenphrasen ein, und schon waren die beiden aufmerksam bei der Sache. Dem Studenten war anzusehen, dass er auch einem solchen Abenteuer gegenüber nicht abgeneigt war. Die junge Frau hingegen wirkte recht vorsichtig und stellte ein paar Fragen. Marlene dankte ihr nochmals für ihre hilfreichen Auskünfte und lobte sie für ihr wachsames Auge und ihr gutes Gedächtnis. Schon hatte sie Vertrauen gewonnen.

Stockinger und der Kollege mit dem beeindruckenden Stimmvolumen führten zuerst Machheim den Gang hinunter. Dem Doktor waren keine Handschellen angelegt worden, und er fühlte sich nicht eines Verbrechens beschuldigt, da er auf Anweisung Marlenes lediglich zu einer

Gegenüberstellung geladen worden war. Marlene stand gegenüber den beiden Servierkräften an die Wand gelehnt und beobachtete das improvisierte Schauspiel. Johannes stand wartend am Ende des Flurs beim Eingang zum ersten Verhörraum. Machheim fixierte die Kellnerin und den Kellner im Vorbeigehen, und seine Augen verengten sich deutlich.

Als er an ihnen vorbei war, nickte die Kellnerin und sagte wie besprochen zu Marlene: »Das ist er. Er war das!«

Marlene zischte ebenfalls deutlich genug zurück: »Pscht, das kommt erst später.«

Wie erhofft und erwartet, stieg der Doktor darauf ein. Er drehte sich abrupt um und rief: »Was heißt das? Was soll ich gewesen sein? Werde ich hier etwa beschuldigt? Ich verlange, sofort meinen Anwalt anzurufen.«

Marlene trat vor und ging auf ihn zu. »Entschuldigen Sie, Herr Doktor Machheim. Mein Name ist Kranz, ich leite die Ermittlungen im Mordfall Alexandra Walfrad. Wir haben da ein paar Fragen an Sie.«

Machheim lief puterrot an und rang nach Luft. »Was soll diese Frechheit? Weswegen bin ich hier? Ich kann bestätigen, dass ich diese zwei Herrschaften auf der Vernissage arbeiten gesehen habe.«

»Das wissen wir bereits. Die beiden sind auch hier, um eine Aussage zu machen. Sie haben immerhin interessante Beobachtungen gemacht, die Sie und Alexandra Walfrad betreffen.«

Sie standen noch immer im Gang. Es war Marlene egal. Sie musste den Überraschungseffekt und die Aufregung des Doktors nutzen.

»Dazu kann ich auch gleich hier und jetzt eine Aussage machen. Dieser junge Mann«, er zeigte auf den Kellner, »hat meine Frau verführt. Ich weiß es genau.«

Marlene gab Stockinger ein Handzeichen, der daraufhin

die beiden Cateringbediensteten in den Raum gegenüber bat, damit sie die folgende Unterhaltung nicht mitverfolgen konnten.

»Ach, eifersüchtig? Wenn man den Aussagen mehrerer Zeugen Glauben schenkt, sind Sie ja auch kein Kind von Traurigkeit. Sind Sie ausgeflippt, weil Alexandra Sie nicht rangelassen hat?« Marlene kam schnurstracks zur Sache.

»Sind Sie komplett wahnsinnig?«, schrie er, und der uniformierte Kollege ergriff ihn vorsorglich am Arm.

»Na, na, nicht ausfällig werden«, brummte er in seinem tiefen Bass.

Machheim atmete augenblicklich tief durch und fasste sich. »Ich wollte nicht mit ihr schlafen. Ich wollte ihr anbieten, für meine Werbeanzeigen zu modeln. Ich brauche dafür ein außergewöhnliches Gesicht, und sie hat … äh, hatte sehr interessante Züge. Unoperiert versteht sich. Sie wollte es sich überlegen«, erklärte er sich.

»Na ja, dafür muss man aber nicht auf Tuchfühlung mit ihr gehen, oder?« Marlene ließ nicht locker.

»Ja, ich bin halt so, und natürlich ist sie eine attraktive Frau, aber ich wollt ihr doch nicht gleich dort vor Ort an die Wäsche.«

»Das haben Beobachter aber anders gesehen.«

»Was, etwa die Kellnerschlampe? Was kann die schon gesehen haben?«

»Nur nicht niveaulos werden, Herr Doktor. Immerhin wurde berichtet, dass sie Alexandra im Gesicht gestreichelt haben und sie ihre Hand weggeschlagen hat.«

Machheim sprühte vor Zorn, versuchte sich jedoch zusammenzureißen. »Ja, das ist aber ein bisschen aus dem Kontext gerissen. Die liebe Alexandra war nämlich sehr angetan von mir und von der Idee. Wir hatten dazu schon fruchtbare Gespräche geführt. Die Hand hat sie mir nur weggeschlagen, weil sie ihren eifersüchtigen Freund in der Nähe vermutete. Den Kerl würde ich mir an Ihrer Stelle mal näher anschauen.«

»Mit Eifersucht kennen Sie sich ja scheinbar aus, oder? Sie wirkten vorhin auch nicht gerade glücklich beim Anblick des Mannes, der Ihre Frau für ein paar Minuten glücklich gemacht hat.«

Machheim machte eine wegwerfende Handbewegung. »Ach, die braucht halt auch ihre Bestätigung. Es nervt mich nur, dass sie so indiskret vorgeht. Soll sie doch treiben, was sie will, aber doch nicht so öffentlich. Das ist schlecht fürs Geschäft.«

Marlene entfuhr ein verächtlicher Lacher. »Und Sie finden, dass Sie diskreter vorgehen? Ich bin noch nicht lange zurück in Graz, doch ihre Affinität zu ihren jungen Patientinnen kam sogar mir schon zu Ohren. Ich denke, Sie und Ihre Frau stehen sich da in nichts nach.«

»Pft«, war alles, was Machheim dazu zu sagen hatte.

»Haben Sie je mit Kahlenberg gesprochen? Wusste er von Ihrem Angebot an seine Freundin?«, fragte Marlene nun nach.

»Was weiß ich, was die mit ihm geredet hat. Glücklich mit ihm wirkte sie jedenfalls nicht. Und er ist andauernd um sie herumgeschwänzelt und hat mich angefeindet.«

»Wie hat er das gemacht? Hat er Sie bedroht?«

»Nein, nicht offensichtlich. Aber er hat mich immer so angeschaut. So.« Machheim bemühte sich, einen möglichst drohenden Blick aufzusetzen. Dabei wurde jedoch sichtbar, dass der gute Mann sich auch selbst die Gesichtsnerven mittels Nervengifts lahmgelegt hat. Das eine Auge schaffte es, sich zu einem schmalen Schlitz zu formen, doch beim anderen zog sich nur das Unterlid nach oben. Es hatte eher etwas bizarr Verrücktes an sich als etwas Bedrohliches.

»Gut, Sie fühlten sich also durchaus beobachtet und bedroht von Alexandras Freund.«

»Sag ich doch. Wann kann ich jetzt endlich meinen Anwalt anrufen?«

Marlene machte ein unschuldiges Gesicht. »Jederzeit. Das hätten sie allemal tun können. Sie haben sich jedoch lieber hier mit mir unterhalten. Sie sind ja noch nicht mal im Verhörraum gewesen.«

Machheim machte ein verdutztes Gesicht und zog langsam sein Handy aus der Hosentasche.

Marlene warf einen Blick auf ihr eigenes Handy. »Ach, bitte warten Sie hier einen Augenblick. Wir müssen nur noch Ihre Aussage aufnehmen. Sollten Sie einen Anwalt hinzuziehen wollen, ist das natürlich Ihr gutes Recht, doch wird es, sofern Ihre Angaben stimmen, nicht nötig sein.«

Der uniformierte Polizist stieß ein kurzes Brummen aus und bedeutete ihm, sich auf einen der Stühle im Gang zu setzen. Machheim wirkte zwar nicht begeistert, fügte sich jedoch seinem Schicksal, setzte sich und begann etwas in sein Handy zu tippen. Der Brummbär starrte unauffällig hin, stand auf und folgte Marlene in den Raum, in dem Stockinger mit den beiden Cateringveranstaltern wartete.

»Er schreibt gerade dem Aigler«, versuchte er sich nahe an Marlenes Ohr im Flüstern.

»War ja klar, wen sonst sollte der auch schon als Anwalt haben.« Marlene bemühte sich nicht um Diskretion. Aigler war als die renommierteste Anwaltskanzlei der Stadt bekannt. Je prominenter die Klienten und Fälle, umso öfter der Name der Kanzlei Aigler und Partner.

Marlene schickte Stockinger weiter und bat die beiden Kellner wieder hinaus auf den Gang. Sie agierte wie im Theater und führte Regie. Sie inszenierte ein Stück, das ein gewisses Maß an Improvisationskunst erforderte und dessen Ausgang noch ungewiss war.

Machheim schaute skeptisch zu den beiden, die sich in die gleiche Stuhlreihe setzten, jedoch drei Plätze zwischen sich und dem Doktor aussparten.

»Sie haben von den beiden nichts zu befürchten. Ihre Aussagen entlasten Sie, Herr Doktor Machheim«, sprach Marlene beruhigend auf ihn ein. Es zeigte Wirkung, und der Schönheitschirurg ließ seine Schultern sinken und widmete sich wieder seinem Smartphone.

Marlene ging zu Johannes und zog ihn in den Verhörraum. Sie besprachen kurz die Ereignisse, und sie fragte ihn abschließend geradeheraus. »Was meinst du? Hat er Alexandra umgebracht?«

Johannes schüttelt den Kopf. »Ich glaube, er sagt die Wahrheit. Der ist nicht so blöd, sich damit sein Leben zu ruinieren.«

»Gut. Das sehen wir gleich. Dann soll uns Stockinger den Nächsten servieren.«

Die Protagonisten bezogen wieder Position. Marlene nickte der Kellnerin zu und bekam als Bestätigung einen kurz erhobenen Daumen. Der Kellner zwinkerte ihr zu. Machheim, als Einziger nicht eingeweiht, bekam von alldem nichts mit, weil er in sein Handy starrte. Schon kam Stockinger um die Ecke. An seiner Seite Konrad Kahlenberger. Blass, unrasiert und sichtlich angespannt. Marlene taxierte ihn genau und wusste, dass Johannes ebenfalls keine Regung entgehen würde.

Als Kahlenberger Machheim erblickte, fragte er gereizt: »Was macht denn der hier?« Dann erblickte er die beiden Cateringmitarbeiter. Er erkannte sie sofort und blickte verunsichert um sich, als er an ihnen vorbeigehen musste. Der Text der Kellnerin und Marlenes wiederholte sich wie bei

Machheim und sollte Kahlenberger ebenso verunsichern und aufbringen, wie es zuvor beim Doktor gelungen war.

»Das ist er. Er war das!«, wisperte die Kellnerin, und Marlene tat wieder so, als hätte sie vergessen ihr zu sagen, dass sie erst später darüber reden sollte. Ihr Spiel funktionierte wieder, wenngleich diesmal anders. Kahlenbergers Blick wurde ängstlich. Sein Atem beschleunigte sich, und seine Brust hoch und senkte sich deutlich. Schweiß glänzte auf seiner blassen Stirn, doch er sprach kein Wort. Er wurde in einen Verhörraum geführt. Johannes lehnte in der Ecke, und Marlene betrat den Raum mit einem Aktenordner. Kahlenberger versuchte sich zusammenzunehmen, doch es gelang ihm nicht, das Zittern seiner Unterlippe zu beherrschen.

»Es tut mir aufrichtig leid, Herr Kahlenberger«, begann Marlene sachlich. »Das hätte nicht passieren sollen. Normalerweise sehen sich die Teilnehmer einer Gegenüberstellung nicht. Aber die jungen Kollegen heutzutage ... denen muss man alles zweimal erklären.«

Kahlenberger war sichtlich unbehaglich zumute. Er musste sich räuspern, um seine Stimme wiederzuerlangen. »Ja, der Polizist hat davon gesprochen, dass ich eine Aussage machen soll. Um wen geht es?«

Marlene neigte sich ein wenig nach vor. Sie roch die feine Alkoholnote, die seine Körperausdünstungen und seine Atemluft in den Raum brachten. Sie tippte sich beim Zurücklehnen unauffällig an die Nase, als hätte sie dort ein Jucken verspürt. Es war das Zeichen für Johannes, dass sie etwas Auffälliges gerochen hatte und er seine Nase ebenfalls bewusst einsetzen sollte. Sie hoffte, dass Kahlenberger genug getankt hatte, dass er reden würde.

»Willst du hör'n die Wahrheit, frag Kinder oder b'soffene Leit'«, war eine von Nonnas aus dem allgemeinen Volksmund übernommene Weisheit.

»Ja, Herr Kahlenberger. Wir bitten Sie um eine Aussage. Und zwar hätten wir diesmal gerne die Wahrheit gehört.«

»Ich habe Ihnen doch schon alles erzählt.« Kahlenbergers Augen jagten zwischen Marlene und Johannes hin und her.

»Sie haben uns zweimal etwas anderes erzählt. Ich glaube, dass keine der beiden Versionen stimmt. Wir haben Zeugen.«

Kahlenberger bekam große Augen. »Die da draußen? Die können nichts gesehen haben. Und der wichtige Herr Doktor, den sollten Sie mal fragen. Der ist doch total auf Alexandra abgefahren, und die Fotos vom Zierach gefallen dem auch so. Der hat sicher so eine kranke Ader und hat mit Alexandra auch so eine Kunst wie der Zierach machen wollen. Befragen Sie doch den!«

»Das haben wir schon, und er hat alles zugegeben«, antwortete Marlene.

Kahlenberger sank erleichtert in die Lehne zurück. »Dann wissen Sie ja jetzt alles.«

»Wir wissen jetzt, dass Machheim Alexandra ein lukratives Jobangebot gemacht hat, doch umgebracht hat er sie nicht. Sie wurden jedoch dabei gesehen, wie Sie den Lagerraum verlassen haben. Allein. Alexandra wurde dort tot aufgefunden. Wir wissen auch, wer sie dort gefunden hat und zur Doppelwendeltreppe gebracht hat.«

Kahlenberger schwitzte stärker. »Ich, ich habe Ihnen ja erzählt, dass ich und Alexandra Sex hatten. Da hätte mich wer sehen können.«

»Aber Sie sprachen von der Toilette. Waren Sie so betrunken, dass Sie eine Toilette nicht von einem Lagerraum unterscheiden konnten?« Marlene zog die Daumenschrauben an.

Kahlenberger schwieg.

»Herr Kahlenberger. Was war wirklich los mit Ihnen und

Alexandra? Waren Sie eifersüchtig? Haben Sie ihr ihren Erfolg nicht gegönnt? Wollten Sie sie nicht mit der Öffentlichkeit teilen?«

Kahlenbergers Mundwinkel zitterten.

Marlene fuhr fort: »Wir haben Zeugen, die darauf schwören, dass Sie sich auffällig verhalten haben. Sie haben, kurz nachdem Alexandra verschwunden war, die Veranstaltung verlassen. Dabei trugen Sie Ihre Krawatte nicht mehr, wie uns Zeugen berichteten.« Marlene zog ein Foto aus ihrem Ordner, auf dem Kahlenberger mit Alexandra in die Kamera blickte. Im Hintergrund sah man die Rolltreppe im Foyer, die die Besucher in die Spaces des Kunsthauses fuhr. Er trug eine silbergraue, schimmernde Krawatte zu seinem schwarzen Anzug.

»Die habe ich schon vorher abgenommen. Ist fürchterlich unbequem.« Er schaute hilfesuchend zu Johannes, als könnte dieser den mangelnden Komfort, den das Tragen einer Krawatte mit sich brachte, bestätigen und ihn damit entlasten.

»Gut, möglich. Dann werden Sie uns die Krawatte sicher zur genaueren Untersuchung zur Verfügung stellen.« Marlene machte sich eine Notiz. Alles nur Show für Kahlenberger.

»Äh, die habe ich auf dem Heimweg verloren«, versuchte er glaubhaft zu vermitteln.

Marlene winkte ab. »So ein blöder Zufall aber auch. Aber keine Sorge. Die finden wir schon. Dafür haben wir erstklassige Spürhunde, und sollte sie zufällig vom Wind in die Mur geweht worden sein, kriegen wir sie spätestens bei der nächsten Filteranlagensäuberung der Wehranlage in Werndorf. So ein langes Stück Stoff wickelt sich fest um einen Zinken der Flussrechen. Sie können sich gar nicht vorstellen, was da alles auftaucht.«

Kahlenberger schluckte deutlich, sein Adamsapfel hüpfte an seinem Hals auf und ab.

Marlene gab sich weiterhin zuversichtlich. »Zu Ihrer Information: Die Mur wird die Krawatte nicht gewaschen hergeben. Hautpartikel lassen sich da noch immer feststellen. Die heutigen Techniken in der Forensik sind gnadenlos. Vielleicht finden wir da Hautabriebspuren von Alexandras Hals.« Gleichzeitig mit diesen Worten legte sie ihm das Foto von Alexandras geschundenem toten Körper vor.

Kahlenberger wandte sich erschrocken ab.

»Nicht sehr schön anzuschauen, finde ich. Kann ich schon verstehen, dass Sie das nicht sehen wollen. Genauso wenig, wie Sie Alexandras Fotos in Ihrer Wohnung nicht mehr sehen konnten. Warum nicht? Weil die Fotos Sie ständig daran erinnert haben, dass Sie Alexandra umgebracht haben? Wie ist es passiert? War das so ein Sex-Ding? Hat es Alexandra erregt, gewürgt zu werden? Wollte sie das ausprobieren? Oder war es Ihr Vorschlag? Hat es Sie geil gemacht oder Alexandra? Haben Sie es überhaupt mitbekommen, oder sind Sie erst draufgekommen, als Sie Ihre Hose zugemacht haben, dass sich Ihre Freundin nicht mehr bewegt? Warum haben Sie keinen Krankenwagen geholt?«

Kahlenberger saß wie versteinert auf seinem Stuhl und atmete schwer.

»Oder war es doch ganz anders? Warum haben Sie Ihre Freundin erwürgt, Herr Kahlenberg? Waren Sie vielleicht nicht mehr gut genug für sie? Wollte sie nichts mehr mit Ihnen zu tun haben?«

»Sie wollte mich verlassen«, schrie er Marlene plötzlich ins Gesicht.

Sie schnappte unbemerkt nach Luft und blieb so gelassen wie möglich. Sie schaute ihm tief in die Augen und wartete ab.

Kahlenberger war gebrochen.

Kahlenberger gestand.

»Sie wollte mich verlassen. Wir waren acht Jahre zusammen. Seit unserer Jugend. Wir wollten heiraten und Kinder kriegen. Ich wäre ihr ein guter Ehemann gewesen. Anfangs habe ich mich echt gefreut für sie, dass sie dieses Fotoangebot von Zierach bekam. Wir wussten beide nicht, wohin es führen würde. Doch ihr schien dieses neue Leben zu gefallen. Besser als das alte Leben mit mir.« Er vergrub sein Gesicht in seine Hände und begann zu schluchzen.

»Sie hatten Sex, und dann wollte sie mit Ihnen Schluss machen?«

Er schniefte laut. »Als wir fertig waren sagte sie, sie wollte vorerst keine Kinder haben.«

»Das ist kein Schlussmachen, oder?«

»Das wäre der Anfang vom Ende unserer Beziehung gewesen. Ich wusste, dass sie mit mir Schluss machen würde. Diese Scheißglitzerwelt. Sie dachte wirklich, sie würde in der oberen Liga mitspielen können. Dabei hätte sie es bei mir echt gutgehabt.« Seine Stimme wechselte vom Weinerlichen ins Wütende.

»Und da ist es mit Ihnen durchgegangen, und Sie haben sie erwürgt?« Marlene konnte ihre Abscheu kaum verbergen.

»Ich konnte nicht zulassen, dass sie mich verlässt. Wie wäre ich denn dagestanden?«

»Wie einer von vielen, die verlassen werden, weil sie sich für vermeintliche Traumprinzen halten. Herr Kahlenberger, hiermit verhafte ich Sie wegen des Mordes an Alexandra Walfrad.« Marlene stand auf und verließ den Raum. Johannes folgte ihr und befahl Stockinger, auf Kahlenberger aufzupassen.

Marlene ging in den nächsten Verhörraum und lehnte sich erschöpft an die Wand. Johannes trat stumm zu ihr und wartete taktvoll ab.

Ihren Kopf im Nacken atmete sie mit geschlossenen Augen tief ein und aus. »Schade, dass die Genugtuung nach dem Aufklären eines Mordfalls eigentlich mit Wehmut gedämpft wird. Damit wir auf einen Erfolg anstoßen können, muss vorher ein Mensch sinnlos sterben.«

Johannes lehnte sich neben sie an die Wand. »Ja, doch es war deine Entscheidung, diesen Beruf zu wählen. Und ohne Aufklärung würde kein Täter zur Rechenschaft gezogen werden. Ich denke, Alexandra dankt dir jetzt von da oben.«

Marlene lächelte ein wenig. »Ich denke, sie ist sauer, dass sie wegen eines gekränkten Egos sterben musste. Sie hätte ihm das niemals zugetraut. Vielleicht wollte sie ihn auch gar nicht verlassen.«

»Gut möglich. Trotzdem werden wir heute noch auf deinen Erfolg anstoßen. Wobei ich mich noch immer wundern muss. Ohne handfeste Beweise an die Geständnisse zu kommen. Was wäre gewesen, wenn dein Plan nicht aufgegangen wäre?«

»Ehrlich gesagt, habe ich mir darüber keine Gedanken gemacht. Ist ja auch egal jetzt. Beim nächsten Fall hoffe ich auf mehr Beweise. Die Methode von heute soll nicht unbedingt Schule machen!«

Johannes lachte. »Sie würde als die Kranz'sche Blufftaktik in die Annalen der Kriminalistik eingehen.«

»Ach, das habe nicht ich erfunden. Das gibt es schon lange. Eigentlich nur ein wenig Psychologie mit einem guten Bauchgefühl.« Sie legte ihre Hand liebevoll auf ihren Bauch. »Machst du mit Branner und Stockinger den Rest, während ich zu Kreuzofner gehe? Ich will mir Kahlenbergers traurige Geschichte gar nicht persönlich anhören.«

Johannes nickte. »Wir stoßen hier in Graz nach Dienstschluss immer gleich in der Tankstelle gegenüber an. Du kommst doch, oder?«

Johannes nahm sich Stockinger an die Seite, um Kahlenbergers Geständnis zu protokollieren. Branner fuhr unterdessen ins Krankenhaus, da Klingenbach vernehmungsfähig war. Marlene hockte bei Kreuzofner im Büro. Der schüttelte lachend den Kopf über sie, kam um den Schreibtisch und nahm sie in den Arm. Sie schmiegte sich kurz in die väterliche Berührung und spürte, wie ihr ein ganzer Steinschlag vom Herzen fiel. Sie saßen lange beieinander und sprachen über den Fall und über Marlene. Sie nahmen sich einfach die Zeit. Die Presse würde früh genug verständigt werden. Zudem mussten bei dem prominenten Leichenschänder politische Eitelkeiten bedient werden, und zu Marlenes Ärger zuerst nachgefragt werden wie die Geschichte dargestellt werden durfte. Kreuzofner warnte sie vor, dass der Fall von Kahlenberger aufgebauscht werden würde, damit Klingenbachs Obsession und Drogenmissbrauch in den Hintergrund gedrängt werden würden. Sicherlich wird der sich mit einer hohen Geldstrafe quasi freikaufen und einfach von der Bildfläche verschwinden. Die Granden aus Politik und Wirtschaft würden in Zukunft seinen Namen nicht mehr erwähnen und so tun, als hätte es ihn nie gegeben. Ein neuer Kunsthausdirektor oder eine Direktorin würde bestellt und ziemlich schnörkellos in das Amt eingeführt werden. Die Grazer Fäden würden so gezogen werden, dass das allgemeine Ansehen geringstmöglich beschädigt werden würde. Marlene hasste es zwar, dass es sich manche Leute mit Macht, Einfluss und Geld richten konnten, doch unterschied sich Graz da eben auch in keiner Weise von den anderen Städten dieser Welt.

31

Johannes, Stockinger und der Polizist mit der tiefen Stimme standen am einzigen Stehtisch in der Tankstelle gegenüber der Landespolizeidirektion und hatten jeder eine Flasche Bier in der Hand. Die Sonne war bereits hinter dem Schloss St. Martin verschwunden und schickte nur noch indirektes Licht über die Stadt. Der Polizist, auf dessen Namensschild Mautler stand, reichte Marlene die Hand.

»Mautler. Dominik Mautler. Aber alle sagen Domingo zu mir.«

»Bei der Stimme kein Wunder«, lachte Marlene und gesellte sich dazu.

Stockinger ging zur Kühlvitrine und holte eine weitere Bierflasche heraus und öffnete sie gekonnt, indem er den Kronenkorken an den Rand des Tisches hielt und mit der flachen Hand draufschlug. »Brauchen Sie ein Glas?«, fragte er, während er ihr die Flasche hinhielt.

»Flaschenkind!« Sie nahm die Flasche und hielt sie Stockinger hin, um anzustoßen.

»Ich bin übrigens die Marlene.«

Stockinger lächelte und stieß mit seiner Flasche gegen ihre. »Stockinger, wie du weißt.«

In diesem Moment läutete ihr Handy, und als sie es hervorholte, konnte Johannes lesen, wer anrief. *Jannik* stand auf dem Display. Marlene wurde ganz aufgeregt, stellte die Bierflasche ab und entschuldigte sich rasch. Sie hob ab, bevor sie aus dem kleinen Laden war, und Johannes konnte noch hören, wie sie sich freudig und liebevoll meldete. »Hi, du. Diesmal großartiges Timing.« Sie stand telefonierend neben einer Zapfsäule. Johannes beobachtete sie genau. Diesmal fiel es Stockinger nicht auf, da er sich gut mit Mautler über ihre glückhafte Teilhabe an dem gelösten Fall unterhielt. Marlene wirkte gelöst und plauderte frei ins Telefon. Sie wirkte erfreut und lauschte aufmerksam, wenn auf der anderen Seite gesprochen wurde. Sie telefonierte mehrere Minuten, und als sie auflegte, waren ihre Wangen gerötet. Sie wirkte glücklich, als sie wieder zurückkam. Sie erhob die Flasche freudenstrahlend.

»Prost. Auf einen großartigen Einstand. Erster Fall …«, sie unterbrach sich selbst, da sie Branner über die Straße kommen sah. Sie ging zum Kühlregal, holte ein Flasche und öffnete sie auf die gleiche Weise wie zuvor Stockinger. Der nickte anerkennend.

Marlene zwinkerte Stockinger scherzhaft zu. »Ich bin auf dem Land großgeworden. Da gab es Burschen, die haben die Flaschen mit den Zähnen aufgemacht.« Sie hielt Branner das Bier entgegen. »Du kommst gerade richtig. Wir stoßen auf unseren Erfolg an.«

Branner nahm das Bier etwas zögerlich entgegen. »Ja, ich hoffe, ich darf beim nächsten Fall etwas aktiver mitarbeiten.«

»Ach, Branner!« Marlenes Stimme klang versöhnlich. »Ohne dein Zutun, wäre ich nicht weitergekommen. Die Aussagen der Kellnerin haben entscheidend dazu beigetragen. Hätte ich dich zu sehr eingeteilt, hättest du nie die Idee gehabt, die Protokolle nochmals durchzugehen.«

Branner wirkte nicht ganz zufrieden. Marlene stieß ihre Flasche an die seine. »Gute Arbeit, Herr Kollege. Wirklich gute Arbeit. Danke!«

Branner hob die Flasche und lächelte. »Gute Arbeit, Frau Chef.« Er nahm einen langen Schluck, und Marlene tat es ihm nach.

Sie standen noch eine ganze Weile beieinander. Branner berichtete von Klingenbach, der wie ein Häufchen Elend von seinen Drogenproblemen und seiner großen Liebe zu Zierach berichtet hatte. Zudem erklärte er, dass er sich trotz der Freiheit, die Künstler allgemein genossen, nie zu seiner Homosexualität bekennen konnte und mit den Drogen seine Triebe zu unterdrücken versuchte. Als Zierach wieder in sein Leben getreten sei, seien bei ihm sämtliche Sicherungen durchgebrannt, und er habe sich mehr denn je von dem Zeug eingeworfen. Er hoffte sogar darauf, dass sich sein Drogenkonsum strafmindernd auswirken könnte, da er auf unzurechnungsfähig plädieren könnte. Er konnte sich daran erinnern, dass er Alexandras Kleidung und Handtasche gleich gegenüber dem Kunsthaus in die Mur geworfen hatte. Die Seile hatten auf einem der Stehtische gelegen. Doris Kochram, die gefesselte Frau auf dem Foto in den Kasematten, hatte sie sich für die Vernissage um den Hals gelegt, damit sie erkannt wird, und musste sie dort liegen lassen haben. Die Kappe und einen dunklen Arbeitsmantel hatte er wahllos von der Garderobe im Lagerraum genommen. Er hatte alles in der Mur entsorgt, den Rollwagen zurückgestellt und war nach Hause gefahren.

Es herrschte ausgelassene Stimmung unter den Kollegen. Branner erzählte den beiden Youngsters lachend eine Anekdote aus seiner Ausbildungszeit, da neigte sich Marlene zu Johannes. »Du, nur damit du es weißt: Ich habe mir morgen freigenommen.«

»Okay. Einmal ausschlafen?«, fragte er verständnisvoll.

»Nein, weniger. Ich werde eher Besuche abstatten, die schon längst fällig sind.«

»Zum Beispiel Jannik?«, fragte er freiweg, weil die Stimmung gerade so locker war.

Marlene war überrascht. »Wie kommst du auf Jannik?«

»Ich bin halt auch ein guter Ermittler und habe meine Augen und Ohren überall. Ist dein Freund, oder?« Johannes wagte sich vor. Er musste es einfach wissen. Das Franky schwul war, hatte der ihm gestanden, kaum dass er seine Sachen in Marlenes Wohnung deponiert und Johannes' fragenden Blick gesehen hatte.

Marlene schaute kurz zu den anderen, um sich zu vergewissern, dass sie ungestört reden konnte. Stockinger und Domingo lachten gerade grölend über eine von Branners Zoten.

»Jannik ist mein Sohn!«

Johannes klappte den Mund auf wie eine Klappmaulpuppe. »Dein Sohn?«

Marlene schaute Johannes verschwörerisch an. »Ja, ich habe einen Sohn. Er lebt in Wien.«

»Bei seinem Vater«, stellte Johannes fest.

»Bei seinen Großeltern. Und nein, ihn besuche ich morgen nicht. Ende der Geschichte. Magst du noch ein Bier?«, fragte sie zuerst ihn und dann die anderen.

32

Trotz leichter Kopfschmerzen fühlte sich das Erwachen am nächsten Morgen gut an. Eine leicht versöhnliche Stimmung mit sich selbst und ihrem Leben machte sich in Marlene breit. Franky schnarchte leise vor sich hin, während sie vorsichtig aus dem Bett kroch. Natürlich hatte sie ihm noch bis weit nach Mitternacht von der Aufklärung des Falls berichtet. Dabei haben sie sich einige Dosen Bier gegönnt, und Marlene hat das Nonna-Limit des täglich verträglichen Zigarettenkonsums weit überschritten. »Das Leben ist zu kurz, um Kopfschmerzen zu haben!«, sprach Nonna in Marlenes Erinnerung, als sie zwei Tabletten in Wasser auflöste und in einem Schwung in ihre Kehle kippte. Sie zog sich leise an und schlich zur Tür hinaus. Ihr Handy piepste, als sie die Treppe runterhopste. Die Nachricht war von Zierach: *Ich gratuliere zur Aufklärung des Falls und erinnere Sie an Ihr Versprechen. Bildlich schöne Grüße, Gustav Zierach!* Marlene lächelte in sich hinein und tippte eine Antwort: *Ich stehe zu meinem Wort, also stehe ich irgendwann Model. Ich melde mich. Aufgeklärte Grüße, Marlene Kranz.*

Graz gab bereits kräftige Lebenszeichen von sich. Menschen strömten aus den Straßenbahnen am Hauptplatz, doch Marlene ging mit ihrem Sackerl voller frischer Kipferl weiter und schenkte dem Treiben keine Aufmerksamkeit. Sie marschierte schnurstracks in eine schmale Parallelgasse der betriebsamen Herrengasse. Sie verschwand durch einen steinernen Torbogen und gelangte in einen kleinen Innenhof, in dem sich unter anderem drei alte Garagen befanden. Marlene zog den Schlüsselbund, an den sie ihr Amulett wieder angebracht hatte, aus ihrer Hosentasche und schloss das Hängeschloss der mittleren Garagentür auf. Es war schon ein wenig eingerostet, und Marlene notierte sich innerlich, bald ein neues Schloss anzubringen. Sie hob das alte Tor an und schob es hoch. Es knirschte markerschütternd, doch der Anblick entschädigte sie für das grauenvolle Geräusch. Sie strich über die Motorhaube. Sie freute sich wie ein kleines Kind darauf, ihn zu starten. Es war das erste Mal, dass sie ihn allein fahren würde. Großvater Alwin hatte sich dieses Prachtstück zu seinem Pensionsantritt gekauft. Ein Porsche 911 Turbo. Mit seinem Baujahr 1975 war er sogar noch älter als Marlene, doch wie sie im Originalzustand. Außen braun lackiert, zierte ihn innen eine karierte Tapezierung.

Marlene setzte sich ans Steuer, öffnete das Amulett und schaute kurz auf das winzige Foto ihres Sohnes. Auf dem anderen Foto war sein Vater Nikolaus drauf, doch das hatte sie umgedreht. Noch konnte sie ihn sich nicht anschauen. Sie steckte den Schlüssel in das Zündschluss links neben dem Lenkrad. Der Motor röhrte auf, und Marlene lenkte die laut gurgelnde Maschine vorsichtig aus der Garage auf den Innenhof. Durch die direkte Übertragung des gepflasterten Untergrunds spürte sie die Vibration von ihren Pobacken über die Wirbelsäule direkt bis in ihren Kopf. Sie öffnete ihren Zopf, schüttelte ihre Haare durch und setzte sich eine Sonnenbrille auf. Sie fuhr gesittet bis zur nächsten Autobahnauffahrt und jubelte innerlich, als sie endlich Gas geben konnte. Der Druck der Beschleunigung wirkte augenblicklich, und ihre Organe schmiegten sich an ihre Wirbelsäule. Eine Viertelstunde später fuhr sie von der Autobahn ab, und obwohl sie ihrem Ziel nahe war, gönnte sie sich eine Extratour auf den Reinischkogel im Südwesten der Steiermark. Sie fuhr wie auf Schienen durch die zahlreichen Kurven, und wenn der Turbo auf einer längeren geraden Strecke zum Greifen kam, peitschte die brachiale Kraft ihren Rücken in die Lehne. Sie jauchzte laut auf und ließ den Motor heulen. Als sie das letzte Mal hier hochgefahren war, waren Nonna und Jannik dabei gewesen. Marlene und Jannik waren aus Wien gekommen, um die Familie zu besuchen. Nonna, die zu dieser Zeit schon länger nicht mehr selbst mit dem Auto fuhr, bat dann jedes Mal darum, eine kleine Ausfahrt zu machen. Marlene hielt an einem schönen Aussichtsplatz, stieg aus und lehnte sich an das Auto. Sie verweilte einen Augenblick und richtete ihren Blick in Richtung Graz und freute sich, endlich wieder in der Heimat zu sein. Sie schickte noch einen Wunsch in den Himmel zu Nonna, dass Jannik bald zu ihr zurückkommen werde, und setzte sich wieder ans Steuer. Sie fuhr den Berg etwas bedächtiger hinunter, näherte sie sich nun doch dem eigentlichen Ziel ihrer Ausfahrt. Sie fuhr in den schmucken kleinen Bauernhof ein und schaute sich um. Es hatte sich einiges verändert, seit sie das letzte Mal hier gewesen war, und sie freute sich darüber, dass kein Stillstand festzustellen war. Sie atmete tief durch, nahm das Sackerl mit den Kipferln, ging zur Haustür und drückte auf die Klingel.

Eine Frau Mitte dreißig öffnete ihr die Tür und schaute sie an. »Marlene! Du?« Ein Lächeln huschte über ihr Gesicht. »Wie schön, dass du endlich da bist! Ich freue mich. Wirklich!«

Marlene lächelte etwas gequält, doch das war egal, denn die Frau umarmte sie auf der Stelle.

»Der Alwin wird sich freuen. Und der Opa auch. Wirst sehen.«

»Na ja, schauen wir mal. Sind sie da?« Marlene wirkte noch immer recht unsicher.

»Sie werden jeden Moment da sein. Sie sind im Wald. Wir hatten vor zwei Wochen einen Windbruch, und sie überlegen, die Aufarbeitung an eine Holzfirma abzugeben. Aber jetzt komm doch erst mal rein.« Sie öffnete weit die Tür.

»Und die Kinder?«, fragte Marlene nach.

»Na, die sind im Kindergarten und in der Schule. Sie werden sich freuen, ihre Tante zu sehen. Ich hoffe, du bleibst so lange. Du kannst natürlich gerne mit uns essen. Ich habe genug gekocht. Es gibt Grießnockerlsuppe und dann selbstgemachte Bratwürste mit gerösteten Erdäpfeln.«

Marlene konnte gar nicht anders. Sie betrat das Haus, und die Tür wurde hinter ihr geschlossen. Sie war daheim.

Dank

»Nicht die Glücklichen sind dankbar.
Es sind die Dankbaren, die glücklich sind.«

Sir Francis Bacon, englischer Philosoph (1561–1626)

Glücklicherweise bin ich sehr dankbar.
Maria – ohne dich hätte ich dieses Buch nie zu Ende geschrieben.
Klaudia und August – für die Inspiration durch eure Fotos.
Jutta – für den abermaligen Anstoß, das Buch an Verlage zu schicken.
Andreas – dass du bereits mehr als die Hälfte meines Lebens an meiner Seite bist und ich einfach *ich* sein darf.
Gertraud – beste Schwester, mit der fast jedes Telefonat therapeutische Wirkung hat.
Mama und Papa – für meine glückliche Kindheit.
Christa, Gerda, Kerstin – kriminell gute Freundinnen, Inspirationsquellen, Komplizinnen.
Armin und Elisa – größte Lehrmeister meines Lebens.
Martina – für deinen Podcast, der mir viel Wissen und Freude vermittelt hat.
Sabrina und Linda – für die Insiderinformationen.
Daniel Kampa – für dieses Abenteuer und die Chance, Autorin sein zu dürfen.
Meike Stegkemper – für die Geduld und das aufmerksame Lektorat.
Dir – der/die dieses Buch gelesen hat (in Graz duzt man sich.).